見る 読む

静岡藩ヒストリー

樋口雄彦 著
Takehiko Higuchi

本書のねらい

静岡県の「静岡」とは、明治二年（一八六九）六月に、それまでの駿府《すんぷ》（駿河府中《するがふちゅう》）に代わるべきものとして新たに創り出された地名である。その時、前年に徳川家を藩主として成立していた駿河府中藩は静岡藩と改称した。そして、明治四年（一八七一）七月の廃藩置県により静岡藩は廃され、静岡県が誕生した。

静岡藩は駿河府中藩時代も含め、わずか三年ほど存在したにすぎない。しかし、駿河国の全域と遠江《とおとうみ》国の大半、そして三河国の一部からなった静岡藩は、領域においても歴史的に見た場合でも、現在の静岡県の土台であり、前提だった。

その静岡藩についてもっともよくまとまった形で記述されている文献は、何と言っても『静岡県史 通史編5 近現代一』ということになる。それ以前には、三枝康高氏による『静岡藩始末』という単行本もあった。ほかは、原始・古代から近現代の静岡県の通史全体の中でわずかに触れられるか、県内の市町村史において部分的に取り上げられる程度であった。静岡市や沼津市など、その市町村の歴史にとって静岡藩の時代が重要なテーマとなりうる場合は、比較的大きな取り上げられ方がされたが、そうでない場合には扱いは小さかった。

しかし、現在の静岡県域のうち、旧伊豆国を除く駿河・遠江のほとんどの地域が静岡藩に属したのは事実である。時期的には短くても静岡藩は地域の歴史上、欠くべからざる対象である。そこで本書は、改めて静岡藩について概観できる一冊となることをめざした。特に、これまで未使用の文献や新出の史料などを活用して新たな内容を盛り込み、先行する既刊本との重複は可能な限り避けるようにこころがけた。また、写真を多く取り入れ、視覚的にも楽しめるものとしたいと考え、それと対応する文章部分の分量は比較的少なめに、簡潔にわかりやすくしたいと考えた。

見る 読む 静岡藩ヒストリー

目次

一章

徳川家の移封と旧幕臣の移住

移封決定から移住へ

一五代将軍徳川慶喜の大政奉還によって幕府という名称がなくなったのは慶応三年（一八六七）一〇月のことであるが、実際に徳川家が政権の座から転落したのは翌年正月の鳥羽・伏見での敗戦を受けてのことだった。同年四月には新政府軍に対し江戸城が開城され、五月になると徳川家の駿河府中（翌年静岡と改称）七〇万石への移封が決定された。旗本領まで含めれば八〇〇万石を領した幕府時代から、十分の一にまで圧縮されてしまった徳川家にとって、家臣の数を減らすことは絶対の課題だった。旧幕臣たちには、朝臣《ちょうしん》となり新政府に所属する道、武士身分を捨てて帰農・帰商する道を選び、徳川の臣列を離れた者も少なくなかったが、それ以上に駿河への随従を希望する者が多かった。

移住者にとって定住の地を見つけるのも一苦労だった。たとえば旧幕臣多喜《たき》家の場合、駿河の地で以下のように転々とするのを余儀なくされた。藩が用意した蒸気船で東京から清水港に着き、江尻宿に数日滞在した後、志太郡五十海《いかるみ》村（藤枝市）の岳捜寺に仮寓したが、藩士五軒が同宿だったため、わずか二畳に三名が寝起きするという狭隘《きょうあい》ぶりだった。その後、明治二年（一八六九）四月には沼津に転居することとし、沼津在の駿東郡上香貫《かみかぬき》村（沼津市）の光明院を寓居に定めた。翌年、寺の都合により移転を迫られ、同じ村内の字《あざ》黒瀬の水車小屋を住まいとした。名主が所有する小屋を借りたのだったが、狩野川が氾濫した際には名主宅に避難せざるをえなかった。その後、沼津宿裏町の薪《たきぎ》商の二室を借りて住み、三年冬になると沼津宿大門《だいもん》町の薬種商の別宅を購入した。生計のことを考え、駿東郡元長窪村（長泉町）に藩が建設した長屋を開墾地とともに入手できたのは廃藩後の四年一一月のことだった。

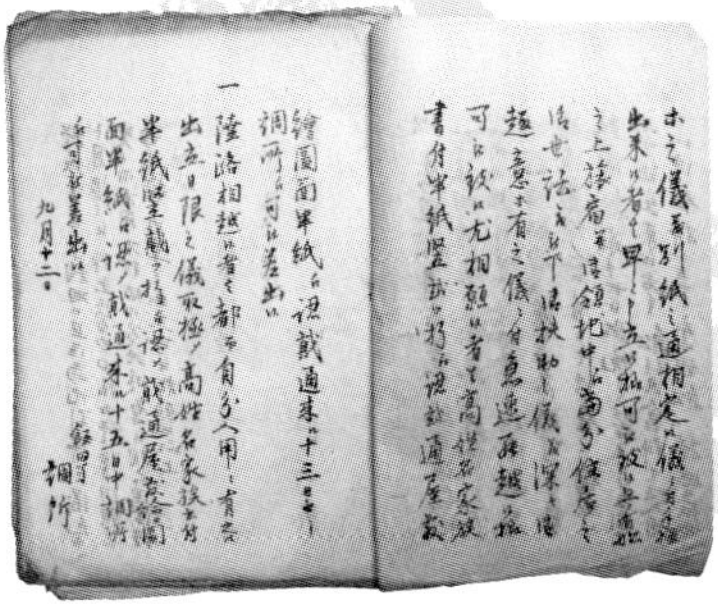

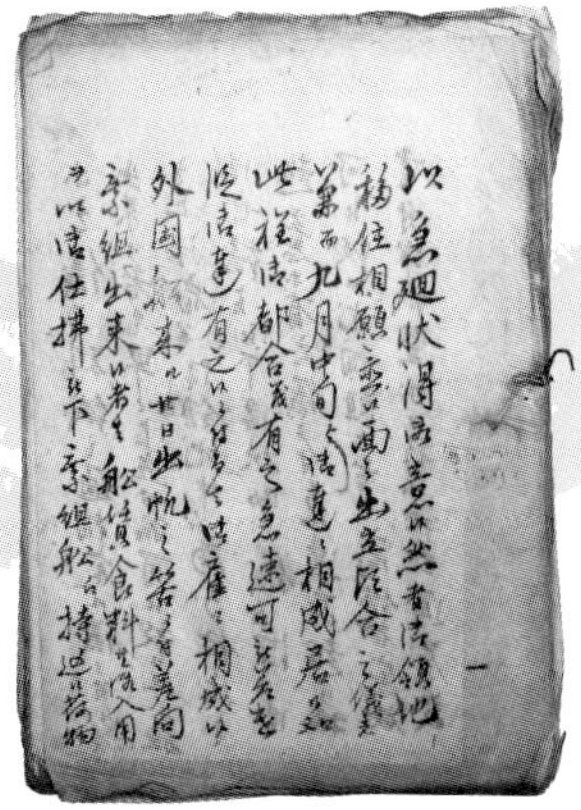

木版で印刷・配布された駿府移住につき心得

個人蔵

明治元年（1868）9 月、飯田町調所よりの布達部分。

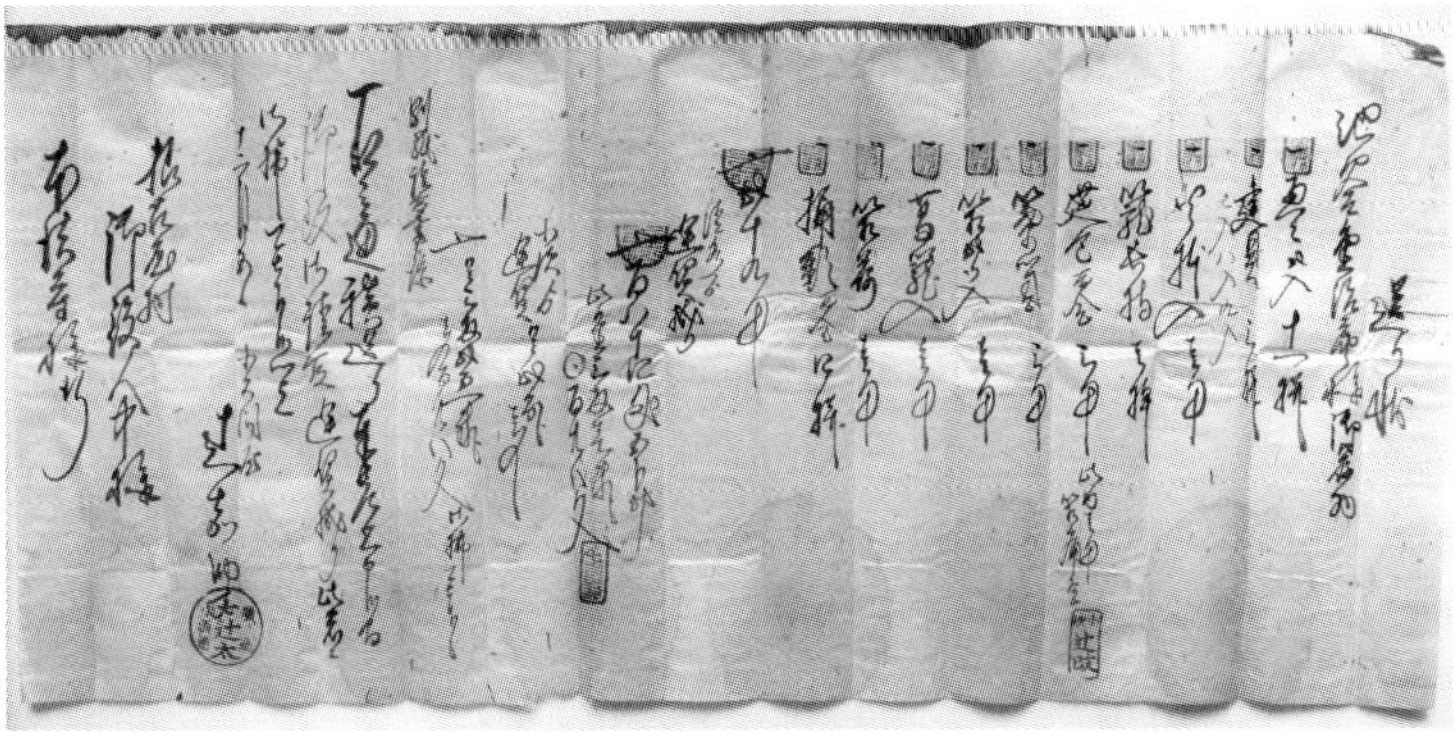

旧幕臣の荷物送り状

沼津市明治史料館所蔵

明治元年 12 月 25 日、旧幕臣池谷金治郎の荷物を商人辻嘉助が駿東郡根古屋村（沼津市）の本法寺に送った際のもの。畳・建具・籠長持・箪笥・桶類などが運搬されたことがわかる。

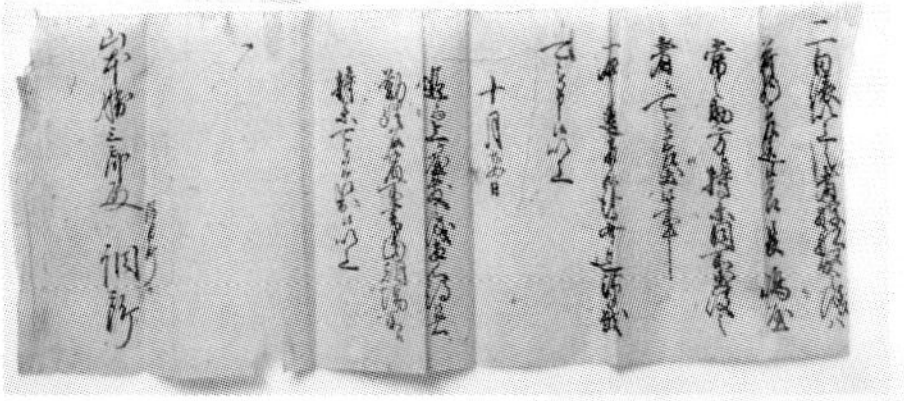

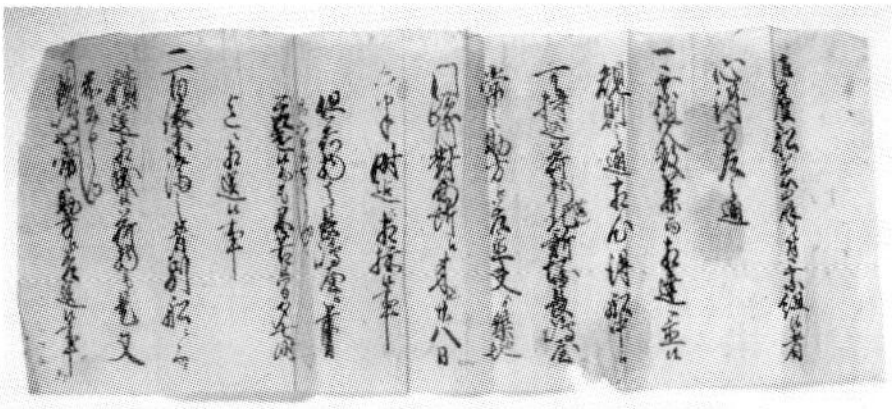

御雇船乗込心得

沼津市明治史料館所蔵

明治元年 10 月 25 日発行。

藩主となった徳川家達

徳川宗家一六代目を継ぎ、駿河府中藩（静岡藩）の藩主となったのは、御三卿の田安徳川家の当主だった亀之助（家達《いえさと》）である。数えで六歳という子どもだった。亀之助は一四代将軍家茂《いえもち》とは、父親同士が従弟の間柄であり、本人たちはハトコの関係にあった。その血筋の良さから、家茂が死んだ時、亀之助が後継者候補に上がったこともあったが、幕末の緊迫した政情では幼い将軍を擁することには無理があり、結局は慶喜が一五代将軍に就任した。そして、幕府が倒れ慶喜が追われた時、本当の出番がやってきたのである。

慶応四年（一八六八）閏四月二九日、亀之助が徳川宗家を相続すべき旨が新政府から発表された。五月三日、津山藩主隠居松平確堂が後見人をつとめるよう新政府から命じられた。五月一八日、家達という実名を名乗ることとなり、二四日には駿河府中城主として七〇万石を下される旨が申し渡された。

駿河の地をめざし、東京を出立したのは八月九日、一五日には駿府に着いた。その道中、供はわずか一〇〇人足らずの質素な行列だった。「お河童さん」のような髪型で「五人囃子の人形」のような幼い家達の駕籠には、お年寄の女中初井がいっしょに乗った。家達は物珍しげに、たびたび窓から顔を出した。問屋場の人足たちは、最後のご奉公というつもりか、賃銭について文句を言う者は一切なかった。路傍の見物人も物寂しげだった。行列には徳川将軍家のシンボルだった鎗や長刀が立てられていたため、行き合う大名の中には駕籠から出て挨拶をする者もいたが、「官軍」兵士にはわざと鳥をめがけ鉄砲を放つ者もいた。以上は御小姓や家扶《かふ》として家達の側近く仕えた伊丹鉄弥が残した後年の回想による。政権の座から転落した徳川家を象徴するような情景であった。

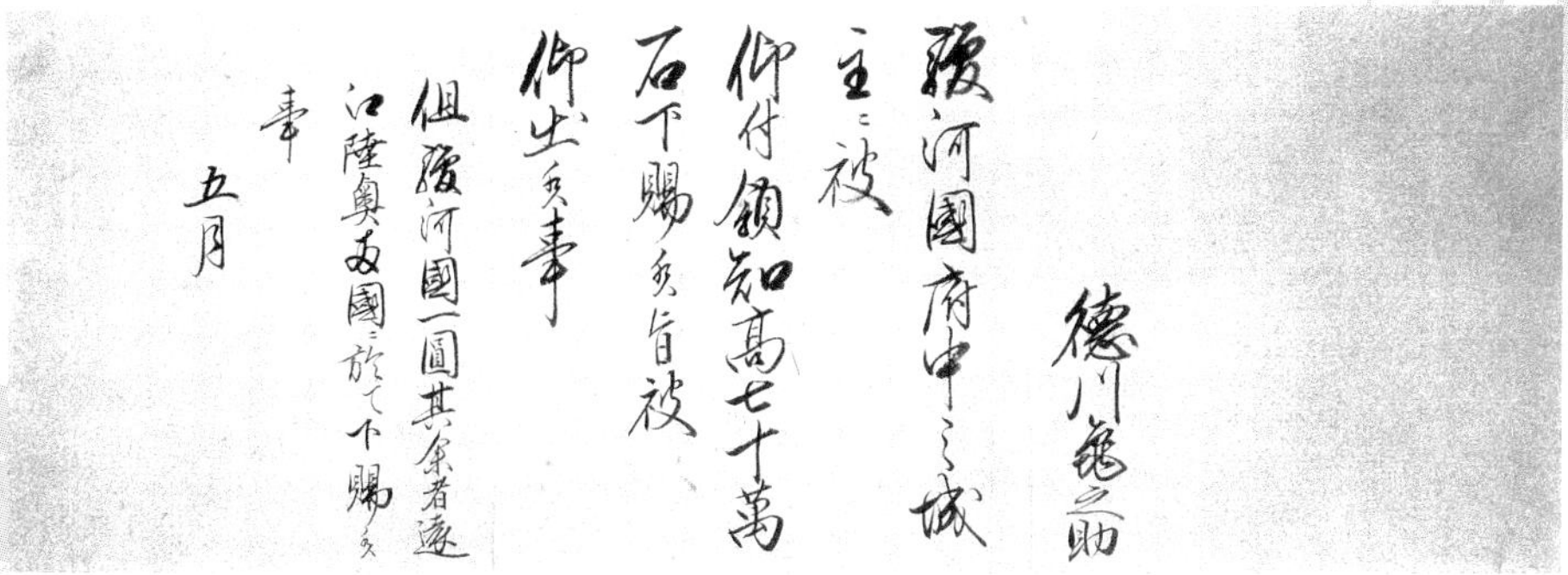
徳川亀之助
駿河國府中之城
主ニ被
仰付領知高七十萬
石下賜候旨被
仰出候事
但駿河國一圓其余者遠
江陸奥両國ニ於て下賜候
事
五月

駿河府中城主 70 万石下賜沙汰書 徳川記念財団所蔵

慶応 4 年（1868）5 月。

徳川家達 梅蔭寺所蔵

明治 2 年（1869）撮影。撮影者は下岡蓮杖の義弟臼井蓮節。

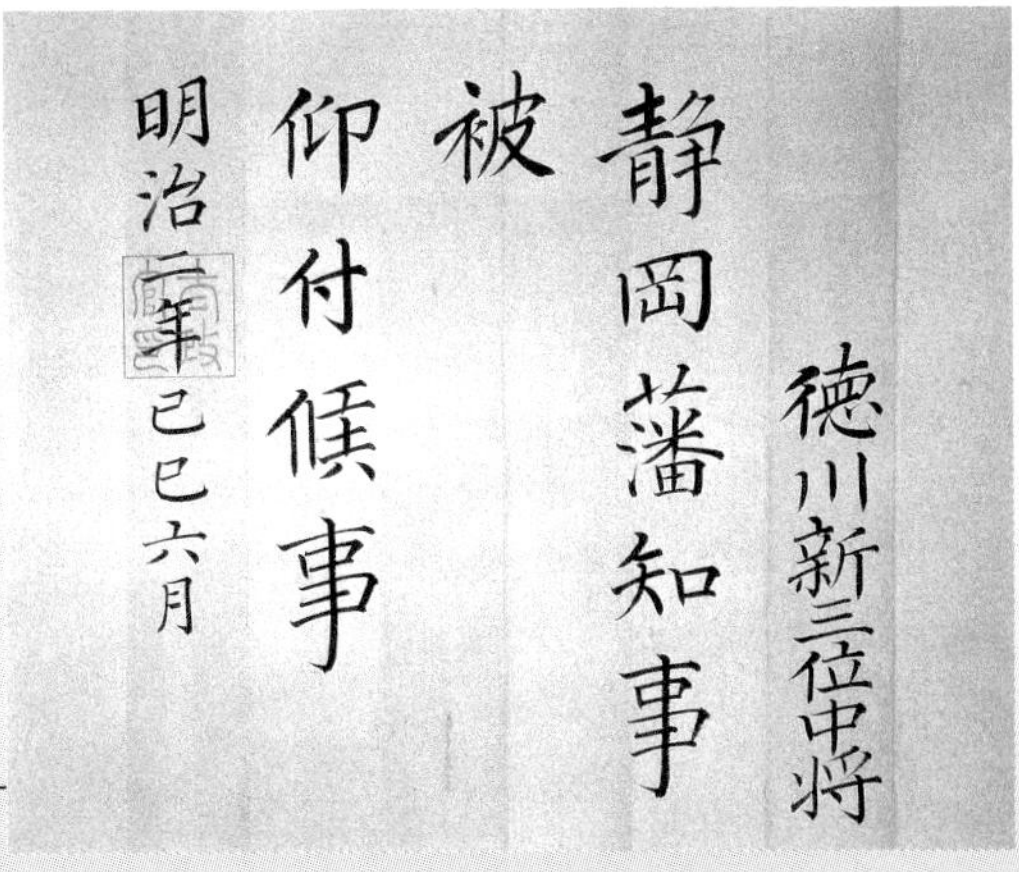
徳川新三位中将
静岡藩知事
被
仰付候事
明治二年己巳六月

静岡藩知事辞令
徳川記念財団所蔵

明治 2 年 6 月。

最後の将軍、駿府に入る

鳥羽・伏見の敗戦後、慶応四年二月、徳川慶喜は上野寛永寺の大慈院で謹慎生活に入った。四月には水戸に謹慎場所を変えるが、いずれも身辺警護には高橋泥舟《でいしゅう》や中條景昭《ちゅうじょうかげあき》が率いる精鋭隊があたった。水戸藩では勤王・佐幕の党争が続いていたため、混乱を避けるべく、七月一九日に水戸を発ち、銚子からは旧幕府の軍艦蟠龍丸《ばんりゅうまる》に乗り、二三日に清水港に着いた。『徳川慶喜公伝』によれば、駿河府中藩の目付中台信太郎が出迎え、松岡万《つもる》率いる精鋭隊五〇名余が警衛し、同日夕方に駿府・宝台院に入ったとされる。写真で掲げた資料は、旧幕臣の家に残されていたものであり、「御入駿之節御行列書」という表題が記された、清水港から宝台院に向かう慶喜とその護衛者たちの行列図である。精鋭隊以外に御広間組・御書院組といった部隊も加わっており、御中老・大目付・遊撃隊頭・表医師らも随っていたこと、「御召御馬」二頭が牽《ひ》かれていたこともわかる。

宝台院での慶喜の生活は一年二か月ほど続いたが、その間、会見した渋沢栄一は、汚れた畳の上に座る慶喜の姿に涙したという。明治二年（一八六九）九月、謹慎が解かれ、翌月には紺屋町《こうやまち》の元代官屋敷に移った。三年二月には一堂《いちどう》と改名した。

なお、慶喜の妻美賀子は東京小石川の水戸藩邸で暮らしていたが、二年一一月には静岡の紺屋町御住居に入り、ようやく夫と同居することができた。その際、東京から夫人のお供をした中には、広敷添番《ひろしきそえばん》として和宮の京都行きにも随行した山中笑《えむ》（共古《きょうこ》、後に静岡バンドの一人としてクリスチャンになった）がいた。

慶喜一家の紺屋町での生活は明治二一年（一八八八）まで続き、その後は西草深町の屋敷に転居することになる。

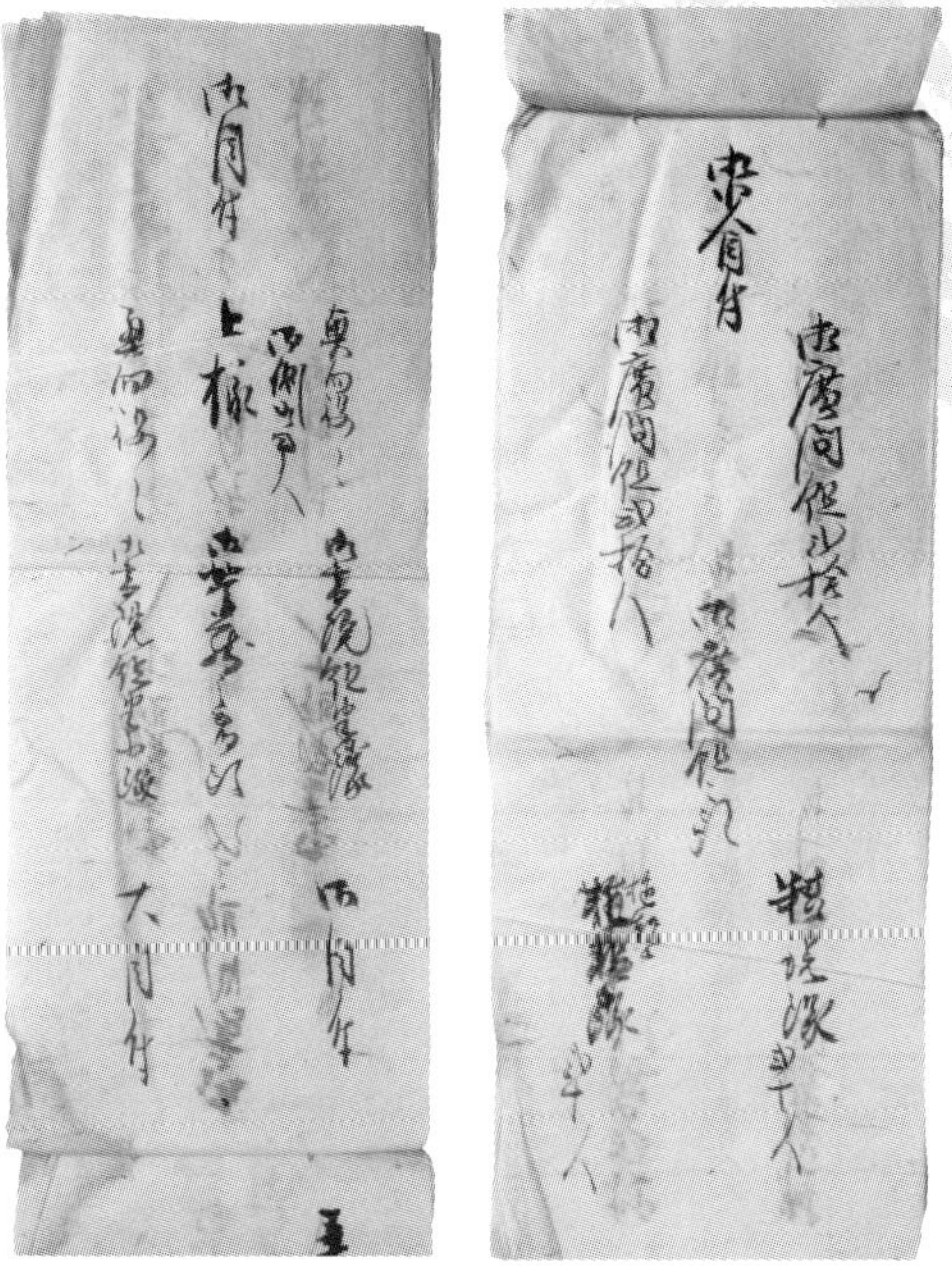

御入駿之節御行列書 個人蔵

清水港から駿府へ向かう慶喜の行列図。先頭には御小人目付・御広間組・精鋭隊などが配置され、「上様」の前後左右は御目付・奥向役々・御側御用人らが固めた。

徳川慶喜 個人蔵

徳川慶喜公謹慎之地碑 静岡市葵区

宝台院。平成 10 年（1998）建立。

徳川慶喜公屋敷跡碑 静岡市葵区

浮月楼前。紺屋町御住居があった場所。

移住からの脱落者

慶応四年七月時点で作成された移住予定者の名簿「駿河《するが》表《おもて》召連《めしつれ》候《そうろう》家来《けらい》姓名《せいめい》」（国立公文書館所蔵）は、駿河の新領地を治めるために必要な家臣の役職とその定数が約五〇〇〇名とされたことを示す。そこに記された人名からは、実際には移住しなかったり、結局静岡藩士にならなかった有名人を拾い出せる。

たとえば、「洋学教師」として記載された一二名の中に福地源一郎（桜痴《おうち》）の名がある。福地は駿河に移住したものの、すぐに上京し、藩から暇をもらった。同様に、一度は移住したものの、ほとんど何ら足跡を残すことなく、わずかな期間で駿河の地を去った者として、「大目付」だった加藤弘之、「地方添役《じかたそえやく》」だった宮内公美らがいる。

使番《つかいばん》目《め》付介《つけのすけ》として宇都宮三郎（鉱之進）がいた。陸軍には、「陸軍用取扱」として益田孝（徳之進）・市川兼恭《かねのり》（斎宮《いつき》）・池田謙斎・伊東玄伯・田島応親《まさちか》（金太郎）・細谷安太郎ら、「大砲組之頭並」として山田熊蔵・木村宗三らの名が記されている。しかし実際には、宇都宮は新政府の開成学校に出仕するとともに、出身地である名古屋藩の藩籍に復した。益田は帰商し徳川家の臣籍を離れた。市川は新政府からの招聘に応じ、京都兵学校に出仕した。田島・細谷・木村は脱走・抗戦部隊に加わり、箱館戦争を戦った。山田は、徳川宗家（静岡藩）から独立し大名となった田安藩（田安徳川家）の家臣に召し抱えられた。宗家の家臣から田安藩や一橋藩（一橋徳川家）の藩士に身分を換えることを「貰切《もらいきり》」と言った。

しかし、何と言っても、「駿河表召連候家来姓名」に記載されながら移住から脱落した最大の集団は海軍である。榎本武揚《たけあき》らの幹部以下、その大多数が軍艦とともに脱走し、箱館戦争を戦うことになったのである。

福地源一郎

『みつこしタイムス』第 8 巻第 12 号所載

幕府の遣欧使節に参加。後年はジャーナリスト、政治家として活躍した。

加藤弘之

『明治聖代教育家銘鑑』第一編所載

遠州横須賀割付として浜松県に本籍を置き、東京府へ転籍したのは明治 5 年（1872）11 月だった。

宮内公美

『北足立郡誌』所載

息子丈三郎は静岡に移住しているので（「静岡士族名簿」）、静岡藩士としての家は息子に継がせたらしい。

益田孝 個人蔵

派遣中のフランスにて撮影。

宇都宮三郎 『宇都宮氏経歴談』所載

化学を研究した先駆者として知られる。

市川兼恭

『市川兼恭』所載

開成所でドイツ語の学習に取り組んだ。

伊東玄伯 個人蔵

留学中のオランダにて撮影。

浜口英幹 『明治肖像録』所載

「駿河表召連候家来姓名」には軍艦役として記載されたが、駿河に移住することはなかった。

榎本武揚 個人蔵

留学中のオランダにて撮影。

江戸以外からの移住者

駿河に移住した旧幕臣たちの大半が江戸在住者だったことは間違いないが、少ないながらも江戸以外の地から移住した者もいた。なぜなら幕臣には、江戸以外の遠国に代々住み、そこに勤務した家が多数あったからである。特に大坂・京都・長崎といった奉行所が置かれた幕府直轄の主要都市には、土着の下級官吏である与力・同心らが存在した。土地との結び付きが強い彼らは、維新後はそのまま新政府に移籍した例が多かったが、中には徳川家を慕い、墳墓の地を離れ、わざわざ駿河へ来住した者もいた。

たとえば京都町奉行配下の同心として続いた家の五代目で、支配定役元〆介《じょうやくもとじめのすけ》をつとめた栗山宗質（庄蔵、一八二五〜七四）という人。大政奉還後には遊撃隊などに所属したためだろうか、旧幕府陸軍の一員として広間組に編入されて駿河に移住し、静岡藩では赤坂奉行支配調役並《しらべやくなみ》・浜松最寄郡方並《もよりこおりかたなみ》・准十五等出仕などに就任、廃藩後は浜松県の官吏をつとめた。京都町奉行同心千賀家に生まれ、宗質の養嗣子となった勝三（一八五四〜一九四〇）は沼津兵学校第六期資業生に及第し、後に陸軍少将となっている。ほかに京都土着の旧幕臣としては、箱館戦争を戦った後に静岡藩に帰参した人《ひと》見《み》寧《やすし》も含めてよいだろう。

幕府瓦解の知らせを受け、必死で長崎を脱し静岡に移住した者として、長崎奉行所の配下だった久松《ひさまつ》忠誨《ただつぐ》・中村六三郎らが挙げられる。二人とも本来は長崎の町役人であり、幕末に行われた組織改革によって正規の幕臣身分を手に入れたばかりだったが、それだけに徳川家に強い恩顧を感じたのかもしれない。幕府が治めた石見国《いわみのくに》・大森銀山の地役人として先祖代々勤務しながら、維新後は駿河をめざし移住した、高野義長という人物もいる。彼は沼津勤番組に属し、後に初代の駿東郡長泉村長をつとめた。

人見寧 個人蔵

この写真は明治政府の官僚時代。京都町奉行配下の与力から遊撃隊に加わり、箱根戦争から箱館戦争を戦った。

高野義長 『愛鷹山組合沿革史』所載

父祖以来大森銀山に勤務したほか、征長戦争にも従軍した。

御三卿の独立

駿河府中藩（静岡藩）の成立により、将軍家のごく近い分家だった御三卿（田安・一橋・清水の三家）は、宗家から切り離されることとなった。新政府の命により田安・一橋の二家は、それぞれ一〇万石の独立した大名となり、藩を称することとなった。

清水家は当主徳川昭武《あきたけ》がフランス留学中で不在だったので藩にはならず、清水小普請《こぶしん》と呼ばれたその家臣団約六五〇軒は、静岡藩と田安藩・一橋藩とが分け合って引き取ることとなった。特に静岡藩に対しては、勝海舟の新政府への働きかけなどもあり、清水家領一一万石が預けられることとなったのは有利な条件となった。清水領の「御預け」と清水小普請の扶助については、八月二九日付で藩内に布告され、その担当者として土屋富三郎（正直）・杉浦梅潭《ばいたん》（兵庫）の二名が「御用重立取扱《おもだちとりあつかい》」を命じられた。その後、昭武が水戸藩主を継いだため、清水家は当主が存在しないこととなり、また静岡藩がその領地を預かるという状態も長くは続かず、明治二年（一八六九）三月には清水小普請扶助のためとして五万俵が新政府から下賜されることとなった。

一方、静岡藩は田安・一橋藩に対しては家臣を譲渡している。リストラのため家臣数を減らさなければならなかったからであり、田安・一橋藩側からすれば独立した藩を運営するため有能な人材が必要だったという理由がある。もともと御三卿の家臣は幕臣が一定期間派遣されるという例が多かったのであるが、維新後は明確に分けられたのである。たとえば、幕府時代に目付・神奈川奉行・勘定奉行などを歴任した都筑峯暉《つづきみねあき》（金三郎・駿河守・但馬守）は、慶応四年二月に一橋家家老に就き、八月には「貫切」（宗家からの所属替えのこと）によって駿河府中藩から一橋藩へ正式に移籍している。

鈴木重《しげ》嶺《ね》

『旧幕府』第２巻第２号所載

勘定奉行・佐渡奉行をつとめ隠居したが、息子が田安藩の貫切になったため、同藩の家老として出仕した。

平岡凞

『平岡吟舟翁と東明曲』所載

平岡凞（1856 ～ 1934）は、戊辰時に目付をつとめ静岡に移住した父平岡凞一（庄七）が清水徳川家再興に貢献した礼として洋行費を下されたため、明治４年（1871）16 歳で清水篤守（徳川慶喜の甥）に随行し、アメリカに留学した。鉄道技術を学んだほか、帰国後は日本初の社会人野球チームを結成してベースボールの普及に尽くし、後年、野球殿堂入り第１号になったことで知られる。

都筑峯暉 個人蔵

慶応 3 年（1867）10 月撮影。宗家を離れ一橋藩士となった。

小永井小舟 『万延元年遣米使節図録』所載

通称は五八郎。軍艦操練所勤番下役・徒目付などをつとめ、咸臨丸の渡米に参加した経験を持つ。維新後は徳川宗家を離れ、一橋藩に儒者として仕えた。その後、名古屋藩の明倫堂に教頭として招かれた。

二章 静岡藩の行政機構

藩の幹部と業務分担

駿河府中藩（静岡藩）は徳川幕府の後身だったが、当然ながら老中などとして幕政を支えた譜代大名はいなくなり、藩の組織はすべて元旗本・御家人たちから構成された。当初、藩の重役として家老・中老が置かれ、幹事役には勝海舟・山岡鉄舟が加わった。家老になった平岡道弘（丹波・丹治）は幕末ギリギリに一万石に達し大名になったものの、その地位を投げ捨て一家臣として駿河に移住した、徳川家にとっては「奇特な人」だった。

明治二年（一八六九）夏の藩政改革によって大参事・権《ごん》大参事・少参事・権少参事といった全国共通の役名に変わったが、家老平岡が大参事、中老浅野氏祐《うじすけ》（次郎八）・服部常純（綾雄）・河野九郎（左門）・織田信重（和泉・泉・泉之）・富永雄造（孫太夫）・戸川平太（平右衛門）らが権大参事にそのまま横すべりした。権大参事は藩庁掛・会計掛・軍事掛・郡政掛・学校掛といった部門を分担した。少参事・権少参事らには、津田真道《まみち》・西成度《にしなりのり》（吉十郎）といった洋学者、江原素六《えばらそろく》・矢田堀鴻《やたぼりこう》・佐々倉桐太郎・福岡久といった陸海軍人、松岡万・相原安次郎といった尊攘志士上がりの者も登用された。山高信離《やまたかのぶあきら》・淵辺徳蔵・向山黄村・河田熙のような海外渡航経験者もおり、清新な顔ぶれといえた。

藩庁の中枢は静岡（駿府）城内に置かれた。藩主（知藩事）家達も明治二年七月からは、城内の御用談所という執務場所へ通勤することとなった。なお、軍事掛は沼津、開墾方は牧之原など、本拠地が静岡以外に設置された部門もある。

三年（一八七〇）閏一〇月、平岡・河野・富永らが差免された。幹部の人数を減らしたらしく、以前は五〇名ほどいた権大参事・少参事・権少参事は、廃藩直後の四年八月時点では一三名だけになっていた。

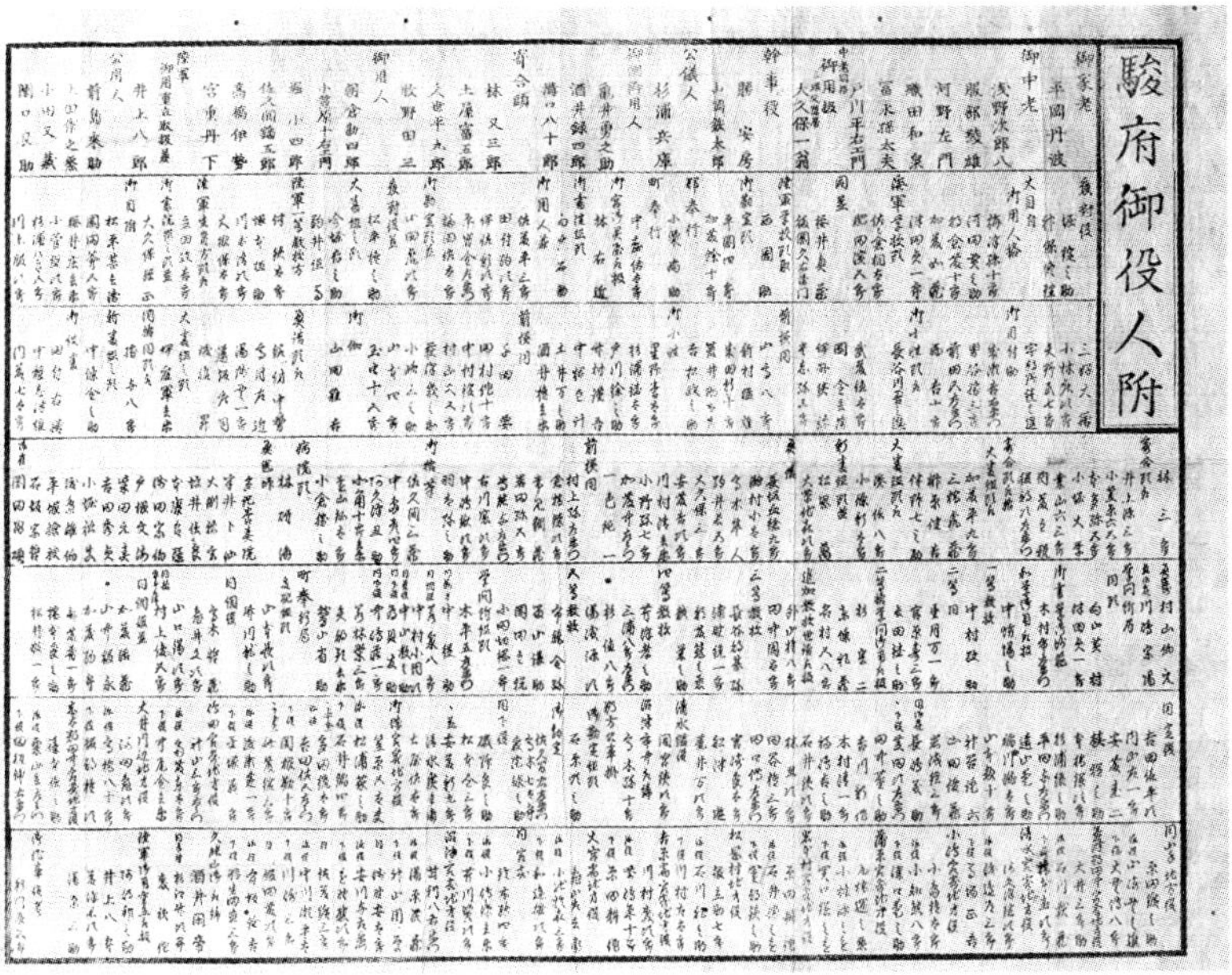

「駿府御役人附」 沼津市明治史料館所蔵

木版で刷られた駿河府中藩の役人名簿。明治元年（1868）12 月頃の発行か。

静岡藩の行政機構図

明治 3 年（1870）時点

- 知藩事－大参事
  - 藩庁掛（最初は政事庁掛・のち庶務掛）
  - 会計掛
  - 刑法掛
  - 公用掛
  - 監正掛
  - 郡政掛（のち郡方掛）
    - 静岡郡政役所
    - 島田郡政役所
    - 掛川郡政役所
    - 中泉郡政役所
    - 浜松郡政役所
    - 赤坂郡政役所
    - 沼津郡政役所（のち郡方役所）
  - 市政掛（のち町方掛）
  - 宿駅掛
  - 水利路程掛（のち水利郡政掛・水利郡方掛）
  - 開業方
  - 航運方
  - 開墾掛
  - 製塩方
  - 十勝開業方
  - 学校掛－静岡学問所－小学校（静岡・清水・久能・小島・田中・掛川・相良・横須賀・中泉・浜松・新居・上ノ原）
  - 軍事掛－沼津兵学校－小学校（沼津・沢田・厚原・万野原）
  - 勤番組（静岡・浜松・沼津・掛川・横須賀・新居・相良・小島・田中）
  - 静岡病院
    - 沼津病院
    - 掛川小病院
  - 藩政補翼
  - 宮ヶ崎・紺屋町御住居附

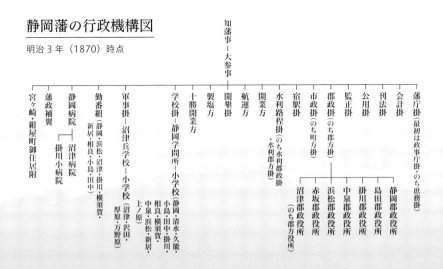

西成度 個人蔵

静岡藩権少参事・刑法掛。

浅野氏祐

『旧幕府』第４巻第７号所載

静岡藩権大参事・藩庁掛。

松平信敏 個人蔵

静岡藩少参事・藩庁掛。

平岡準 沼津市明治史料館所蔵

静岡藩少参事・会計掛。旧名四郎。

牧野成行 個人蔵

静岡藩権少参事・監正掛。旧名は伝蔵・田三。明治３年冬に臼井蓮節が撮影。

大久保樫軒 個人蔵

静岡藩少参事・刑法掛。

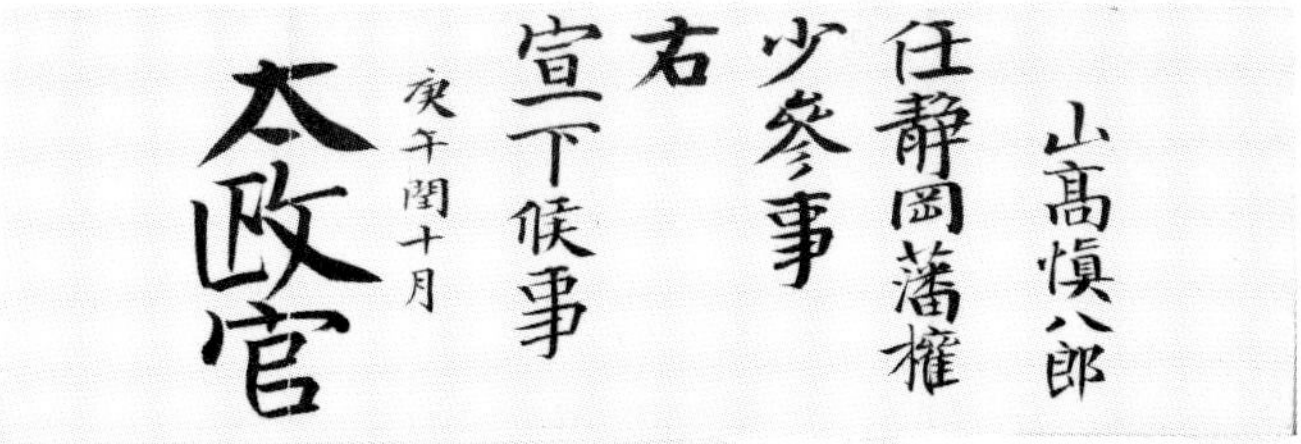

山高慎八郎
任静岡藩権
少参事
右
宣下候事
庚午閏十月
太政官

山高信離の静岡藩権少参事辞令

個人蔵・松戸市戸定歴史館保管

明治３年（1870）閏10月。

城と陣屋の転用

駿府城（静岡城）は静岡藩の藩庁にあてられた。その他、駿遠両国にあった七つの旧藩の城と陣屋は、それぞれの地区を管轄する藩庁の出張所というべき役所や学校などに転用されることとなった。既存の建物を有効活用するのは当然のことである。沼津城の二の丸御殿は沼津兵学校の校舎とされた。

しかし、明治新政府に反逆する意志などさらさら持たぬ静岡藩にとって、軍事施設としての城郭は不要であった。明治二年（一八六九）九月には、静岡城以外の城は取り壊してもよいとの政府の許可を得たので、以後、鯱《しゃちほこ》を下ろし、門扉は取り外し、番所をなくして通行を自由にし、櫓《やぐら》上での時の太鼓は停止し、だんだんと塀・櫓・門もすべて撤去するとの布達が発せられた。城の軍事的な機能を薄めるとともに、施設の維持管理の省力化をはかったものと考えられる。いわば「明治の一国一城令」ともいうべきものだった。明治三年一〇月、沼津城の外堀では稲作を行うことが申請されている。

駿河・遠江には、七つの藩の城・陣屋以外にも他の大名・旗本が設けた陣屋が多数存在した。正確な数や所在地は確定できていないが、そのうちのかなりは静岡藩が諸官衙《かんが》として活用したらしい。庵原郡嶺村（静岡市清水区）の旗本曽我氏の陣屋は海軍学校に、駿東郡松長村（沼津市）の荻野山中藩の陣屋や同郡八幡《やわた》村（清水町）の旗本久世氏の陣屋は沼津郡政役所の出張所に使用されるといった具合である。三年一一月、榛原郡横岡村や城東郡月岡村（旗本井上氏領）の陣屋は相良勤番組から開墾方に引き渡されている。富士郡厚原村（富士市）の旗本松平氏、山名郡高部村（袋井市）の旗本渡辺氏の元陣屋の例など、住宅不足の藩内において、単なる役所ではなく勤番組の役宅を兼ねた場合もあった。

静岡藩赤坂陣屋の絵図

『音羽町誌』より転載。豊川市教育委員会提供

「御役所」以外に姓が記された区画は在勤した静岡藩士の役宅である。「慶応三年」と記されているのは「明治三年」の誤りかと思われる。

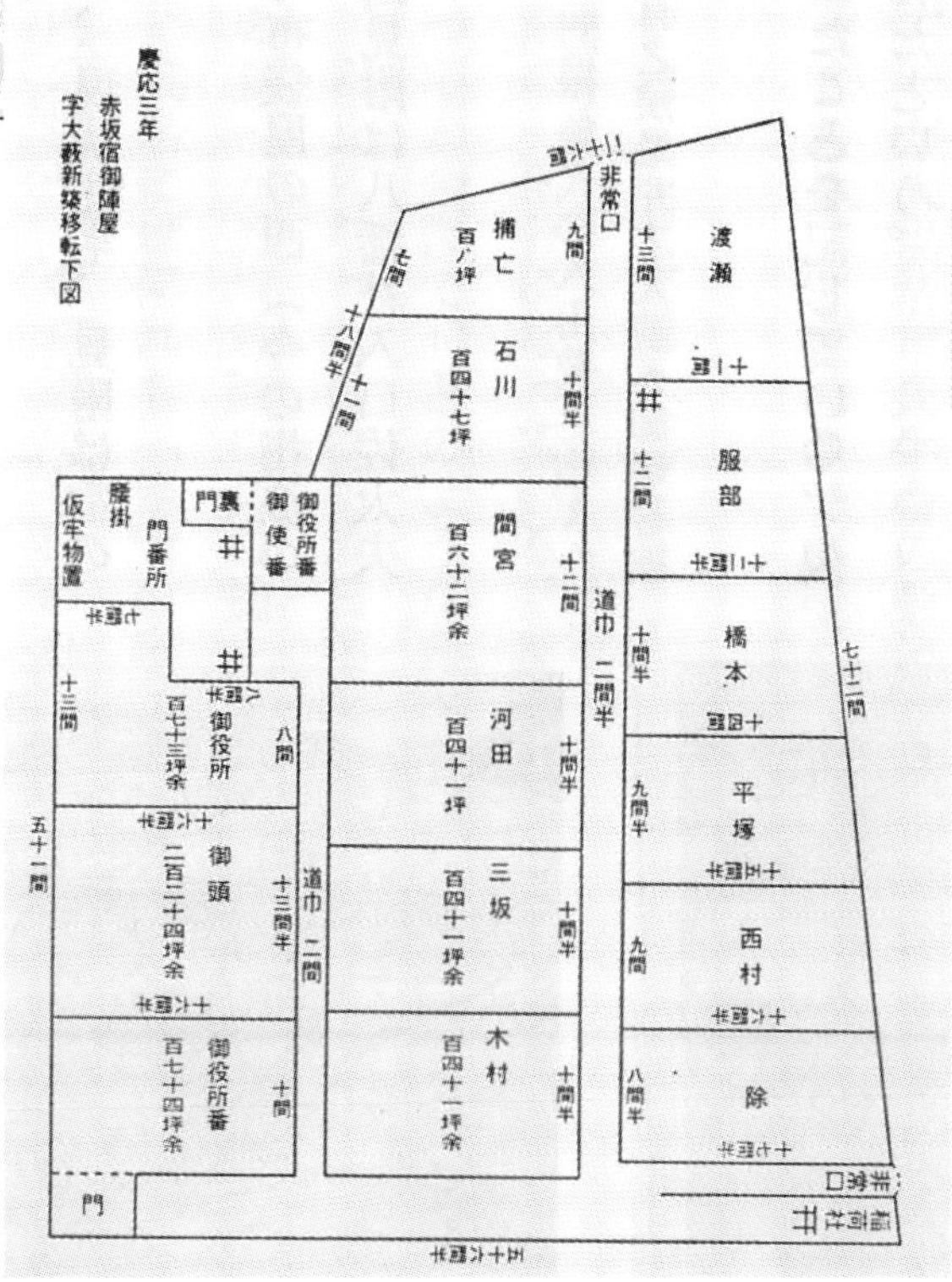

富士郡平垣村陣屋絵図

個人蔵

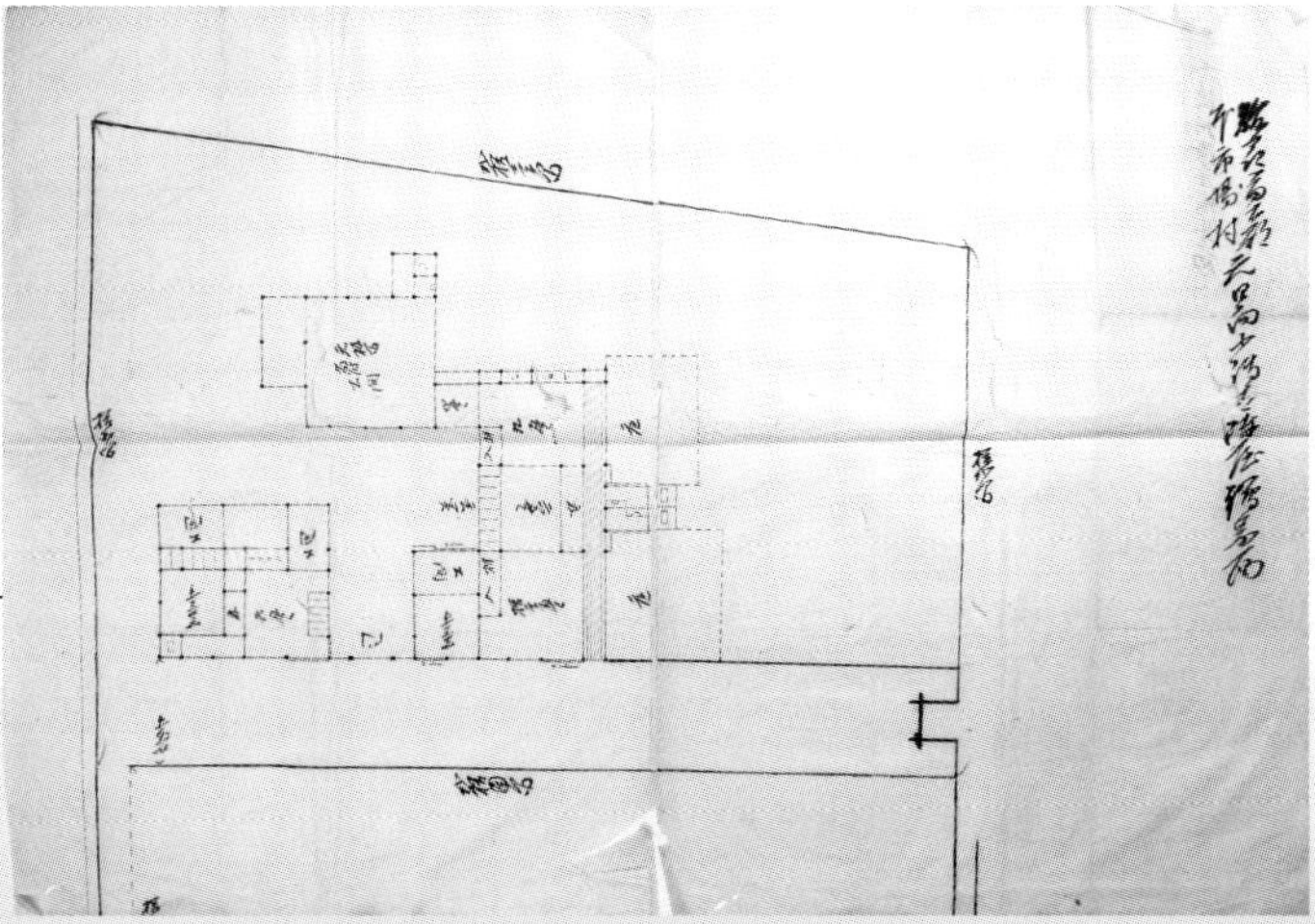

旗本日向小伝太の陣屋で、本市場村と記されているのは誤り。沼津勤番組幹部が残したものであり、役所や住居への転用が検討されたと考えられる。

各所に置かれた奉行

当初、明治元年（一八六八）段階では、農商の支配や租税徴収といった民政は郡《こおり》奉行（御《お》勘定頭《かんじょうがしら》が兼任）が担当していたが、二年一月、郡奉行は廃止され、以後は沼津・小島《おじま》・府中・田中・相良・掛川・遠江横須賀・中泉・浜松・三河横須賀・赤坂の領内一一か所に配置された各所奉行が、移住した藩士の管理とともに「農政向《むき》」をも担任することとなった。それにともない、全藩士は一一か所のどこかへ必ず割付《わりつけ》となったが、それは平等を期すため鬮引（くじ引き）によって決定された。鬮引は、勤番組《きんばんぐみ》（無役の者）は一月晦日、在職者は二月一二日に行われた。

奉行所のスタッフは、たとえば府中奉行（二年六月以降は静岡奉行と改称）の場合、トップの奉行中台信太郎の下、添《そえ》奉行として山田虎次郎がおり、その下には支配組頭・支配調役・支配調役格市中取締・支配調役並・支配定役・支配上番・支配地方役・支配地方添役・支配地方下役といった役職が置かれ、全部で一二五名からなっていた。

沼津奉行は、陸軍局の幹部で沼津兵学校設立の中心になった阿部潜（邦之助）が陸軍御用重立《おもだち》取扱《とりあつかい》との兼任でつとめたが、当時の文書には「陸軍地方掛」といった記載が見られることなどから、陸軍局が民政の一部を担当するような状況があった。

明治二年夏の藩政改革後、奉行制は廃止され、民政については郡政掛の担当となり、各地に郡政役所が配置され、一方、居住する藩士の管理については各所に置かれた勤番組之頭《のかしら》が行うこととなった。

中泉奉行前島密のように、教育・福祉・勧業などさまざまな分野で積極的な行政を展開した例もあるが、もともと無理があったのであろう、地区担当として奉行が一手に担っていた二つの役割は分離されたわけである。

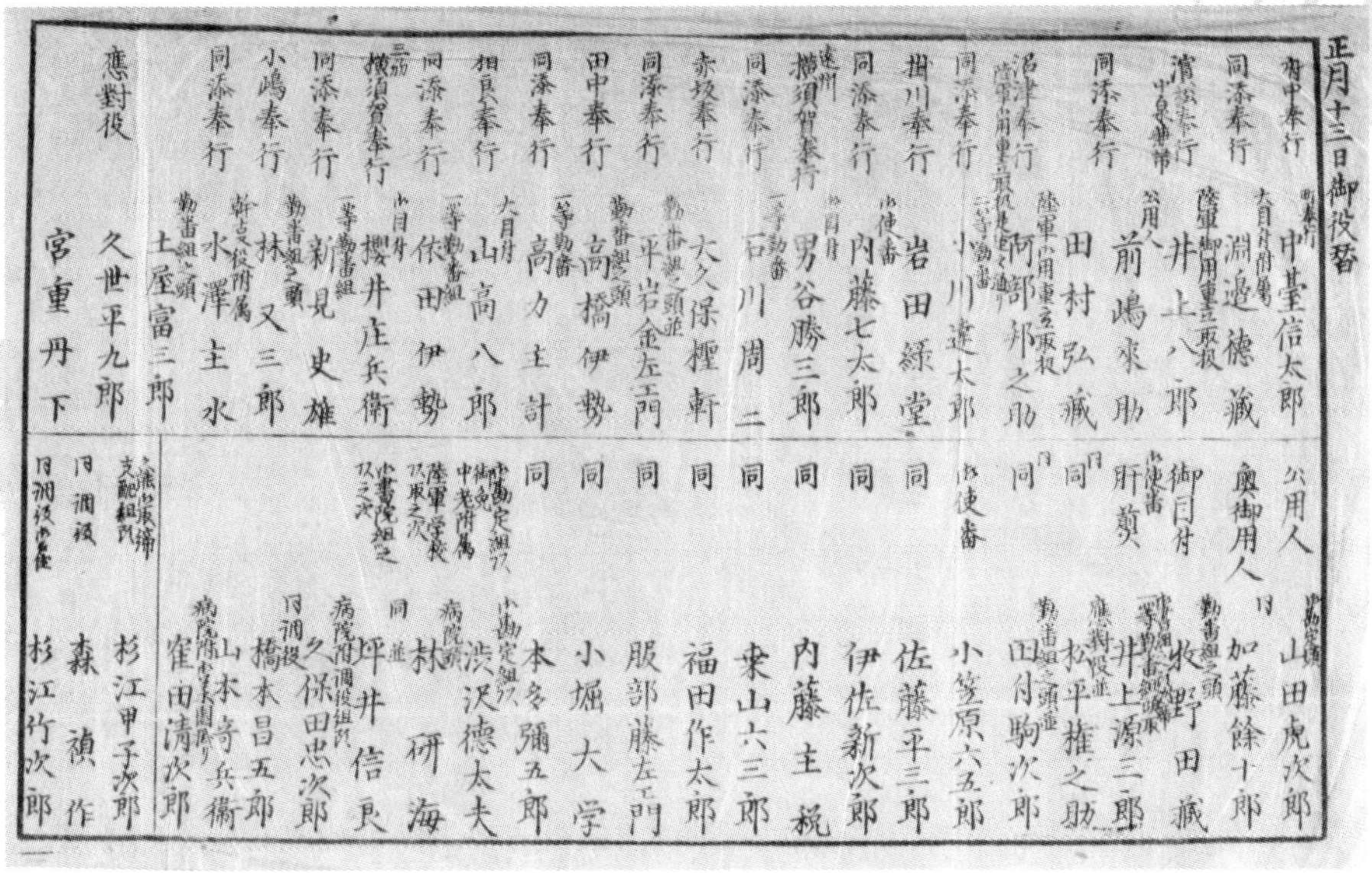
正月十三日御役替

府中奉行 中臺信太郎
同添奉行 淵邊徳藏
濱松奉行 中泉兼帯 井上八郎
同添奉行 前嶋來助
田村弘藏
沼津奉行 阿部邦之助
同添奉行 小川達太郎
掛川奉行 岩田緑堂
同添奉行 内藤七太郎
遠州 横須賀奉行 男谷勝三郎
同添奉行 石川周二
赤坂奉行 大久保樫軒
同添奉行 平岩金左エ門
田中奉行 高橋伊勢
同添奉行 高力主計
相良奉行 山高八郎
同添奉行 依田伊勢
横須賀奉行 櫻井庄兵衛
同添奉行 新見史雄
小嶋奉行 林又三郎
同添奉行 水澤主水
同添奉行 土屋富三郎
應對役 久世平九郎
宮重丹下

公用人 山田虎次郎
奥御用人 加藤餘十郎
御目付 牧野田藏
肝煎 井上源三郎
同 松平権之助
同 田村駒次郎
小使番 小笠原六五郎
同 佐藤平三郎
同 伊佐新次郎
同 内藤主税
同 東山六三郎
同 福田作太郎
同 服部藤左エ門
同 小堀大学
同 本多彌五郎
渋沢徳太夫
林研海
坪井信良
久保田忠次郎
橋本昌五郎
山本奇兵衛
窪田清次郎
杉江甲子次郎
森禎作
杉江竹次郎

各所奉行などの名簿

東京都江戸東京博物館所蔵／Image：東京都歴史文化財団イメージアーカイブ

明治2年（1869）正月の人事異動を反映したもの。藩内10か所（中泉は浜松との兼帯）に奉行・添奉行が置かれたことがわかる。

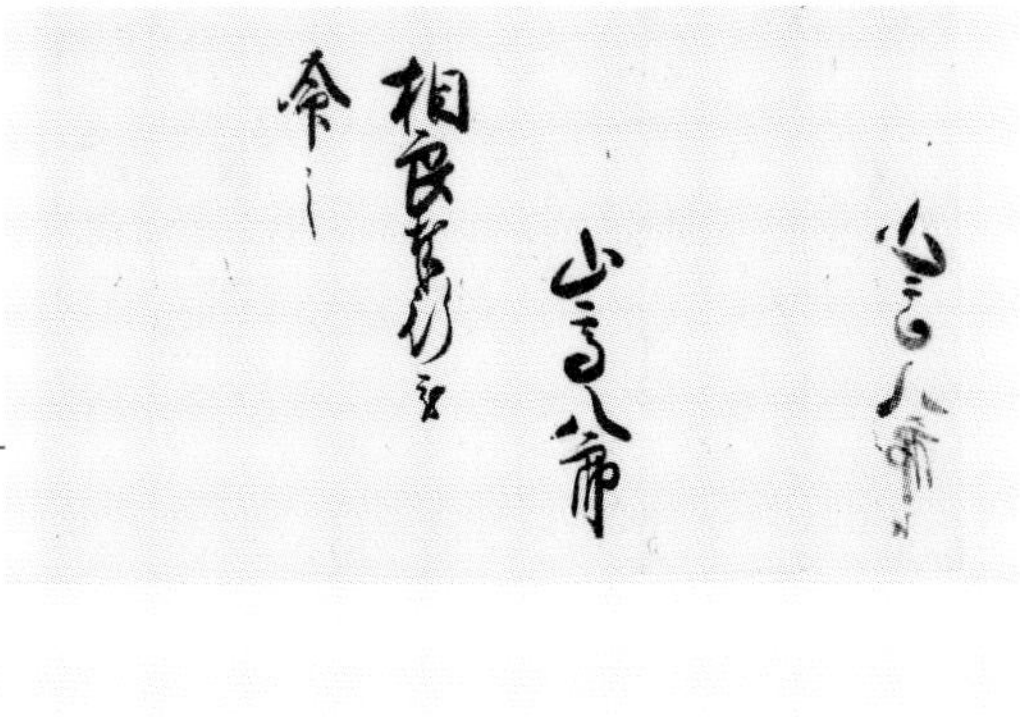

山高信離の相良奉行辞令

個人蔵・松戸市戸定歴史館保管

救院跡碑

磐田市

救院は、中泉奉行前島密が窮民扶助のため管内の寺院に呼びかけ設置した。

静岡藩の三河領

当然ながら、静岡藩の領域と現在の静岡県の県域は一致しない。何よりも伊豆国は静岡藩領ではなかったし、遠江国のごく一部には堀江藩という小藩が存在した。そして、三河国（愛知県の一部）に一一万石もの石高を有する領地があったのである。

最初、新政府は徳川家に対し駿河・遠江・陸奥《むつ》で七〇万石を与えると指令したが、後に陸奥は三河に代えられた。はるか遠方の飛び地をもらうよりも、隣国に領地を与えられたことは好都合だった。ただし、三河国の静岡藩領は地理的にはあまりまとまったものではなく、八つの郡（額田《ぬかた》・碧海《へきかい》・幡豆《はず》・加茂・宝飯《ほい》・渥美《あつみ》・八名《やな》・設楽《したら》）の三七一村から成っていた。藩士たちの移住地としても、横須賀村（幡豆郡、現在は西尾市）と赤坂宿（宝飯郡、現在は豊川市）の二か所が設定され、三州横須賀奉行と赤坂奉行が任命された。

明治二年の藩政改革後、奉行は廃止され、赤坂には郡政役所が置かれ、権少参事・郡政掛依田盛克が責任者となったが、勤番組は三河領からはなくなり、三河に移住した藩士は新置された新居勤番組に属することとなった。赤坂宿には維新前、遠州中泉代官の出張陣屋が置かれ幕府領を支配していたが、郡政役所はその建物を転用した。廃藩後も依田以下一五名が駐在し、明治五年（一八七二）正月に額田県庁に引き渡されるまで、赤坂役所は機能を続けた。

なお、東海道の宿場のうち、静岡藩領として駿河の一二宿、遠江の九宿のほか、三河国には二川《ふたがわ》・御《ご》油《ゆ》・赤坂・藤川の四宿があった。各宿場には二名ずつの宿詰役《しゅくづめやく》が配置されている。ちなみに赤坂宿の宿詰役飯田良政（孫三郎）は、旧幕時代には徒《かち》目付などをつとめた人で、森鷗外著『渋江抽斎《ちゅうさい》』の主人公渋江抽斎の甥（姉の夫の養子）として知られる。

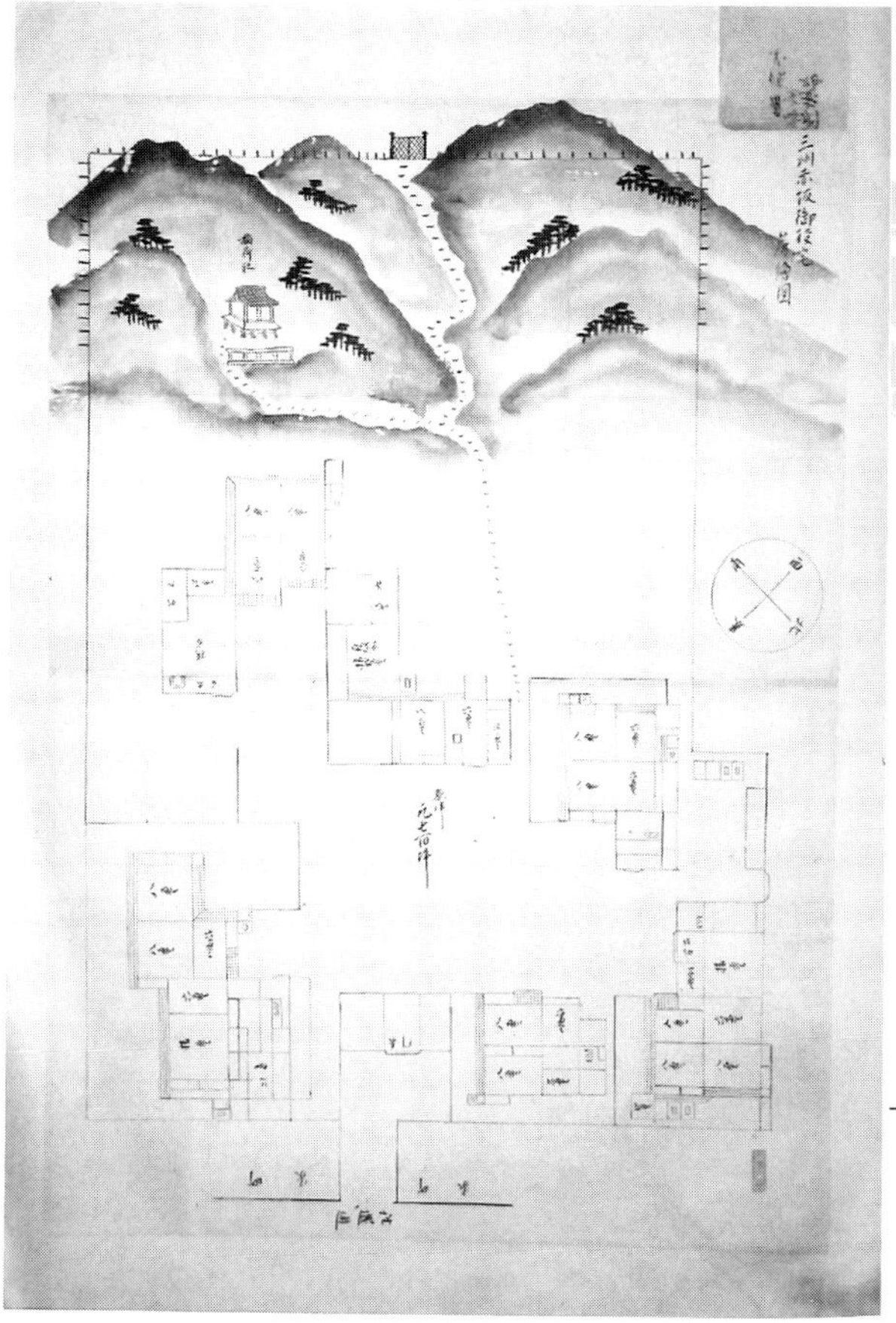

三州赤坂御役宅麁《あら》絵《え》図《ず》

神奈川県立金沢文庫所蔵

幕府時代には中泉代官の出張陣屋であり、静岡藩の赤坂郡政役所が置かれた建物。

依田盛克

神奈川県立金沢文庫所蔵

静岡藩権少参事・郡政掛をつとめ、赤坂最寄を担当した。

東京の藩邸

江戸城を新政府に明け渡し、一大名となった徳川家では、東京に藩邸を構える必要が生じた。静岡藩では小川町《おがわまち》（東京都千代田区）と赤坂（港区）に藩邸を置いた。前者は元高田藩邸、後者は元和歌山藩（紀州藩）邸だった。

赤坂の和歌山藩邸の本殿を借り受けたのは慶応四年（一八六八）七月だった。和歌山藩側の記録には、「右に付御宗家御家中往々山屋敷辺に住居既に勝安房の如きも来り住せり」とあるが、山屋敷とは御殿・勘定所・金蔵・厩《うまや》・鉄砲場・学問所・武芸場・射場・御鷹部屋・中間《ちゅうげん》部屋・火用心番所・牢屋・庭園など多数の建物や施設が配され、全体では約一五万坪あったという広大な同藩邸のうち、東南に位置した区域の名称である。勝海舟を含め、静岡藩士たちが寓居とした長屋がそのあたりにあったのである。明治三年（一八七〇）八月、赤坂の藩邸は和歌山藩に返還され、その御殿に住んでいた天璋《てんしょう》院《いん》篤姫《あつひめ》らは戸山（新宿区）の元名古屋藩（尾張藩）邸へ転居した。

東京藩邸に勤務する藩士も少なくなかった。特に政府との窓口となっていた公議掛、藩政全般や藩士の人事管理などを担当した藩庁掛（最初は政事庁掛、後に庶務掛）・監正掛などは職務上、東京在勤者が必要だったからである。また、脱走や帰農商からの復籍希望者、あるいはすぐに移住できない貧窮者を扶助するための施設とその担当者（林惟純ら）も置かれていた。

しかし、制度改正の結果、三年一〇月には藩士の東京在住は原則廃止され、以後は期限を限っての赴任扱いとされた。ただし、門番や御広敷勤《おひろしきづとめ》（天璋院・静寛院関係の勤務者）は例外だった。

廃藩置県の後、上京した徳川家達が最初に住んだのも小川町や戸山の旧藩邸だった。

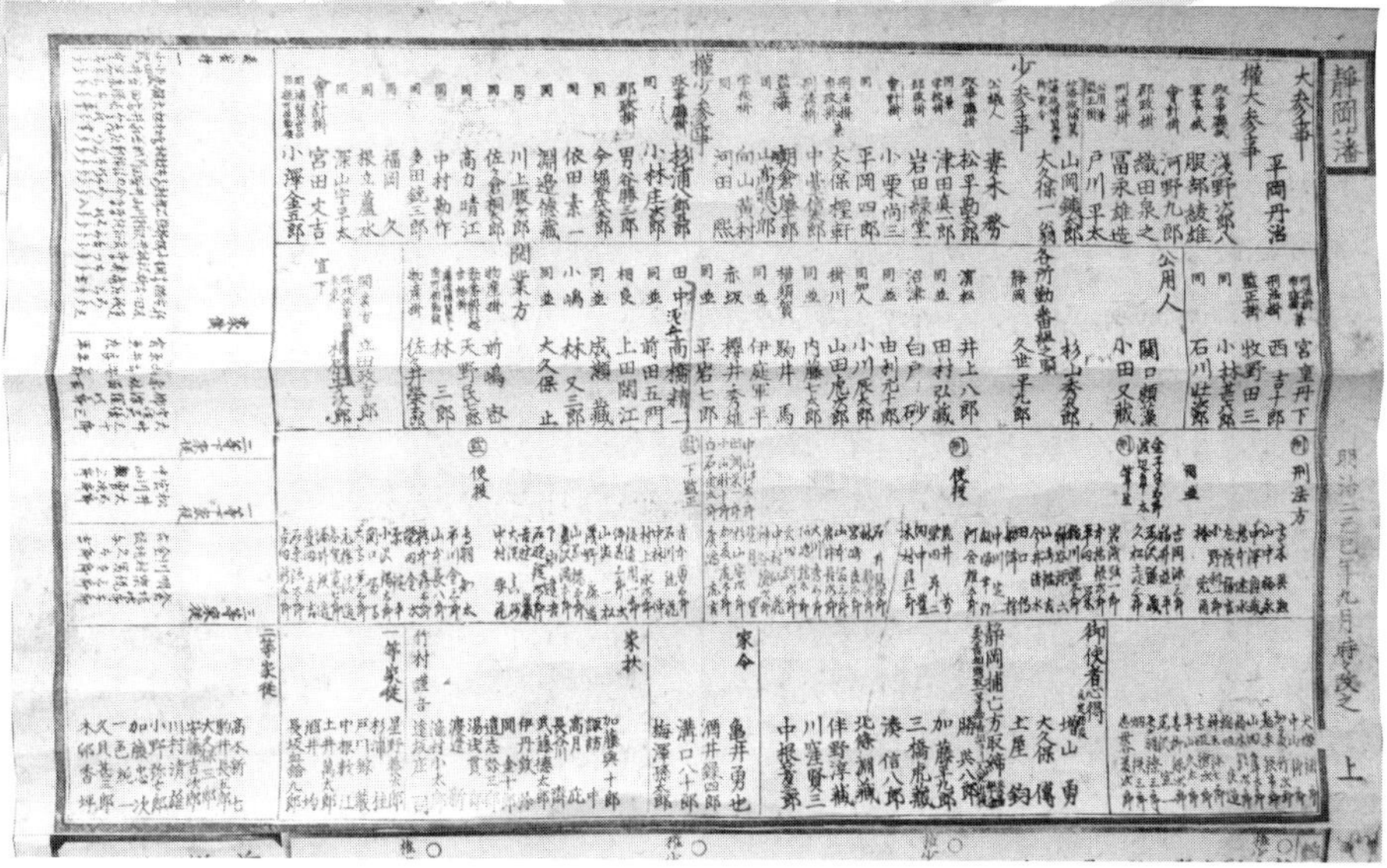

「静岡藩御役人附」上・中・下のうちの上 磐田市歴史文書館所蔵

明治２年（1869）９月発行。公用人として関口頼藻（隆吉）・小田又蔵（信樹）・杉山秀太郎（一成）の名があるが、新政府との窓口役だった彼らは東京に勤務した。

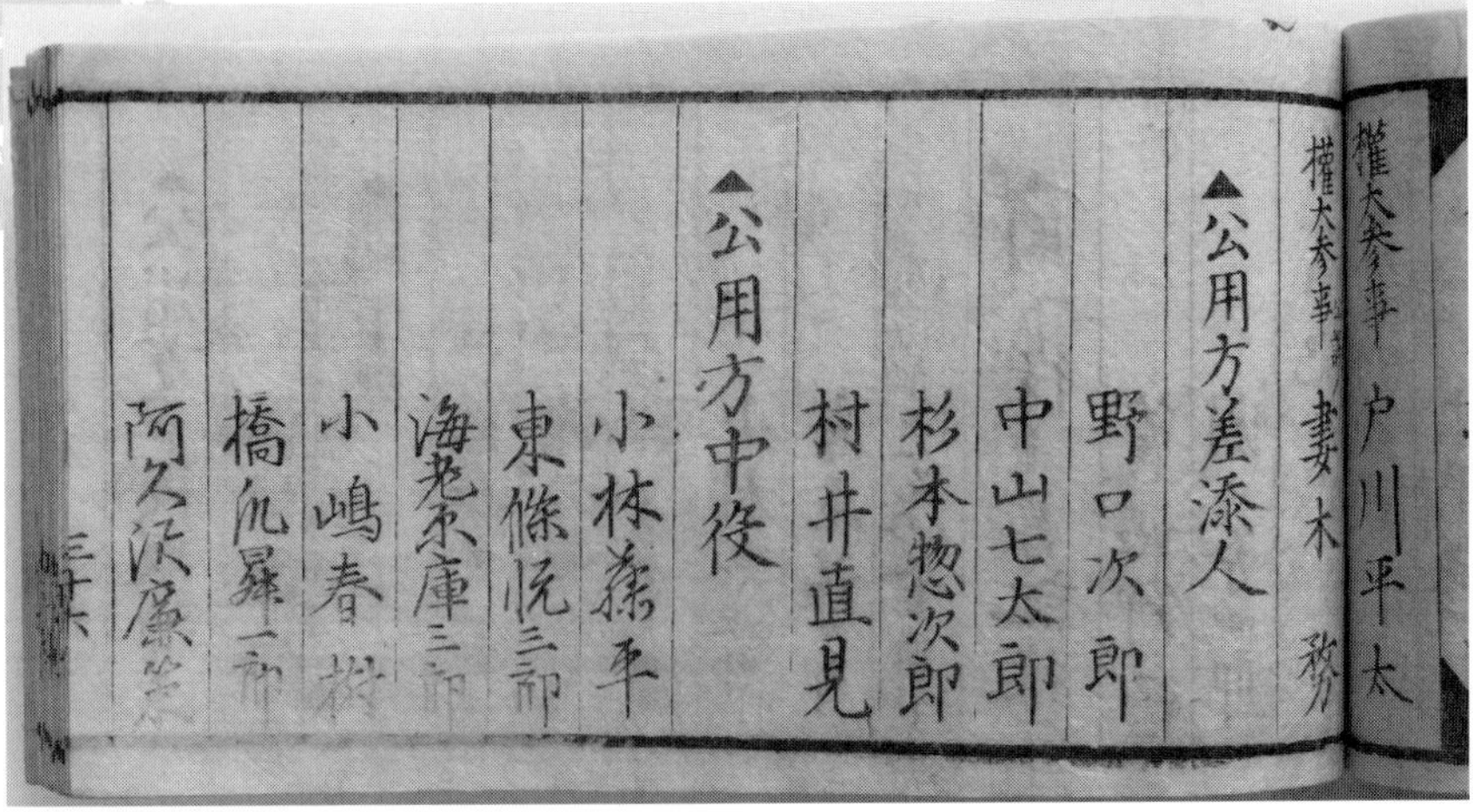

『静岡御役人附』のうち公用掛の部分 沼津市明治史料館所蔵

公用掛は、それ以前の公務人や公議人の仕事を継承した部署であり、東京にも在勤し政府との連絡・調整などに従事した。公用掛の権大参事の下、公用方差添人・公用方中役・公用方下役などが置かれていた。

杉浦梅潭 沼津市明治史料館所蔵

静岡藩の公議人をつとめた。公議人は各藩から選出され、新政府が設けた議事機関である公議所で諸政策に関する審議を行った。

三章 藩主徳川家の家政

藩政と家政の分離

藩主徳川家達の最初の住まいは駿府の元城代屋敷だったが、明治二年（一八六九）七月には浅間神社前の神官新宮《しんぐう》兵部《ひょうぶ》邸に転居した。この邸宅は「宮ケ崎御住居」と称された。一方、慶喜は宝台院での謹慎生活を経て、元駿府代官屋敷に移り、その住まいは「紺屋町御住居」と呼ばれた。

移封当初、藩主の側近くに仕える家臣には、御側御用人以下の役職が置かれていたが、明治二年九月六日、職制が改正され、御側御用人が家令、御小姓頭取・御用人並・奥詰《おくづめ》頭取が家扶《かふ》、御小姓が一等家《か》従《じゅう》、奥詰が二等家従といったように変更された。これは、同年七月に明治新政府が打ち出した職員令によって、藩の職名が全国共通とされ、藩政と知藩事《ちはんじ》（藩主）の家政とが切り離されたためである。公私の区別を明確にするという全国規模での改革の一環であった。

明治三年（一八七〇）時点で宮ケ崎御住居には、家令六名、家扶一三名、一等家従七名、御伽《おとぎ》一名、二等家従一〇名、三等家従七名、二等下家従七名、家僕《かぼく》二五名、同奥掛《おくがかり》として家扶一名、二等家従二名、一等下家従四名、家僕六名が勤務していた。藩政補《ほ》翼《よく》を兼任した家令大久保一翁《いちおう》は例外として、宮ケ崎御住居に勤務した藩士たちは、慶喜に仕えた紺屋町御住居の者たちとともに、藩の行政的な仕事ではなく、主家の家政のみに従事する存在であった。彼らの中からは、川村清雄・大久保三郎・小野弥一・竹村謹吾のように、徳川家から費用を出してもらい海外留学に派遣される幸運に恵まれた者も出た。

藩政時代の家令・家扶の中には、溝口勝如《かつゆき》・貴志忠孝・滝村小太郎・湯浅貫一郎らのように廃藩後も東京において徳川宗家の使用人として仕え続けた者もいた。

家臣たちに囲まれた徳川家達 徳川記念財団所蔵

明治３年（1870）か４年頃の撮影。チョンマゲと断髪が混在する。

竹村謹吾 個人蔵

宮ケ崎御住居家扶。

大久保一翁 国立歴史民俗博物館所蔵

宮ケ崎御住居家令。

天璋院と和宮

十三代将軍家定の未亡人である天璋院篤姫、十四代将軍家茂の未亡人である和宮《かずのみや》（静寛院宮《せいかんいんのみや》）も、維新後は徳川宗家の家族として駿河に移住してもおかしくはなかった。しかし彼女たちは東京に残った。それまで大奥で働いていた膨大な数の女たちの多くは解雇され、残されたわずかな人数が天璋院や和宮に仕えた。

大奥を出た天璋院は一橋邸を経て、赤坂の紀州藩邸や戸山の尾張藩下屋敷など静岡藩が借り受けた屋敷を転々とした。勝海舟の日記に「薩州家内田中之助より、天璋院様万事御手軽にこれなくてはと申す事、申し入れられ候由なり」云々とあるのは（二年一一月六日）、実家の鹿児島藩も関与し、天璋院の生活費節減がめざされたことである。旧来の「御殿風」は改めなければならないとして、仕える女中たちも歌川は「たか」、島津は「しま」、藤瀬は「ちせ」といったように改名したという。

和宮は明治二年二月に京都へ転居したが、静岡藩では彼女に三〇〇〇両を贈るとともに、藩士を付き添わせ京都に勤務させた。翌年七月頃、京都在勤の和宮付の藩士は、用人以下、全四六名だった。三名いた用人の一人榊原忠恕（鐘蔵）は三年四月に京都へ移住、息子忠誠は京都仏語学校に入り勉強した。毎年正月、和宮のもとへは挨拶のため、大久保一翁や河田熙など藩の幹部が静岡から派遣されている。

家達・慶喜付を含んだ数字であるが、明治三年（一八七〇）三月時点で「宮様并《ならびに》両御住居御広敷《おひろしき》等役々之分」は二九三人、四年八月時点で「静寛院宮附・御家附」は一六九戸となっている。御広敷とは奥に勤務する男性役人のこと。藩の公務とは別に主家のプライベートに奉仕する役柄の者が置かれ続けたことがわかる。

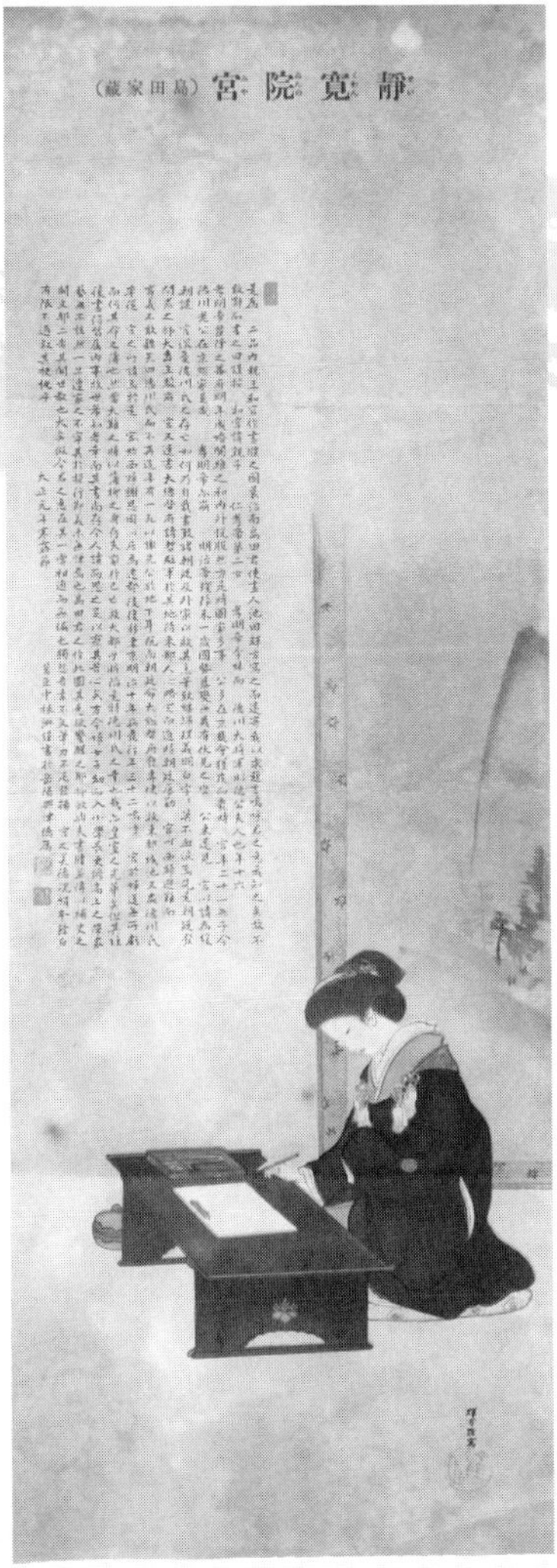

静寛院宮肖像

沼津市明治史料館所蔵

孝明天皇の妹で14代将軍家茂夫人。

天璋院篤姫

東京都江戸東京博物館所蔵

榊原忠誠

国立歴史民俗博物館所蔵

静岡藩時代、静寛院宮附をつとめた父とともに京都で暮らした。後に陸軍少佐となった。

久能山東照宮

駿河国が新政府によって徳川家に与えられたことは、徳川家康を祀る久能山東照宮にとっても、あるいは徳川家にとっても好都合だった。江戸在住時に比べれば、藩士たちにとっても参詣しやすくなったはずである。

駿河府中藩は明治元年一〇月、酒井閑亭《かんてい》（忠績《ただしげ》）を久能山御取締に任命した。幕府時代には旗本榊原氏が久能山惣御門番をつとめていたが、維新後、榊原は朝臣《ちょうしん》となって臣籍を離れた。藩では新たな役職を置いて東照宮を主管させたのである。一一月には東照宮の神領も藩領の中に組み込まれた。酒井閑亭は元姫路藩主で、幕末には老中・大老をつとめた人だった。酒井の下では、久能御取締支配組頭・同調役・定役らが実務を担当した。

明治二年（一八六九）七月に藩主徳川家から中奥御道具が搬入され、三年四月・五月には道具類が引き渡され神庫・土蔵に収められ、九月には軸物が引き渡されており、東京から持参した徳川家の私物が久能山東照宮に移されている。江戸城という巨大な住居を失った徳川家にとって、膨大な財産を保管するための場所は静岡市中では確保できず、久能山にその機能を求めたのであろう。

明治二年一〇月、指揮命令系統が改められ、久能御取締支配の諸役人は家令の支配とされた。翌年一一月には久能御取締の事務所は「三位様御別屋敷」という位置づけとなり、久能御取締配下の諸役人は久能詰三等御家従並《ごかじゅうなみ》と改称された。「三位様」はもちろん徳川家達のことである。この変更は藩政と家政との切り離しにもとづく機構改革の一環であり、久能山東照宮に関わる仕事は静岡藩の公務ではなく、あくまで徳川家のプライベートに属するものとみなされたのである。

酒井閑亭 宮内庁三の丸尚蔵館所蔵

酒井閑亭（忠績）は元大名だったにもかかわらず、維新後は徳川家の一臣下として駿河に移住、久能山御取締に就任した。

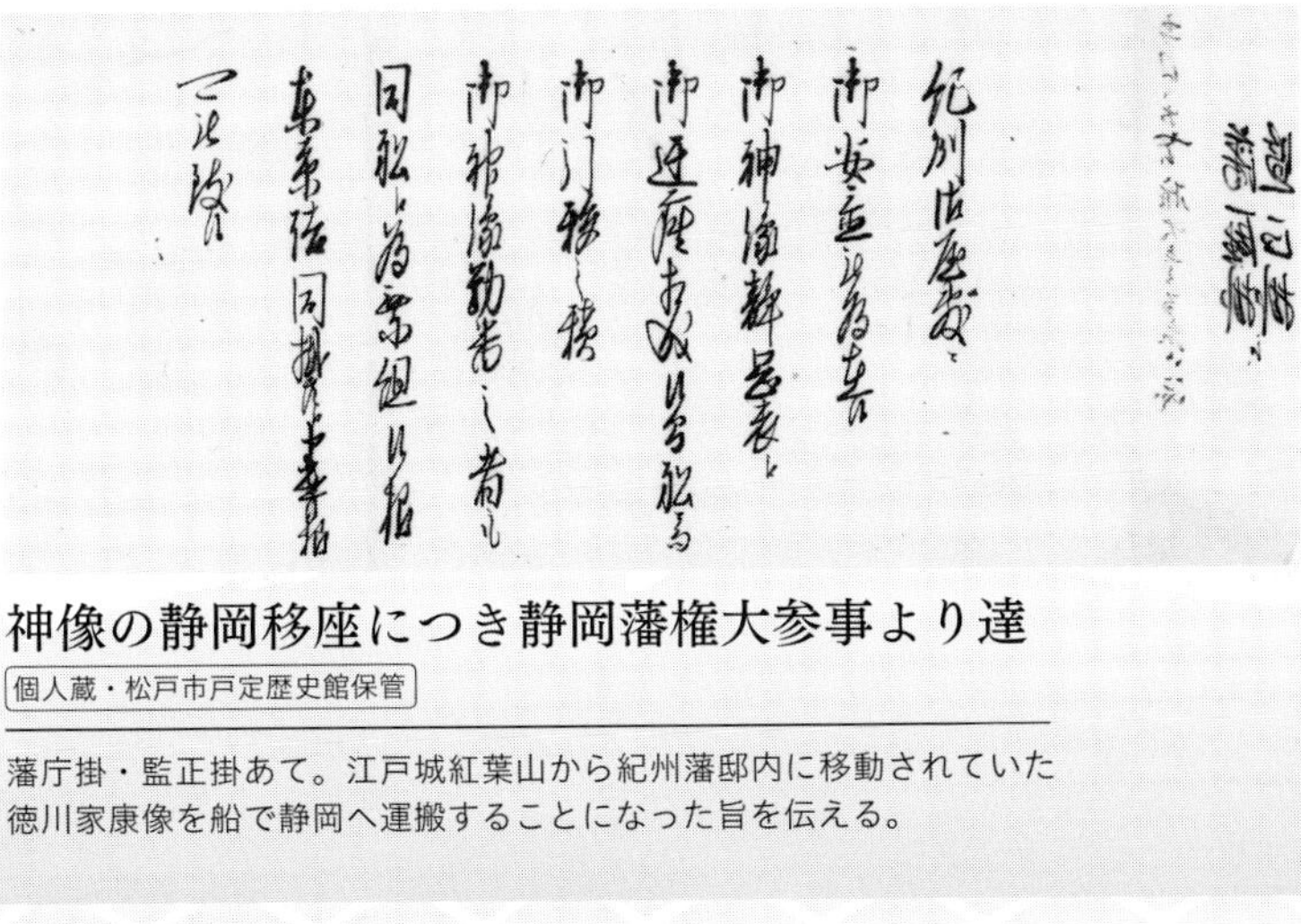

神像の静岡移座につき静岡藩権大参事より達 個人蔵・松戸市戸定歴史館保管

藩庁掛・監正掛あて。江戸城紅葉山から紀州藩邸内に移動されていた徳川家康像を船で静岡へ運搬することになった旨を伝える。

久能山一覧之図 静岡県立中央図書館所蔵

明治 16 年（1883）発行。著者の杉江栄禮は、久能取締支配組頭・三等家従並をつとめた静岡藩士杉江吉孝（竹次郎）の子で、明治期に久能山東照宮祀掌・主典をつとめた。出版人の彦太郎は栄禮の子で、後に宮司となっている。

四章　藩士の身分と生活

無禄移住から勤番組へ

当初、藩の役職に就く約五〇〇〇人を除き、無役にもかかわらず駿河に移住した家臣たちには、「無禄《むろく》移住」と呼ばれたように、禄は支給されないはずだった。無禄移住者は領内で農業や商工業に従事するなど、藩に依存することのないよう、自活が求められたのである。ところが藩当局は、明治元年一二月、全藩士に対し最低限の禄を給することに方針変更し、無役の者たちは「勤番組《きんばんぐみ》」という組織に編成されることとなった。勤番組は、府中・浜松・掛川・遠江横須賀・赤坂・田中・相良・三河横須賀・中泉・小島の一〇か所に置かれた。当初、陸軍局の移住先として別扱いだった沼津には勤番組が置かれなかったが、翌年八月には同地にも勤番組が新置された。

領内一〇か所のうち、誰がどこに「割付《わりつけ》」となるのかは二年一月晦日、くじ引きで決定された。それは、勤番組以外の役職者についても同様で、最高幹部である家老・中老（のち大参事・権大参事）以下、全藩士について割付地が決められた。平岡道弘（丹波）が小島、服部常純（綾雄）・勝海舟（安房）が浜松、浅野氏祐《うじすけ》（次郎八）・富永雄造（孫太夫）が相良、加藤弘之（弘蔵）・杉亨二《こうじ》・外《と》山《やま》正一《まさかず》（捨八）が遠江横須賀、津田真道（真一郎）・中村正直（敬輔）が赤坂といったように、藩庁や学問所がある静岡（駿府）を離れたはずがない彼らさえも、まったく別の地に割り付けられたことになっている。

その割付地毎に総計六〇〇〇名余の氏名が列記された藩士の名簿が、明治二年二月頃に木版で出版された『駿藩各所分配姓名録』である。無役の勤番組平士《ひらし》の場合は実際の居住地と一致している場合が多いが、役職者の場合は勤務地・現住所と割付地とが一致していない例があり、現在の本籍地と現住所のようなものだった。

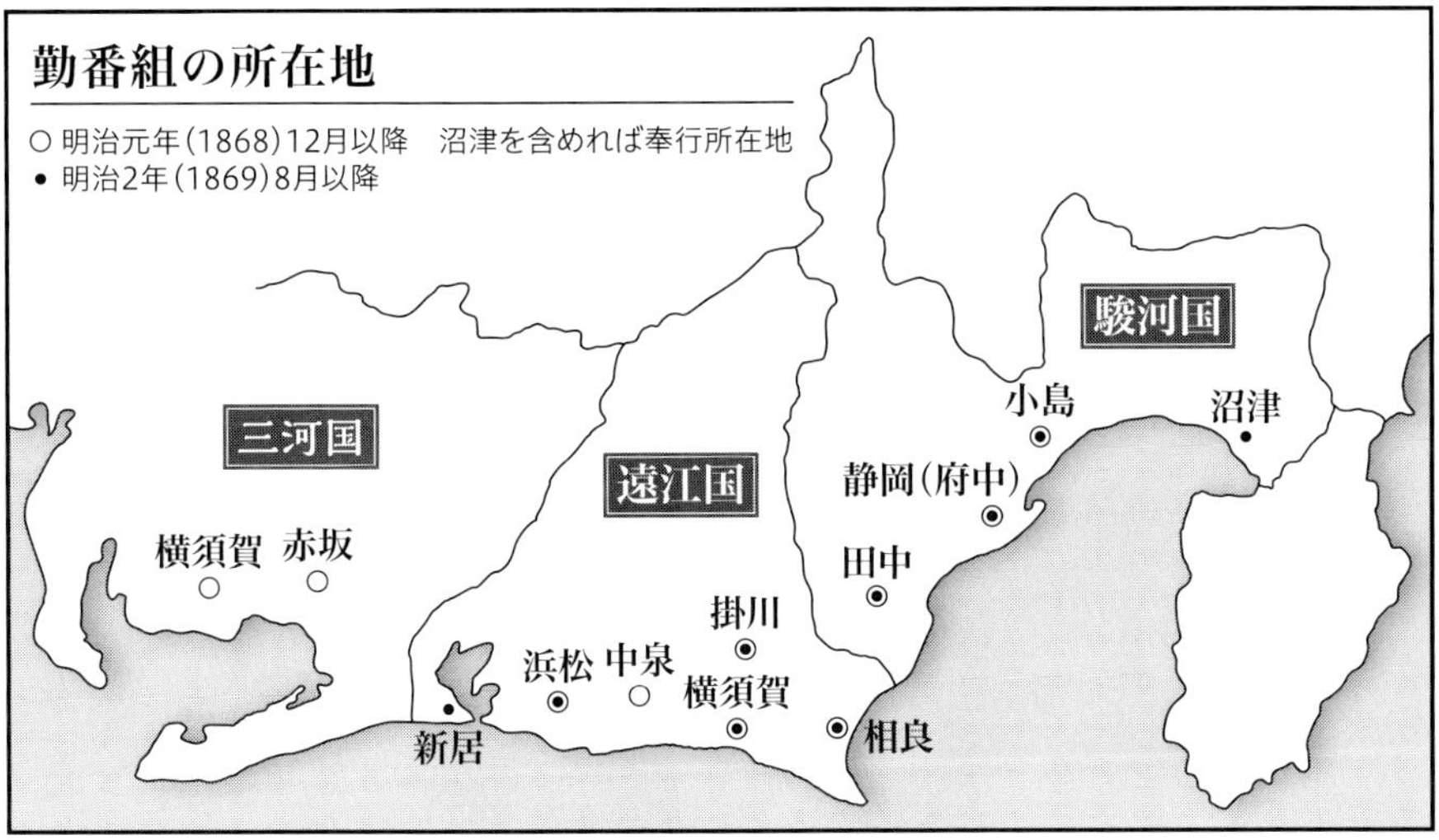

勤番組の所在地

吉田泰門 沼津市明治史料館所蔵

沼津勤番組二番頬頭取。

井上八郎 『井上延陵翁伝』所載

浜松勤番組之頭。

井上延陵君碑

浜松市中区・東照宮

井上八郎の顕彰のため明治 34 年（1901）建立。発起者は浜松堀留合資会社・浜松委托株式会社であり、井上が静岡藩時代に手がけた堀留運河建設などの功績を称えている。

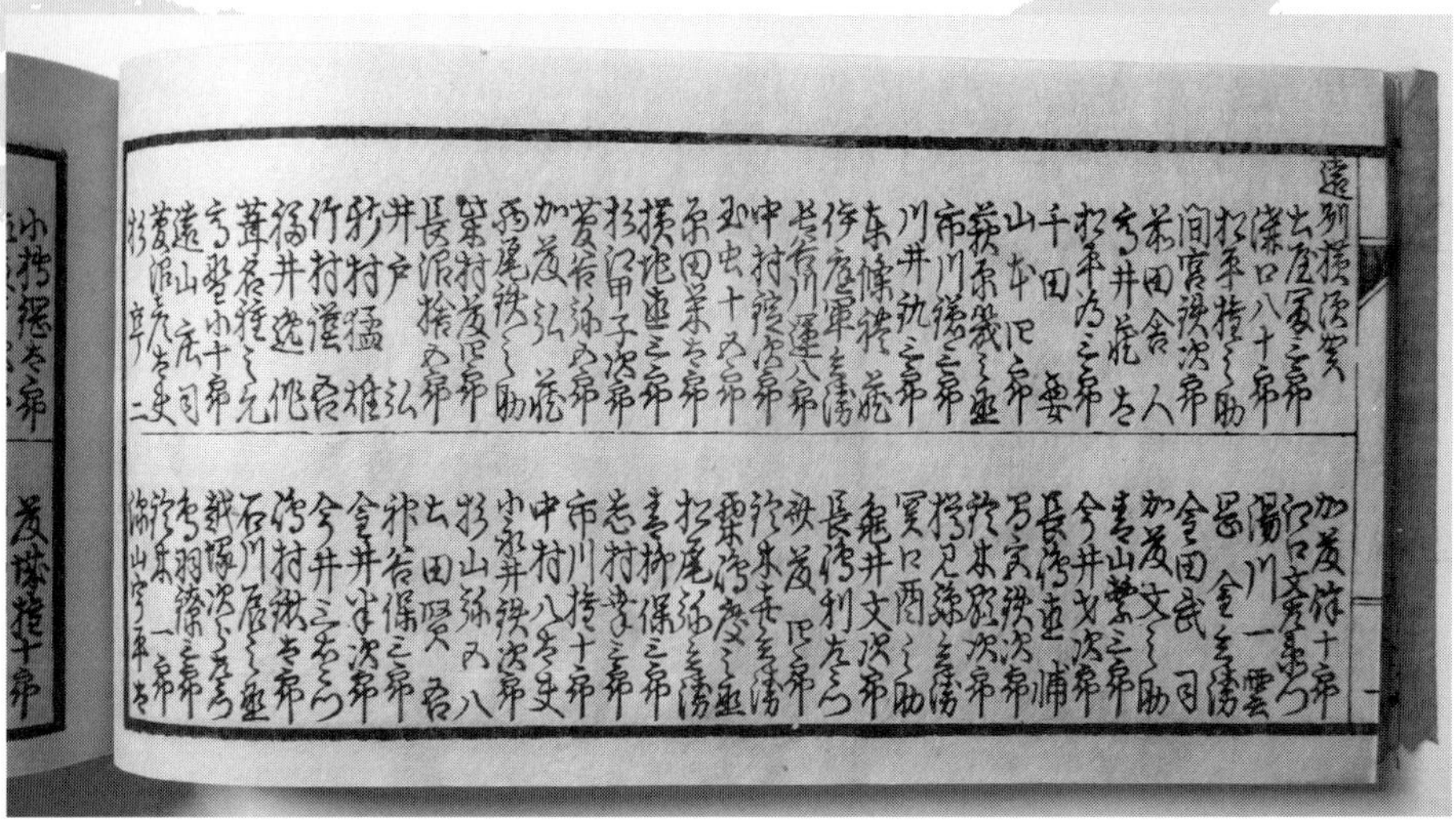

『駿藩各所分配姓名録』 個人蔵

木版で刊行された駿河府中藩の藩士名簿。写真は、遠州横須賀奉行と横須賀勤番組の掲載箇所。各所毎に奉行の管轄下、在職の割付者と無職の勤番組とが置かれたことがわかる。

高橋泥舟

『旧幕府』第４巻第１号所載

田中勤番組之頭。勝海舟・山岡鉄舟とともに「三舟」と称された。

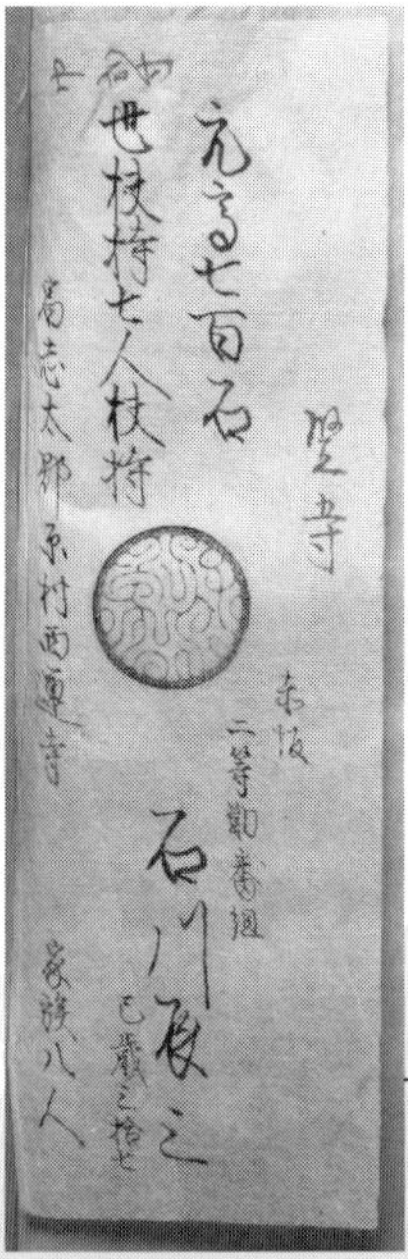

静岡藩士石川辰三の小明細書

個人蔵

赤坂二等勤番組に属したにもかかわらず、実際の住所は志太郡原村（藤枝市）の西運寺だったことがわかる。

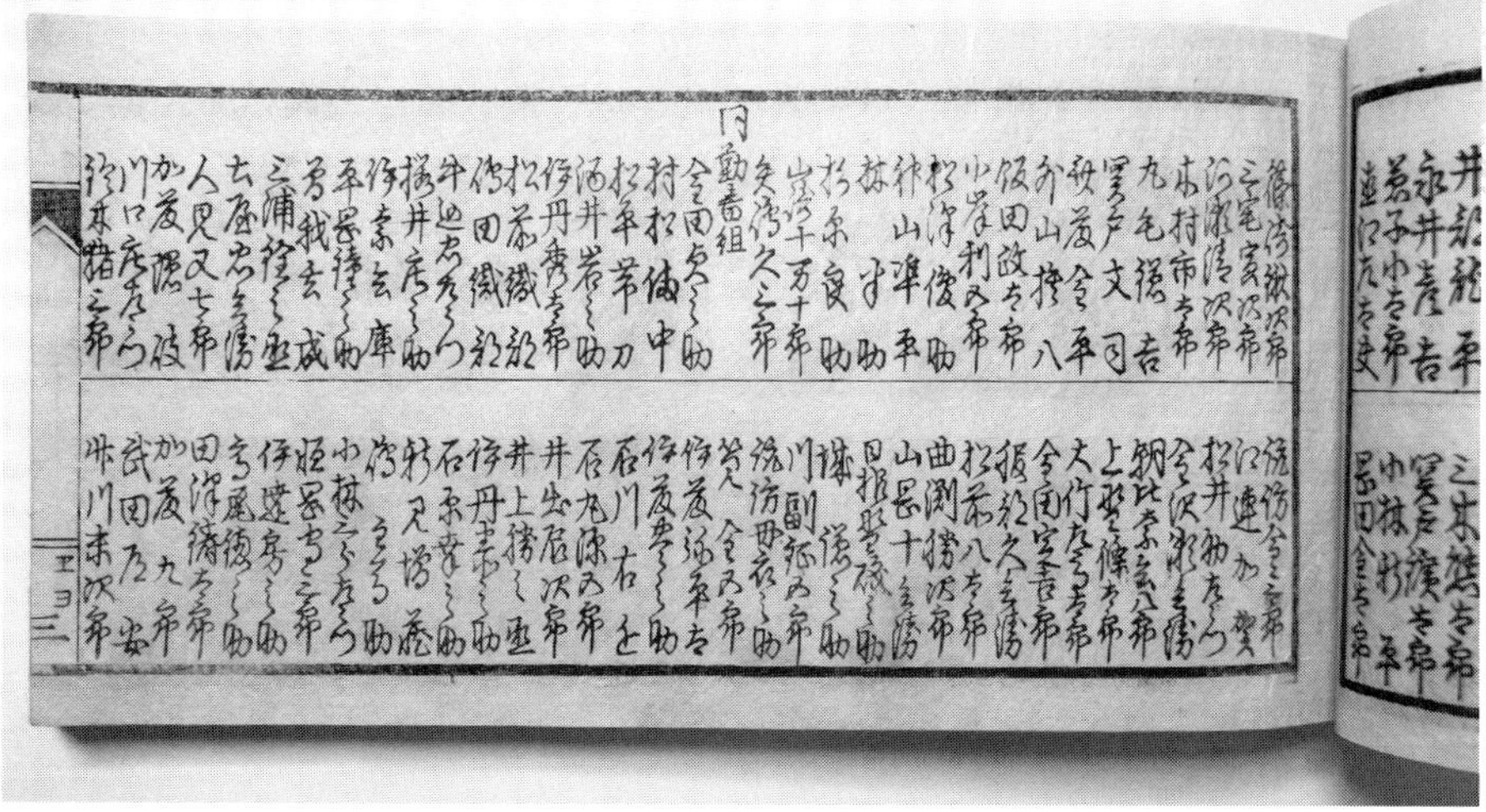

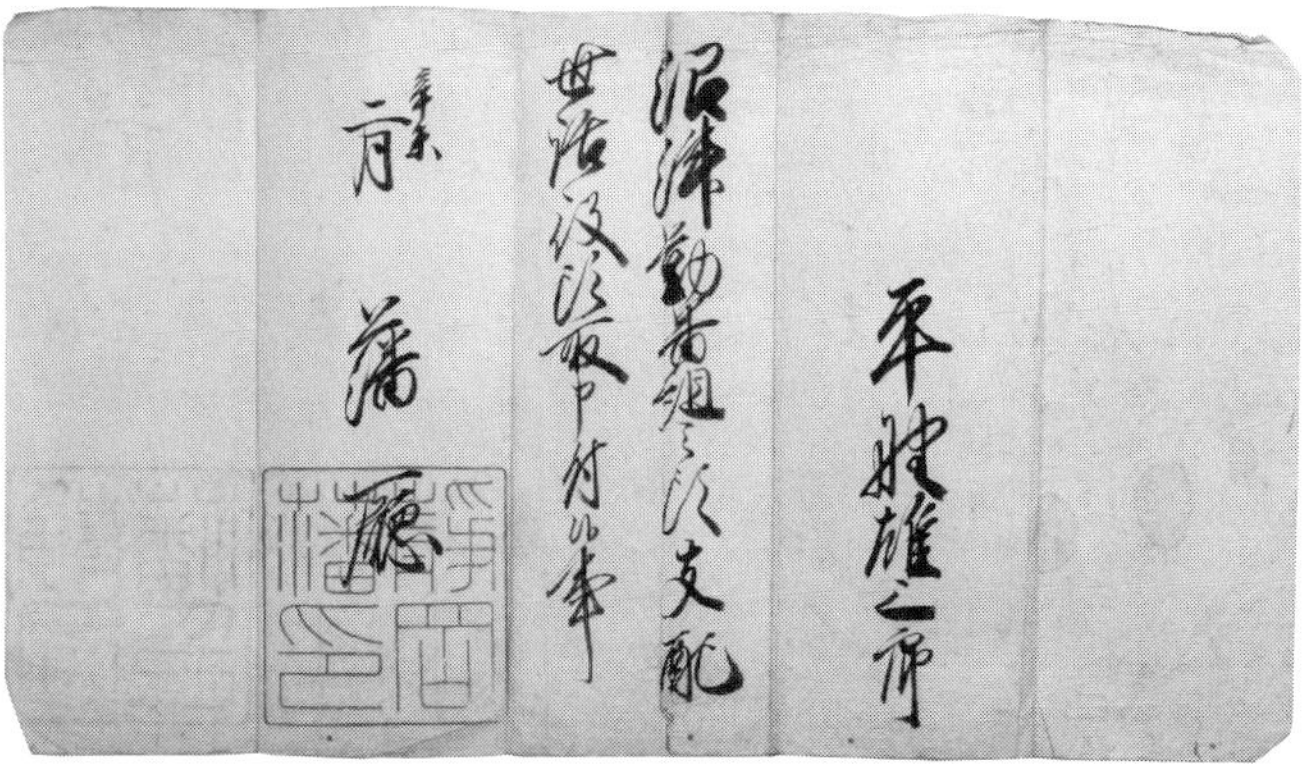
平野雄三郎殿
沼津勤番組之頭支配
世話役頭取申付候事
辛未
二月
静岡藩
廰

沼津勤番組之頭支配世話役頭取辞令 個人蔵

明治４年（1871）２月。平野勝禮（雄三郎）は海軍奉行並支配組頭・御留守居支配組頭などをつとめた旗本で、韮山代官江川坦庵の娘婿でもあった。

奈佐政和 個人蔵

旧名は鑛之進・鑛造といい、幕府時代には表御右筆だった。沼津勤番組附属名籍掛をつとめ、藩士の人事関係書類の作成などに従事したと思われる。息子栄は沼津兵学校資業生になっている。

禄制と家格

先述の勤番組には、幕府時代の禄高の高低によって一等から三等の階級が設けられた。旧来の寄合《よりあい》が一等勤番組、御目見《おめみえ》以上（小普請《こぶしん》支配）が二等勤番組、御目見以下（小普請組）が三等勤番組に相当した。また、一等・二等勤番組は旗本、三等勤番組は御家人にあたるともいえる。

静岡藩士には、勤番組の三階級とは別に、上士・中士といった家格が設けられたようである。たとえば、渋沢栄一は中士格とされたほか、箱館戦争降伏人だった友成安良《ともなりやすよし》は帰藩後の三年一〇月に「其身一代上士一等勤番組永々中士席」とされた。単純に、勤番組の一等が上士、二等が中士、三等が下士ということでよいのか、どのようにリンクするのかは判然としない。また、「格」「席」が付いた場合の違いもある。

明治三年（一八七〇）閏一〇月八日、以下のような布達が静岡藩内に出された。今般、政府によって藩制が改正されることとなり、藩士の身分には士族・卒《そつ》の他に「級」があってはならないとのことなので、わが藩でも従来の席以上を士族と称し、席以下を卒と称するようにした、どちらか判断できない者は藩庁監正掛へ問い合わせるように、といった内容である。他藩の場合、卒は同心・足軽などの軽輩、士族はそれ以上の者というのが普通の位置づけであった。静岡藩関係の史料の上で、士族や卒を明記した例は見当たらない。それまで使用されていた勤番組の一等・二等・三等や上士・中士などが家格の表現として使われ、定着していたため、新政府から押し付けられた士族・卒の区分はほとんど意識されなかったのかもしれない。卒のうち、世襲の者は士族に、一代限りの者は平民に編入されることとなったのは、全国的には明治五年（一八七二）一月のことである。

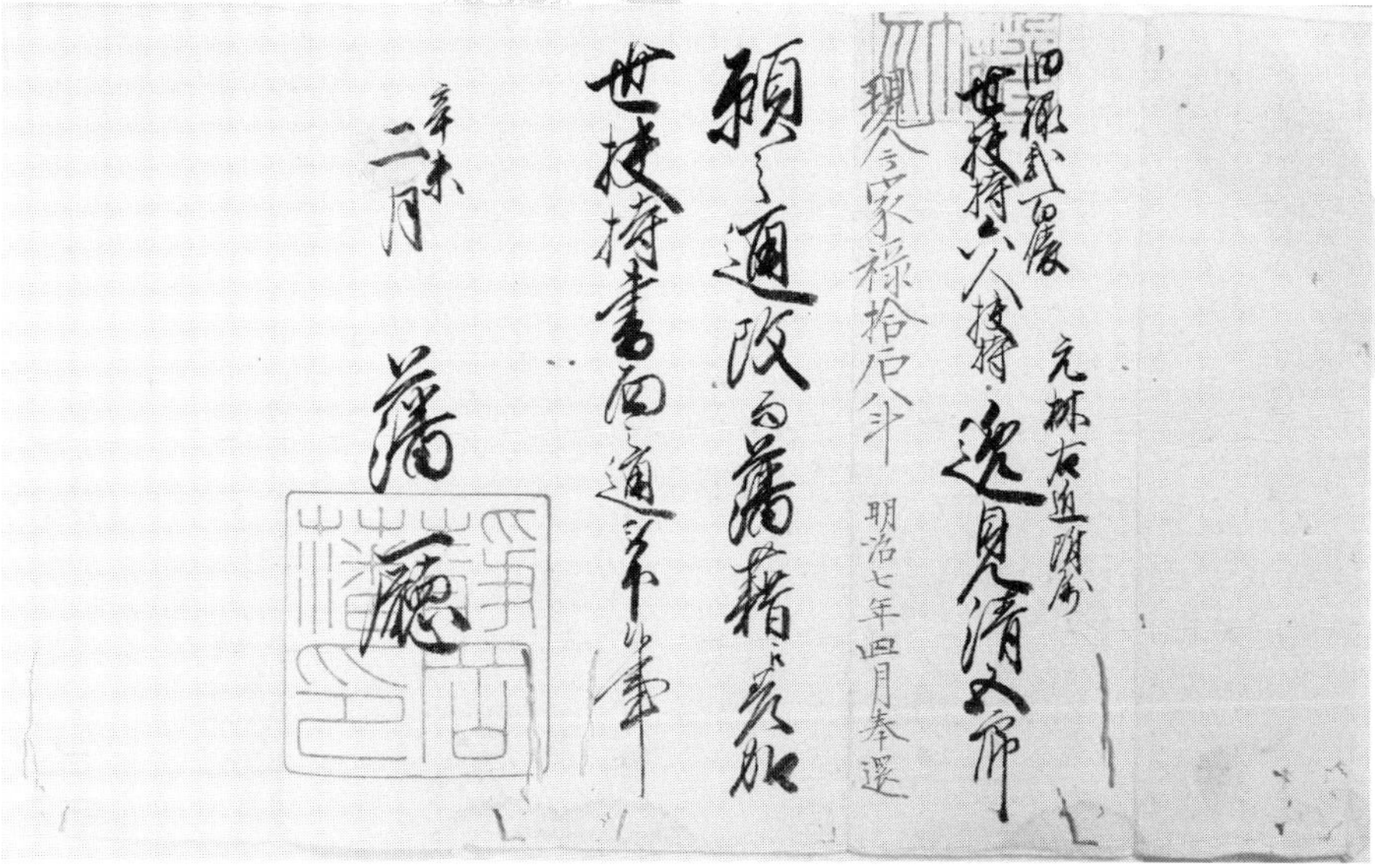

六人扶持の辞令 浜松市立中央図書館所蔵

逸見清五郎（無逸）は新居勤番組に所属した。

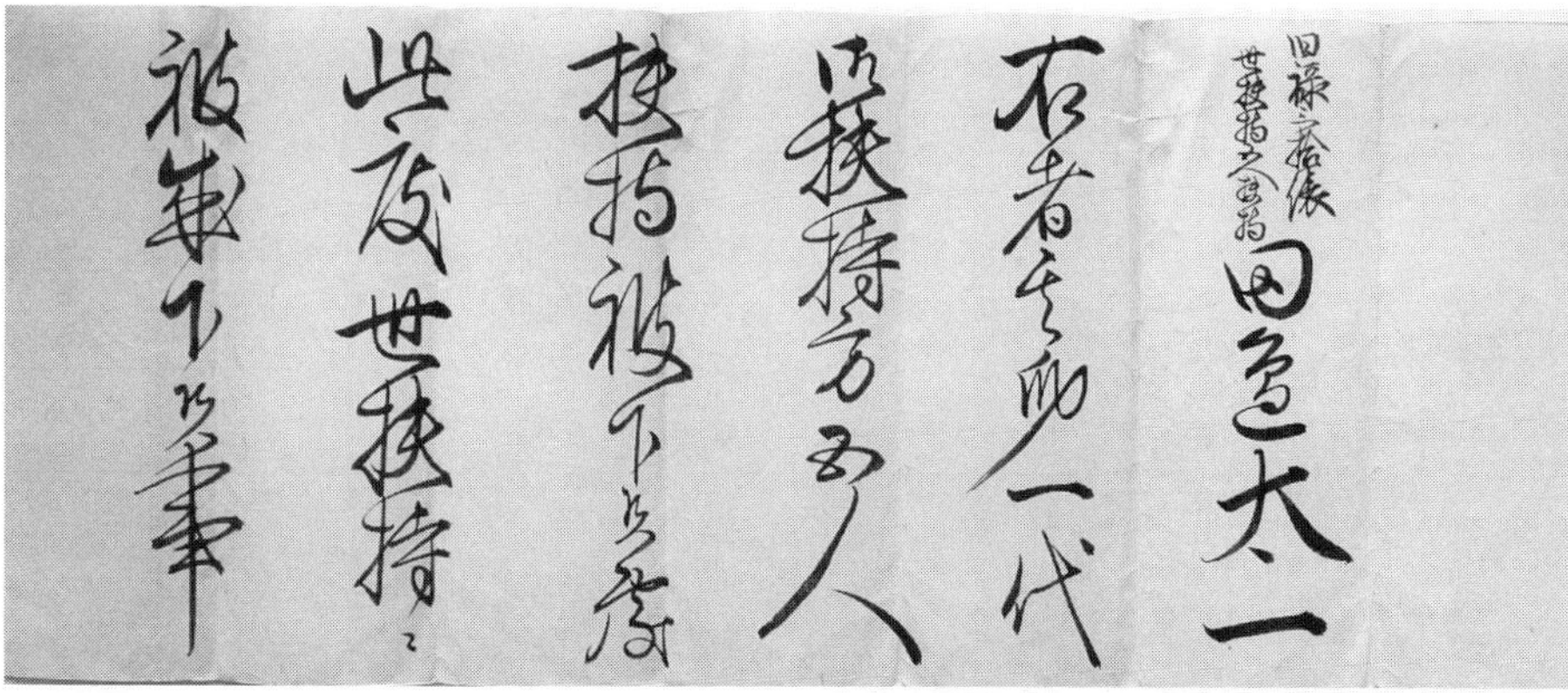

「其身一代」限りで召し抱えるとの辞令 沼津市明治史料館所蔵

田辺太一はいったん帰商した後、静岡藩に帰参する形で沼津兵学校教授に就任したため、一代限りとされたものと考えられる。

陪臣たちはどうなった

江戸で生活していた際、旗本には人数の多少にかかわらず家来がいた。御家人であっても、奉公人を抱えていた者はいた。駿河に移住することになった時、家来や奉公人の多くは解雇され、自分と家族だけからなる身軽な立場になって新天地での苦難に立ち向かうことになったはずである。しかし、全員がそうしたわけではなく、大身の元旗本などは移住先にも従者を引き連れていった場合があった。「殿様」として生きてきた彼らとその妻子には、身のまわりの世話をしてくれる存在が必要だったのである。

静岡藩権大参事をつとめた服部常純は長崎奉行・勘定奉行などを歴任した旗本だったが、その家来には駿河まで随従し、自らも沼津病院三等医師になった篠原直路（貢堂）のような人物がいた。篠原の場合、たぶん身分の変更がなされ、静岡藩士すなわち徳川家にとっての直臣に引き上げられたと思われる。それはきわめて特殊な事例といえよう。

沼津勤番組之頭《かしら》支配世話役頭取をつとめた小西敬之には、父の代から仕えた従僕がいた。宮崎竹次郎といい、筑後国《ちくごのくに》（福岡県）柳河の農民の子で、江戸に出て旗本の家に奉公したのだった。維新後も主人から離れることなく駿河に移住、さらに廃藩後も吉原宿（富士市）に住し第二副大区長に就任した小西に仕え続けた。明治一三年（一八八〇）に小西が死去した後は、その遺児を守り育てた。竹次郎は明治三二年（一八九九）に病死するが、「忠僕」として称えられた。旧幕臣主従の「美談」である。

三五〇〇石取の元旗本の久貝正章は静岡藩では宮ケ崎御住居の二等家従をつとめたが、たぶん彼の家臣だったのであろう、久貝家の用人だった某は須原屋善蔵と名乗り、静岡七間町で本屋を開業し、静岡学問所の教科書『四書白文』などを刊行したという。

宮崎竹次郎の墓石 富士市・保泉寺

小西家の墓域に主従の墓が仲良く並ぶ。右側の墓石が宮崎のもので、正面には一乗明戒信士という戒名、右側面には俗名と明治 32 年（1899）9 月 18 日に 77 歳で没したことが記されている。左側の墓石は主人だった小西敬之の墓。現存しないが、『静岡県徳行録』掲載の写真によれば、かつては墓石とは別に「宮崎竹治郎之碑」が建てられていたらしい。

その後の新選組隊士たち

新政府軍に捕らえられ斬られた近藤勇、箱館戦争に散った土方歳三。新選組は幕府滅亡と運命をともにした存在としてよく知られる。その一方、生き残り静岡藩に属した元隊士たちもいた。八王子千人同心の出身で、箱館戦争を戦った中島登《のぼり》は、赦免後は遠州白須賀に入植し、後に浜松に住んだ。また、南一郎（元盛岡藩士、旧姓岩崎）と石川武雄（元備中松山藩士）という二人の元新選組隊士は沼津に移住し、明治二年（一八六九）五月、生育方頭取支配御《お》雇《やとい》の身分を得て給金三〇両を支給された。

沼津兵学校設立に尽力し、藩の陸軍生育方頭取や開業方などをつとめた立田彰信《たつたあきのぶ》の金銭出納簿には、「加藤平内江集金」（明治二年四月二一日）、「松岡四郎次郎家入用」（三年六月二〇日）、「沼津南一郎江合力」（三年一一月八日）といった記載がある。加藤泰壮（平内）は大鳥圭介らと脱走軍を率い新政府軍と戦った旧幕臣、松岡譲（四郎次郎）も箱館五稜郭の榎本武揚軍の幹部となった人物である。たぶん、これらの支出は、脱走抗戦し投獄された者の留守家族に対する義援金ではないかと思われる。そして南一郎への「合力」「金弐両」であるが、これは、南が明治二年から翌年にかけ近藤勇・土方歳三の名跡取立を名目に土方の義兄佐藤彦五郎や勝海舟のもとを訪れ、金銭を無心していることから、立田も南の要求に応じたものかもしれない。

ちなみに明治四年（一八七一）一月八日、南一郎は何らかのトラブルにより、元彰義《しょうぎ》隊士によって沼津で殺害された。墓は新選組時代の同志結城無二三《ゆうきむにぞう》によって建立され、沼津市・長谷寺に現存する。甲斐国の農民の出だった結城は、新選組の後身甲陽鎮撫隊に参加して敗戦の後、静岡藩士となり、沼津兵学校附属小学校で学んでいた。

「家禄証書案」に記された結城無二三の名前

静岡県立中央図書館所蔵

明治6年（1873）1月の記録。5石4斗取とある。

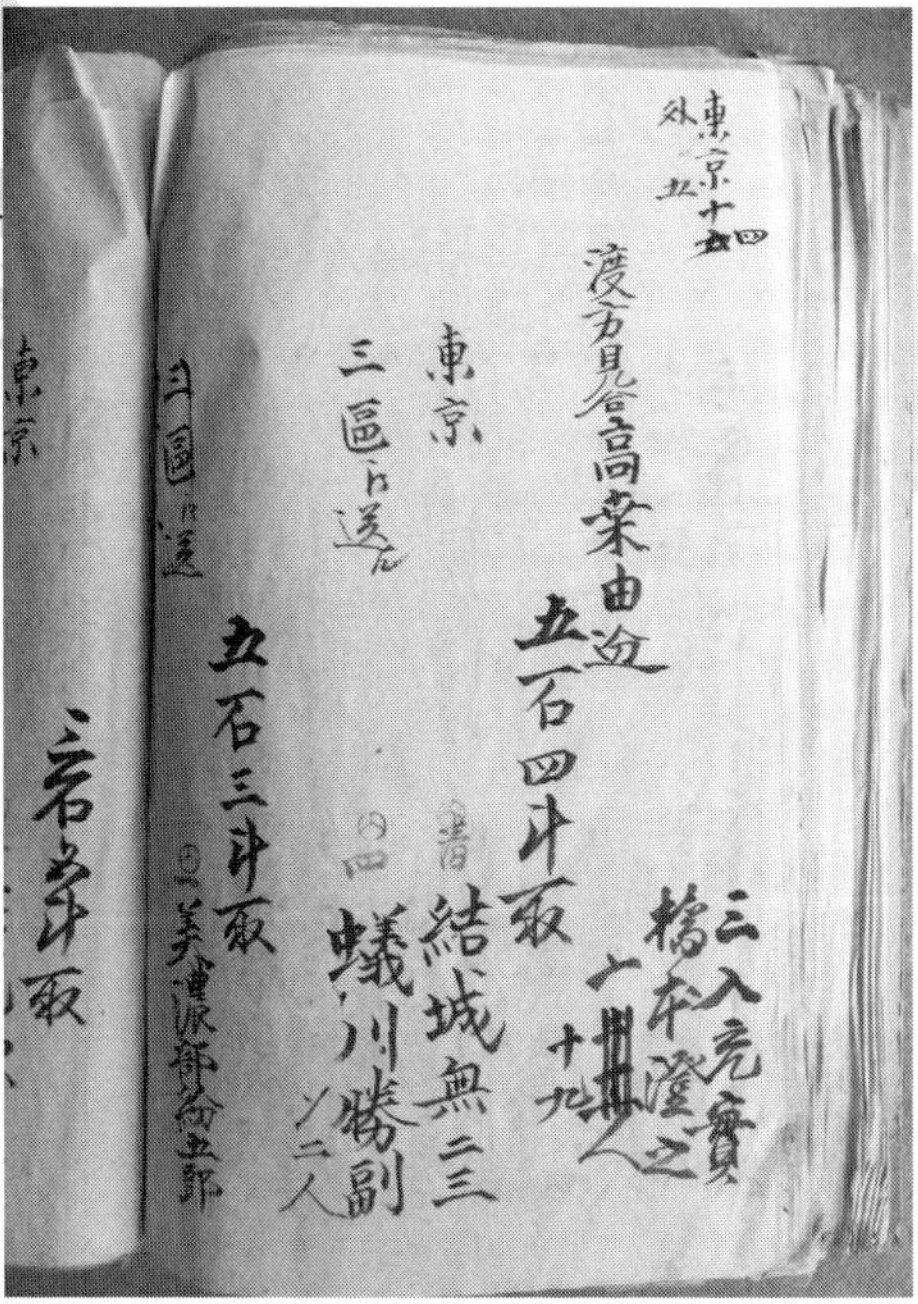

南一郎の墓

沼津市・長谷寺

沼津で殺害された元新選組隊士を供養するため、同僚だった結城無二三が建てた。

箱館戦争降伏人

明治三年（一八七〇）四月三日、関口隆吉ら五名が函館に到着し、降伏人の引き渡しを受けることとなった。引き渡された家臣は四二一名で、ほかに二名が別枠で付け加えられた。徳川家の家臣とはいえなかったが、「松岡盤吉雇医師　遠州豊田郡二股村農医　遠山春平」と「元酒井雅楽家来　伊藤環次」がいっしょに引き取られたのである。伊藤は、主人である元姫路藩主酒井閑亭（忠績《ただしげ》）・忠惇《ただとし》（雅楽《うた》）らが静岡藩に身を寄せていたことから、行き先として静岡が選択されたらしい。蟠龍丸に乗り組んで戦争に参加した遠山は、もとは江戸の西洋医学所で学んでいた農民出の医師であるが、郷里が藩領となっていたため、静岡藩が引き取り手となったのであろう。

降伏人は最低レベルとはいえ三人扶持を給され、藩に帰属することを許された。親兄弟がいる者は家族に引き取られた。優秀な者は静岡学問所や沼津兵学校の教授に迎えられた例もある。また、後述するように、陸軍調練や外国語などの特技で他藩へ御貸《おかし》人《びと》として派遣された者もいた。

箱館で戦った者の中には、幕府が庶民から取り立てた兵卒がいた。実戦を重ねる中で頭角を表し、士官にまで抜擢された者すらいた。たとえば、勇猛果敢で歩兵から衝鋒隊改役《しょうほうたいあらためやく》となった梶原雄之助という人物。彼はもともと臥煙《がえん》（江戸の町火消・鳶《とび》）で、全身に刺青《いれずみ》をした無頼漢だった。当然、函館での引き取り時には静岡に連れていくことを断られたが、東京で山岡鉄舟に働きかけた結果、旧幕臣の婿養子になって石山道雄と改名し、静岡藩士となることに成功した。移住した静岡では知藩事からも招かれ、戦場での手柄話を語ったという。後に山岡の推薦で宮内省に出仕し、天皇が乗る馬車の馭者《ぎょしゃ》をつとめたとのこと。

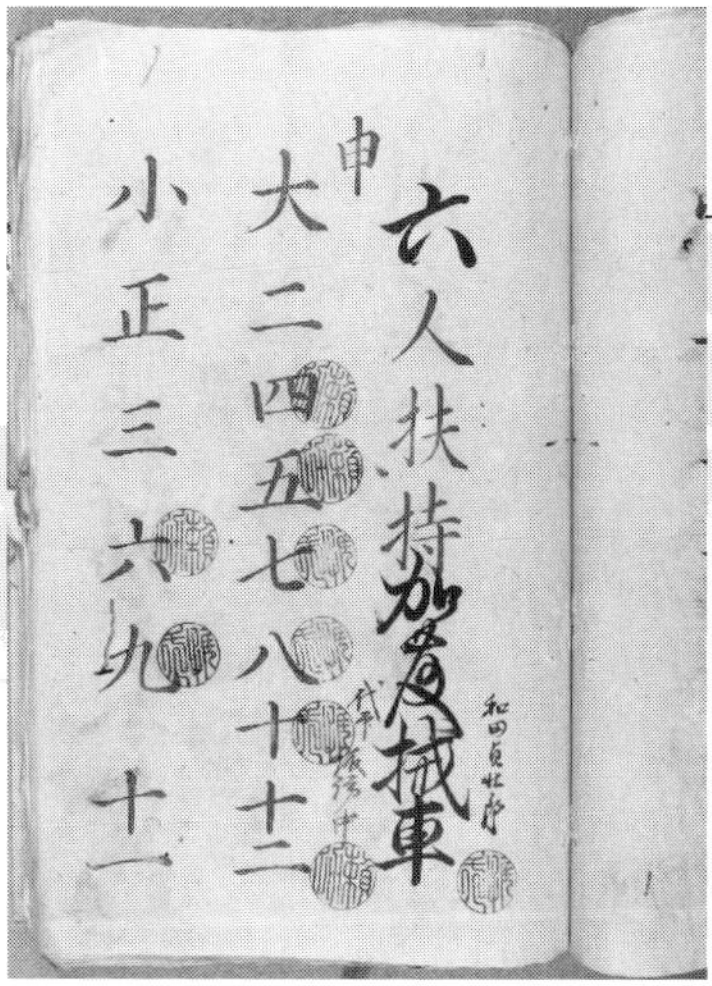
六人扶持加藤械車
中
大二四五七八十十二
小正三六九十一

静岡での「米札渡帳」のうち加藤械車の記載箇所

静岡県立中央図書館所蔵

明治５年（1872）４月の記録。加藤は箱館の榎本軍では軍艦蒸気役一等。

榎本武揚の妻たつ

個人蔵

右。左は榎本の姉鈴木観月院か。裏面には、その頃静岡を訪れ撮影を行っていた写真師「横浜臼井蓮節」のスタンプが押されていることから、明治３年（1870）12月頃に撮影された可能性がある。榎本の家族は、武揚の義弟で静岡に移住していた江連堯則宅に一時身を寄せていた。

三浦功

個人蔵

蒸気役三等として参戦、箱館で降伏し、赦免後は静岡藩に帰参し、新居勤番組に属した。後年は海軍中将となった。

生活苦と内職

農村に入植し開墾に従事した藩士たちがいた反面、城下町や宿場町に住みつつ、少ない扶持米を補うため内職に励み、自活を講じた者たちもいた。各所奉行や勤番組の幹部たちはそれを勧奨する立場にあった。明治二年（一八六九）八月、横須賀勤番組では産業会所を設立し、米・大豆・干鰯《ほしか》などの商品を取り扱うこととし、四年二月には製茶を始めるべく農家からの生葉買い入れについて布達した。掛川の産業会所では茶・織物の生産がなされた。

田中勤番組之頭高橋泥舟は、藩士たちの内職を熱心に指導した。四年三月には相良・横須賀・浜松・新居の勤番組のようすを視察し、横須賀では炭焼や傘・足袋《たび》・鋤《すき》・鍬《くわ》・下駄づくりの内職が盛んで、静岡まで卸していること、浜松では「勧工場《かんこうば》」が設置されていること、新居では網を補修していることなどに着目し、自領の参考にしようとしている。

小島勤番組では、三年六月に「貧院」の開設を布告し、煙草・菅笠《すげがさ》細工や繰業・織業などの職業指導を行うとした。作業に必要な道具類は貸与され、製品の売り上げ代金のうち、雑費などを差し引いた八割が給与とされた。また同年閏一〇月、「職業所」を開設するので貧窮者はそこに入るようにと布達し、これまで行っていた金銭の貸与は原則廃止し、家族の埋葬すらできないとか一家全員が病臥しているとか、特別な事情がある場合は世話役や附属医師天野篁斎が確認の上、貸与の可否を決めるとした。

三年一一月に藩内で出された布達では、家族が多く生活が困窮している勤番組のために「督業所」を設けるほか、当主の手に余る身持ちが良くない家族については「取締所」に収容するとの方針が示された。別の史料に「改心所」という名称で出てくる施設がこれに当たるのかもしれない。

中島清民

『六世天地庵中島清民遺稿』所載

中島は移住した後、帰商して静岡市内で煙草を販売したという。

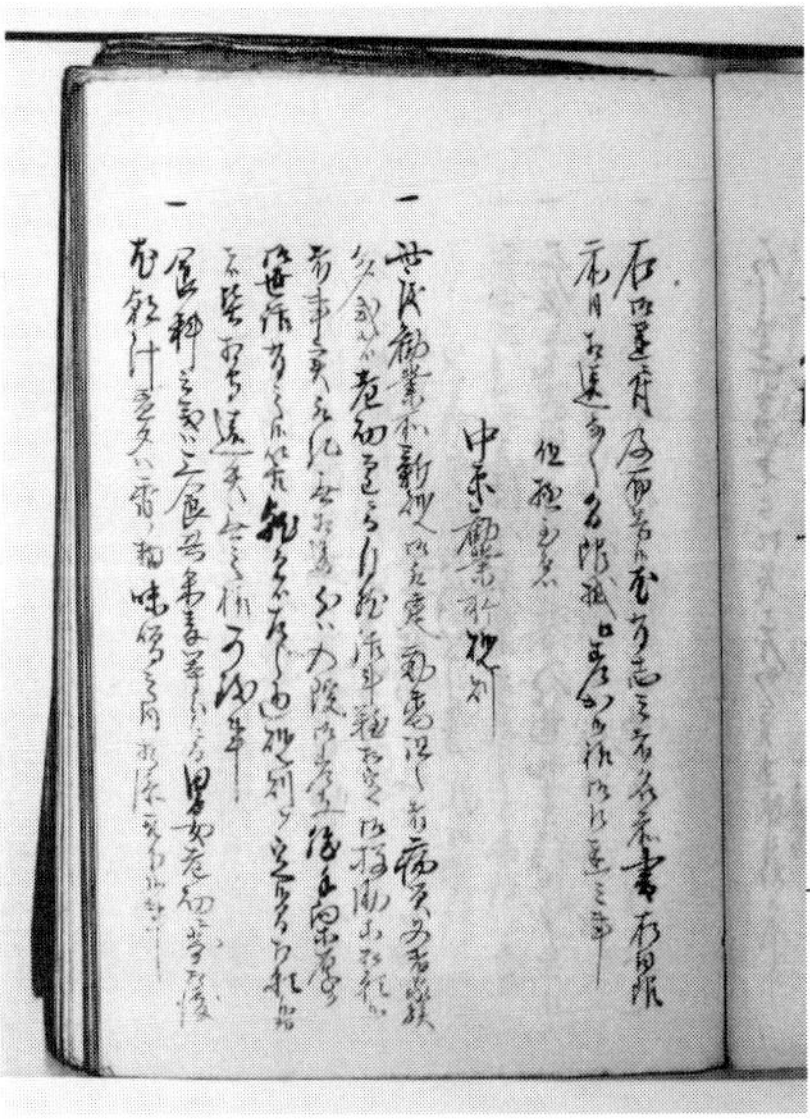

中原勧業所規則

個人蔵

中原は沼津近郊の地名。生活窮乏者に対し内職の斡旋などについて定めたもの。静岡藩軍事掛附出役坂上鉄太郎が記した「役用日記」の明治４年（1871）５月条に掲載。

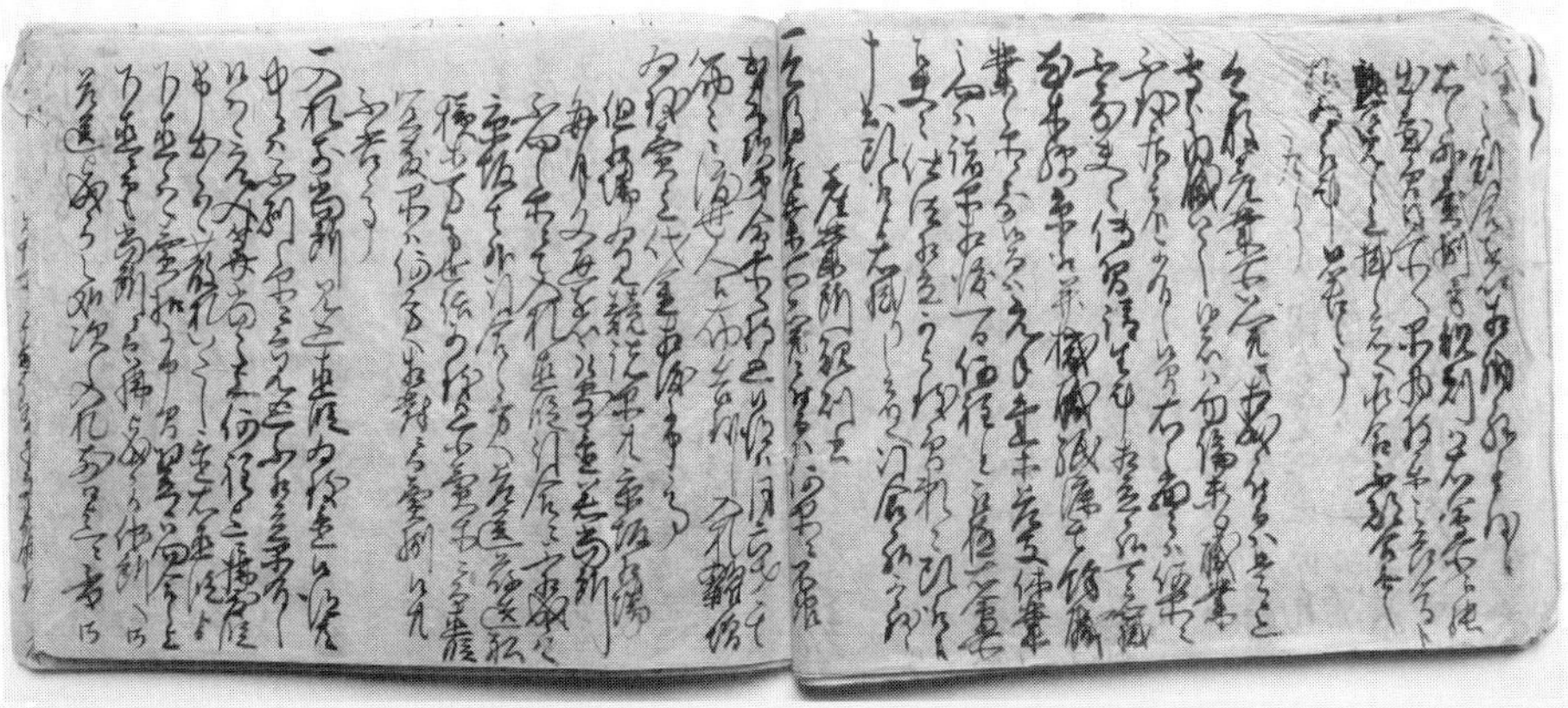

産業所規則書

沼津市明治史料館所蔵

廃藩直後の明治４年９月に作成され、沼津近郊に移住した士族が日記に書き留めたもの。

不良藩士

幕府瓦解という精神的ショックと移住にともなう生活難とは、藩士たちの中に自暴自棄ともいうべき態度や不良行為を生んだ。

田中に移住した陸軍局では、明治元年一二月、大番組を率いて市在のパトロールを行った目付男谷《おだに》勝三郎によって酒店で遊興していた藩士が捕縛されたので、そのようなことがないよう心せよとの注意が喚起された。三年（一八七〇）六月には、静岡で夜中に農民・商人に斬りかかる侍体《てい》の者が出没しているので、「非道の事」であり「武家の恥辱」でもあるので、注意せよとの布達が郡政掛・市政掛から出されている。同年七月には浜松勤番組の者が紺屋町の酒店で乱暴をはたらいたとして切腹を申し付けられたという。同年一一月にも、市在を徘徊し無心を断られると粗暴なふるまいをする侍体の者がいるので、容赦なく捕縛せよとの布達を藩庁が発している。

沼津では「朱鞘連《しゅざやれん》」と称する数名の不良グループが跋扈《ばっこ》した。沼津勤番組の田村幾太郎を首領と仰ぐ彼らは、歌舞伎役者まがいに顔に白粉《おしろい》を塗り華美な衣装を着て、無反りで朱鞘の長刀一本を腰に差し市中を往来したばかりか、酒楼や長唄師匠の家にたむろし、歌舞音曲をもっぱらとした。

勝海舟の妹と結婚したことで知られる村上俊五郎は、府中奉行支配調役格市中取締をつとめた後、遠州城東郡佐倉村（御前崎市）に移住し開墾に従事したが、もともと自身が由緒正しい幕臣ではなく阿波国の浪士出身であり、手下にした博徒《ばくと》あがりの使用人も暴力的だったことから地元農民との間でトラブルが生じ、一揆寸前の騒ぎになったという。身内が起こした問題で海舟も頭が痛かったのであろう、村上の「妄行」について日記（明治三年一二月二五日条）に記している。

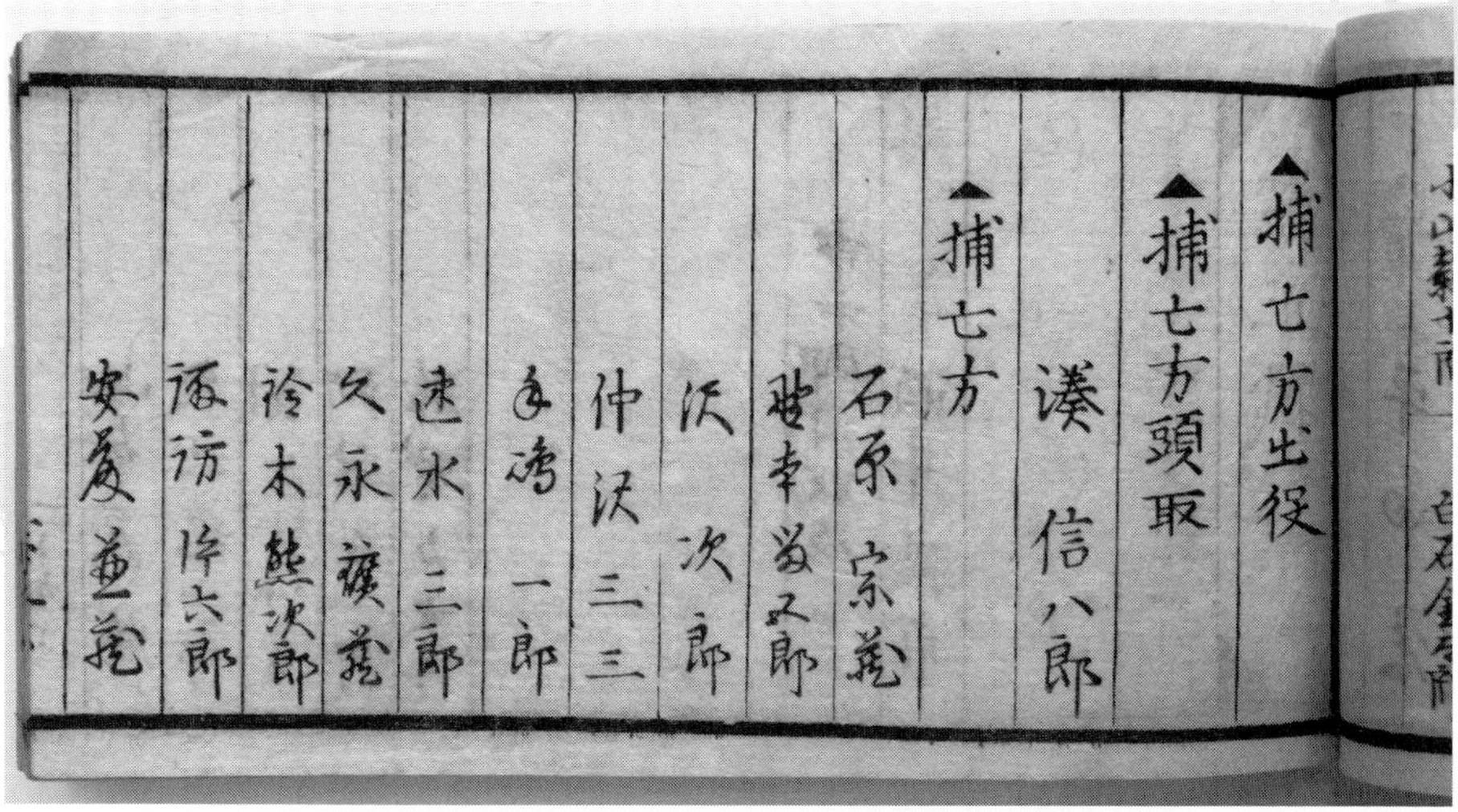
捕亡方出役
捕亡方頭取
湊信八郎
捕亡方
石原宗蔵
仲沢三三
手嶋一郎
速水三郎
鈴木熊次郎
諏訪伴六郎

『静岡御役人附』のうち捕亡方出役の箇所 沼津市明治史料館所蔵

小田川彦一
沼津市明治史料館所蔵

沼津郡政役所所属の捕亡方。明治4年（1871）9月に静岡の写真師「七軒街照姿堂」が撮影したガラス板写真。捕亡方は各所郡政役所に置かれたほか、刑法掛の下にも捕亡方頭取以下が配置され、警察業務を担当したと思われる。

明治二年の改名

明治政府は明治二年（一八六九）七月に、古代の官職に由来する兵衛・助・介・輔・丞・進・右衛門・左衛門・大夫等々や国名を使った受領名《ずりょうめい》などを名乗ることを禁止するとの布達を発した。その結果、全国の士族・庶民が一斉に改名することになった。静岡藩士も対象者は改名を迫られた。家老平岡丹波が丹治、幹事役勝安房《あわ》（海舟）が安芳《やすよし》と改名したことなどは、藩内に周知された。ちなみに改名のし方には幾つかのパターンがあった。

まずは平岡・勝のように受領名だった国名の一部を残した例。

家老　平岡丹波→丹治　中老　織田和泉→泉之

幹事役　勝安房→安芳

単純に名前の一部を削除した例。

奥詰頭取　諏訪中務→中　海軍学校頭　福岡久右衛門→久　静岡学問所五等教授　日下寿之助→寿　同五等教授　織田矯之助→矯之　沼津兵学校頭取　西周助→周　同附属小学校教授　関大之進→大之

従来の名前の一部を変更した例。

中老　戸川平右衛門→平太　田中勤番組之頭並前田五左衛門→五門　静岡学問所一等教授　中村敬輔→敬太郎　沼津兵学校一等教授　塚本桓輔→桓甫　沼津兵学校三等教授並　榊令輔→令一

同教授方手伝　熊谷次郎右衛門→次郎橘

二字を合体し一字にした例。音を似せて字を変えた例。

沼津勤番組之頭　白戸石介→砂　同二番頬頭取吉田太右衛門→泰門

まったく違う名前に変えた例。

陸軍重立御用取扱　阿部邦之助→潜　同　江原三介→素六

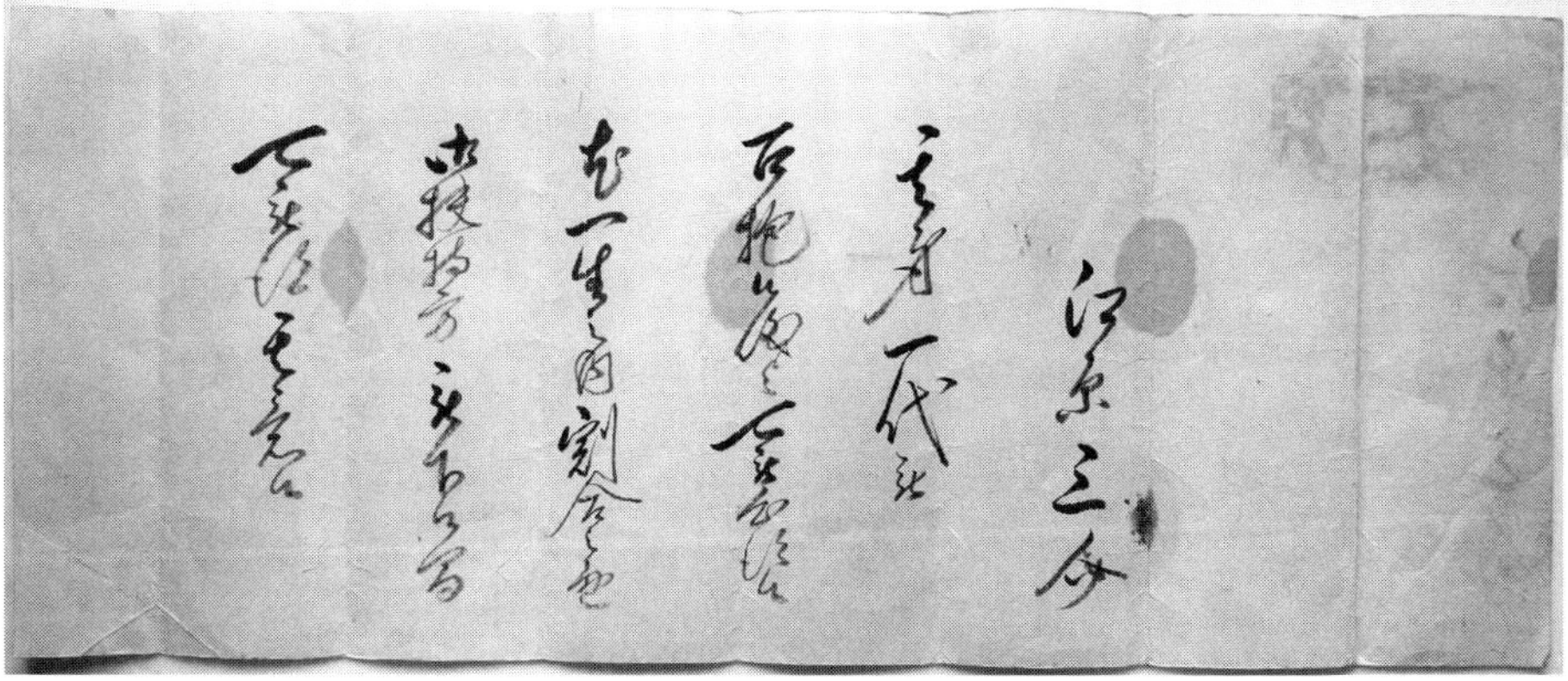

江原素六あて其身一代限り辞令 沼津市明治史料館所蔵

この時点での名は「三介」となっている。

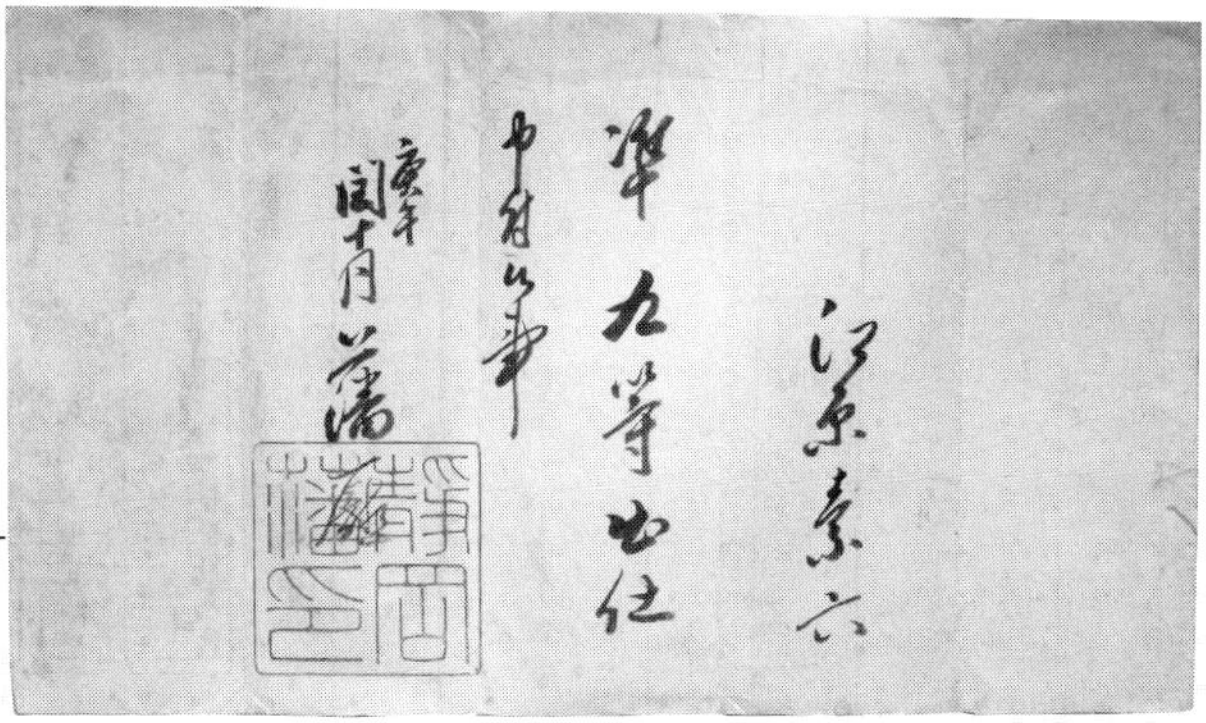

江原素六あて準九等出仕辞令

沼津市明治史料館所蔵

明治3年（1870）閏10月。「三介」を「素六」に改めた後のもの。

戦死者遺族の優遇

静岡藩は、「賊軍」「朝敵」として戦い死んだ家臣やその遺族に対して、一定程度の温情を示した。戊辰戦争に敗れた後、赦免され帰藩が許された者たちには、三人扶持が与えられ、藩士として最低限の保証がなされた。また、戦死者の遺族は、希望にもとづき家督相続が認められ、絶家となることを回避できた。沼津兵学校の規則には、戦死者の遺児を優先して入学させる規定があった。

榎本武揚の脱走艦隊に加わり宮《みや》古《こ》湾海戦や箱館戦争で戦死した著名な人物では、甲賀源吾・中島三郎助・古屋佐久左衛門らの遺児たちが、いずれも静岡藩から家の存続を許可され、藩士としての身分を確保できたという事実がある。後年、甲賀宜政《よしまさ》は工学博士、中島与《よ》曽《そ》八《はち》は海軍機関中将、古屋庚次郎は日本銀行員になるなど、遺児たちはいずれも立身出世を果たした。「賊徒」の汚名が完全に消えることはなかったが、自らが社会的な地位を築くことで、父の無念を晴らし、家名再興を果たしたといえる。

なお静岡藩では、戦死者の家名相続を申請する際のきまりとして、死亡事実を間違いなく証拠づけるべく、第三者による目撃証言を書き添えることが必要とされた。たとえば、明治二年（一八六九）四月一七日に蝦夷地松前で戦死した内海亀三郎の場合、実弟源四郎が家名相続を明治三年一〇月に願い出たが、その願書の文面には「戦死仕り候節、寺沢傀太郎見届け相違御座なく候」と記されている。証人となった寺沢正明（傀太郎）は、彰義隊の八番隊長として上野戦争から箱館戦争を戦い抜いた人物であり、内海亀三郎も彰義隊の一員だったため、その死の状況を見届けていたのであろう。戦死者の家名相続に際しての証人制度は、虚偽の申告を取り締まるための手続きだったと思われる。

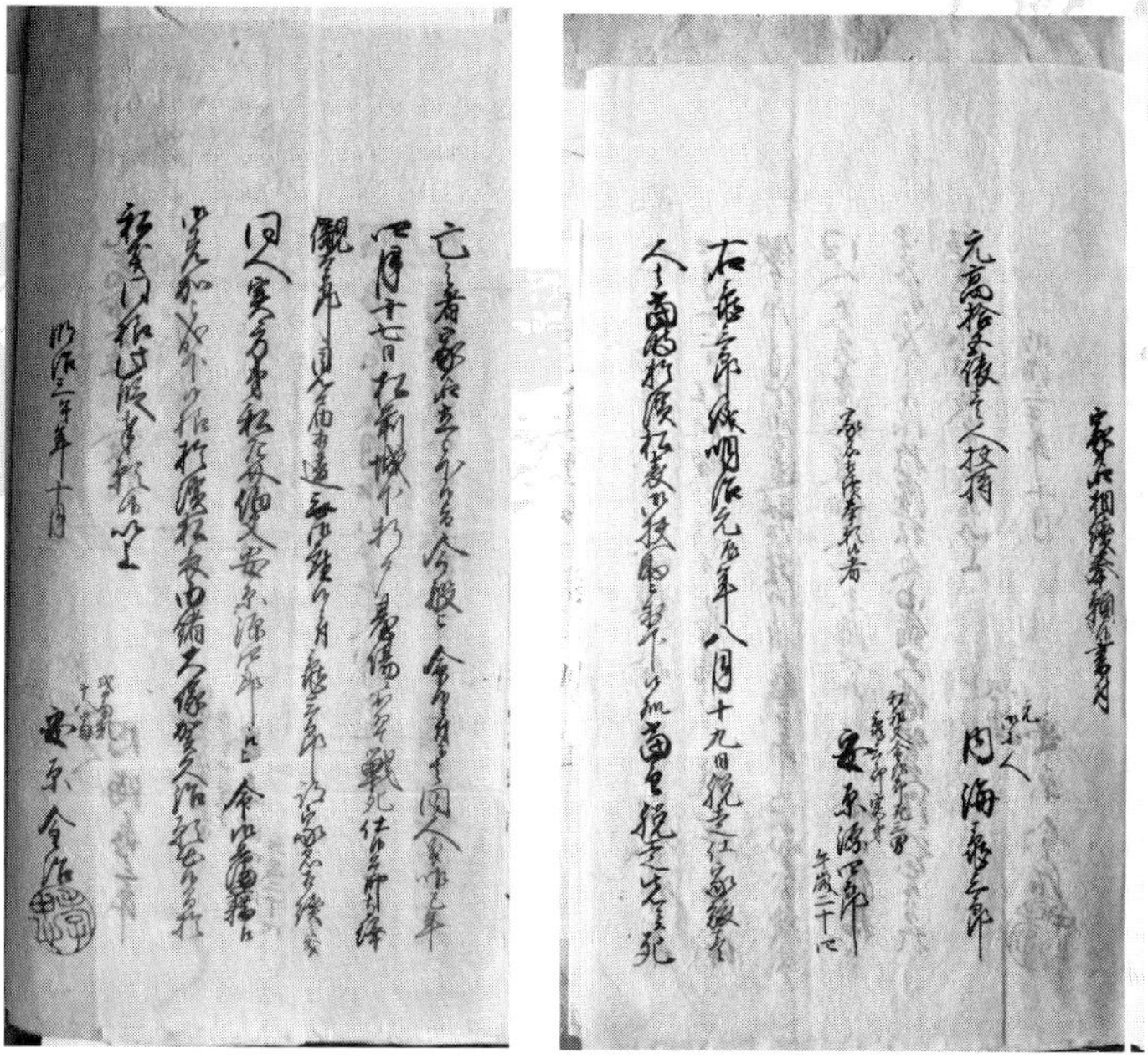

箱館で戦死した内海亀三郎の家名相続願

沼津市明治史料館所蔵

明治３年（1870）10月。寺沢正明（錋太郎）が戦死の状況を見届けた旨が記されている。

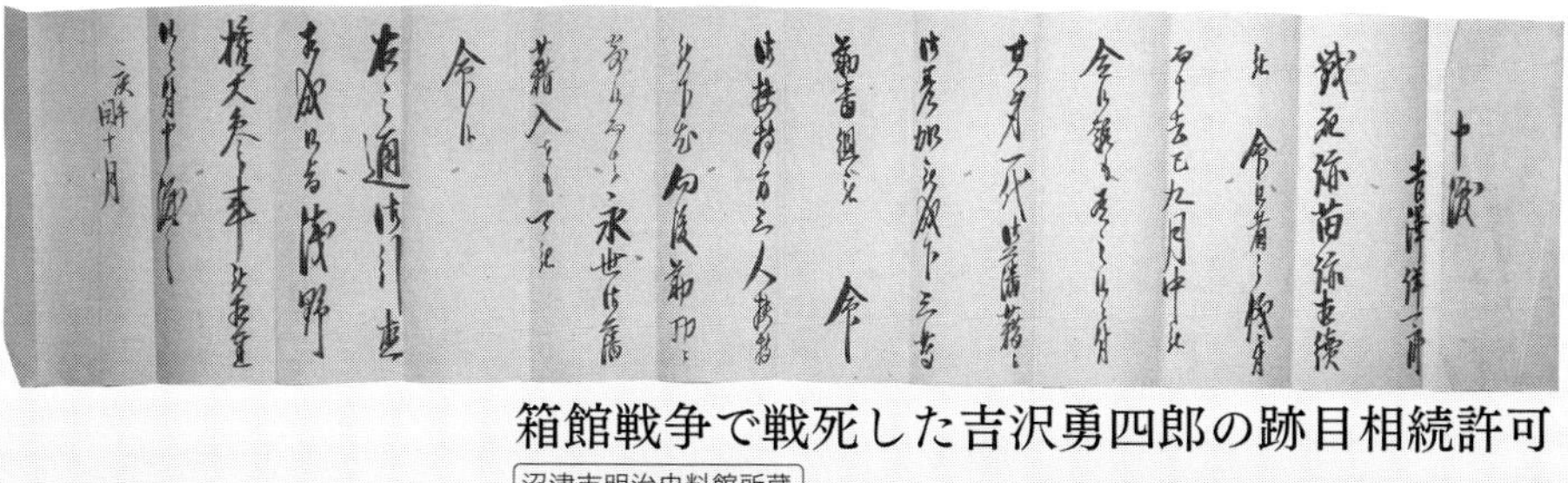

箱館戦争で戦死した吉沢勇四郎の跡目相続許可

沼津市明治史料館所蔵

明治３年（1870）閏10月。

戦没者慰霊

鳥羽・伏見、北関東、房総、奥羽、上野、箱根、箱館などで戦死した旧幕府軍の兵士たちは、静岡藩士にとっては身内や知人であり、戦友だった。慰霊を考えたのは当然といえる。ただし、藩庁や藩主が主体となり公的にそれを行うことはできなかった。

静岡市の宝泰寺にある、榎本脱走艦隊に加わり銚子沖で難船した美嘉保丸の乗込者一二名を供養した「壮士之墓」は、有志一九名によって明治二年（一八六九）九月に建てられたものである。明治三年四月、沼津移住者は、寄付金を出し合い城下の本光寺に愍《びん》忠碑《ちゅうひ》という戊辰戦没者慰霊碑を建設したが、それも有志による行為であった。現存する愍忠碑は明治一七年（一八八四）に再建されたものであるが、慎ましい小さな石碑にすぎない。鳥羽・伏見で戦死した歩兵頭窪田備前守（泉太郎鎮章）の墓は、明治二年七月、現清水市の万象寺に建てられ、碑文には「嗚呼忠勇壮烈」云々の文字が彫られたが、あくまで個人墓である。伝習隊の戦没者一一五名の名前を刻んだ供養墓（静岡市駿河区・宝台院別院）のように、いつ誰が建てたのか不明のまま、彰義隊の墓であると誤って言い伝えられてきた石碑すら存在する。

政府により「賊軍」戦没者の祭祀が許可されるようになったのは、廃藩後の明治七年（一八七四）八月のことだった。静岡の地でも、明治一七年に前述の沼津愍忠碑が、一八年（一八八五）七月臨済寺（静岡市葵区）に東軍招魂之碑が、二〇年（一八八七）四月には清見寺（静岡市清水区）に咸臨丸殉難記念碑（榎本武揚・大鳥圭介の揮毫）が建立された。清水港で新政府軍によって惨殺された咸臨丸乗組員は、清水次郎長の手により埋葬されたが、現存する壮士墓を次郎長が建てたのは明治一九年（一八八六）のことである。

旧幕府軍戦没者 115 名の碑

静岡市駿河区・宝台院別院

慰忠碑

沼津市・本光寺

最初、明治 3 年（1870）4 月に沼津在住の旧幕臣有志によって建てられたが、その後、17 年（1884）に建て直したもの。

壮士墓 静岡市清水区築地町

慶応4年（1868）8月、新政府軍による咸臨丸拿捕の際、殺害された旧幕臣の遺骸は海に投棄されたが、清水次郎長はそれを引き上げ葬った。山岡鉄舟の書。静岡市指定文化財。

東軍招魂之碑

静岡市葵区・臨済寺

明治18年（1885）、戊辰戦争で右手を失い静岡へ移住した寺島造酒之助らが発起人となり建立。

五章
民政と産業振興

郡政役所

駿河府中藩の段階では、年貢収納や領民支配のために郡方公事掛《こおりかたくじがかり》を置き、御勘定頭《おかんじょうがしら》・郡奉行（後に廃止、各所奉行に代わる）・御勘定組頭・御勘定・地方役《じかたやく》といった役職が任命された。地方役は駿河国だけで二〇の「最寄《もより》」（担当地区）に分けられた。

その後、静岡藩の段階になると郡政掛《ぐんせいがかり》がそれを担当し、トップの権大参事織田信重（泉之）の下、領内を七つに分割し、それぞれに責任者として少参事・権少参事を任命し、郡方・筆生らに補佐させた。郡政掛の役人たちが詰めた役所が郡政役所であり、後に掛名が郡方掛《こおりかたがかり》と改称した後は郡方役所と呼ばれた。

郡政役所が置かれたのは、東から沼津・静岡・島田・掛川・中泉・浜松・赤坂である。勤番組が置かれ藩士の集住地となった城下でないのは、島田・中泉・赤坂の三か所であるが、民政のための拠点が藩士の管理とは別視点で考慮されたことがわかる。

郡政掛には、中村一鶚（勘兵衛・勘作）・甘利俊和（八右衛門）・岩田緑堂（鍬三郎）・多田銃三郎・北条平次郎など、幕府時代に代官をつとめた民政経験者が多かったのは当然である。郡政掛では、以前は領主によってバラバラだった年貢収納法を統一するなどの試みを実施した。沼津郡政役所には、長窪蚕業所（長泉町）、伊豆島田運上所（裾野市）、江之浦村運上所（沼津市）といった出先機関も設けられ、養蚕・炭焼・漁業などについて管轄した。

郡政方の下には宿駅掛《しゅくえきがかり》があり、権少参事深山宇平太・郡方益頭《ましず》駿次郎《しゅんじろう》らを責任者とし、沼津宿から藤川宿にいたる領内二五の宿駅には宿詰役が配置された。藩領が東海道五十三次のうちの大きな比重を占める静岡藩にとって、交通行政は重要な仕事のひとつだった。宿駅ではないが、「清水詰」として、大切な港湾である清水にも郡方・筆生らが駐在した。

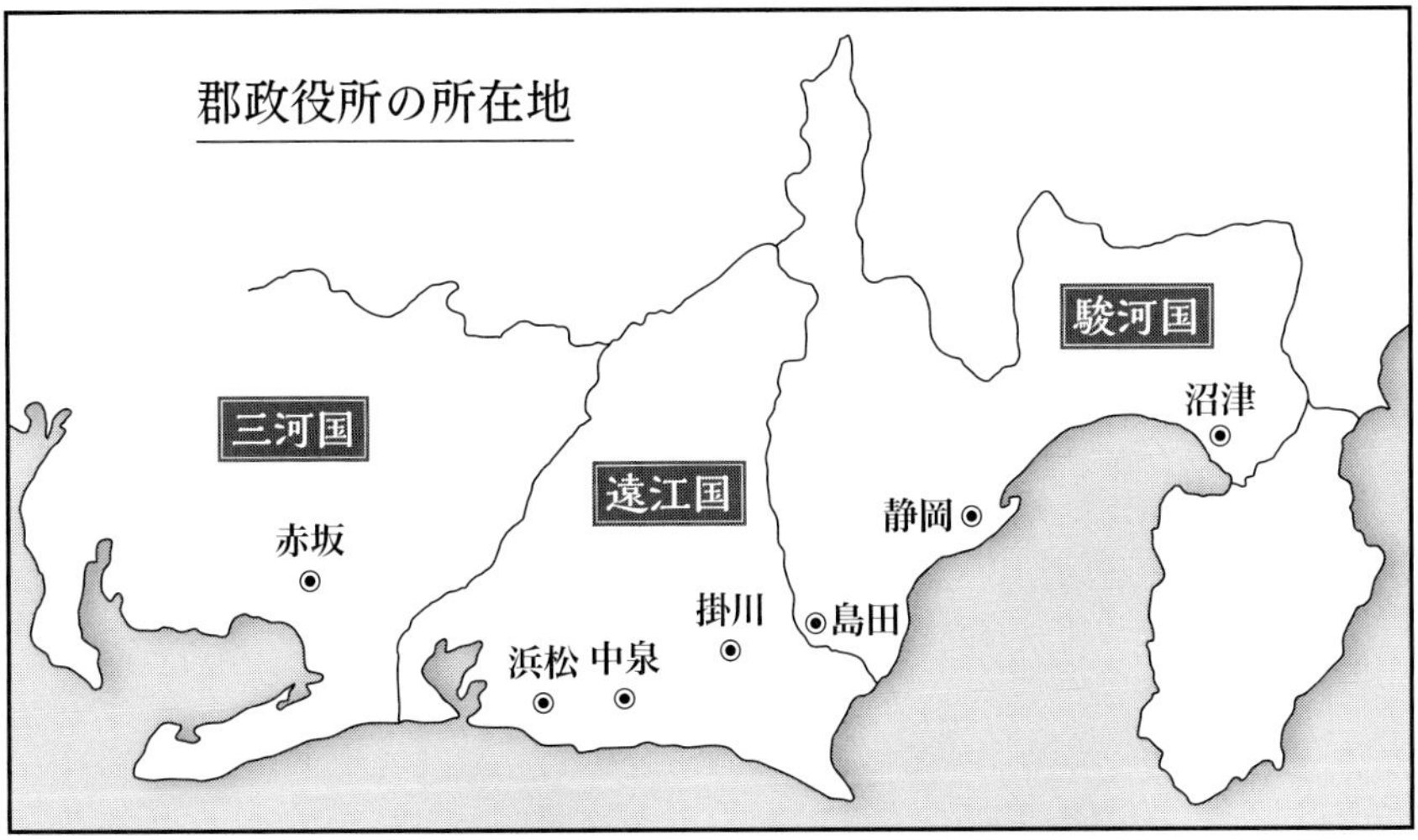

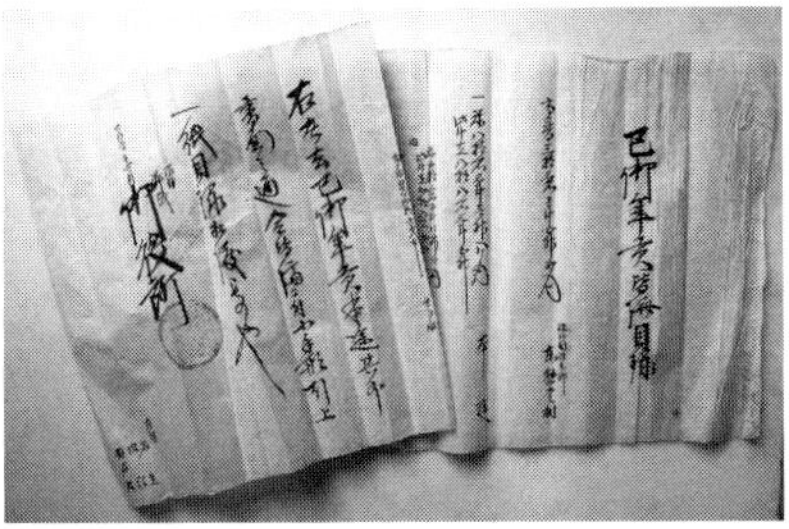

駿東郡東熊堂村の年貢皆済目録

沼津市明治史料館保管

明治3年（1870）4月、静岡藩沼津郡政役所が発給したもの。

鈴木孫四郎 個人蔵

箱館奉行支配調役並・勘定などを経て、維新後は沼津郡政役所の郡方をつとめた。

遠江国豊田郡友永村の御用留 個人蔵

友永村（袋井市）では村の長を「庄屋」と称していたが、明治3年閏10月、静岡藩内では「名主」に統一するとの布達が出されたことにより改称された。

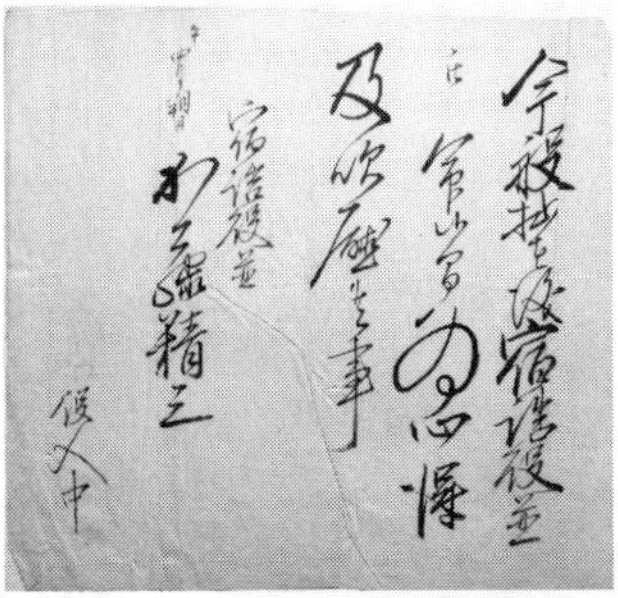

原宿の宿詰役並に任命された加藤精三の吹聴依頼

沼津市明治史料館所蔵

明治3年4月1日、自分の就任を宿役人たちに周知すべく発したもの。

静岡商法会所と沼津商社会所

明治二年正月に駿府で設立された商法会所は、藩営による銀行兼総合商社のような会社であった。渋沢栄一の建議にもとづき、藩と地元豪農商の出資金、政府から割り当てられた金札《きんさつ》を元手に、他国から買い付けた米を藩内で売り、茶・漆器など藩内の物産を他へ売る、商品を担保に商人に金を貸し、農民には肥料を貸し付けるなど、多様な事業展開をめざした。頭取渋沢の下、駿府をはじめ各地の豪農商が御《ご》用達《ようたし》に任命された。後に日本資本主義の父となった大実業家渋沢らしい、先見の明とされる。その後、藩が直営で商売をするのは憚《はばか》られるとされ、九月には、商人だけが役員に残り、商法会所は常平倉《じょうへいそう》と改称した。営業は明治五年（一八七二）七月まで続いた。

明治元年一〇月、阿部潜・江原素六ら駿河府中藩の陸軍局（後に静岡藩軍事掛）の幹部は、兵員を削減することで生み出された余剰金や、徳川家からの資金を元手に、沼津商社会所という会社を立ち上げた。利益を沼津兵学校の運営資金に回し、学校の永続をはかるという意図だった。沼津宿上土町《あげつちちょう》に社屋を置き、藩内の清水港や東京・横浜にも支店を設けた。蒸気船も保有し、藩内の産物を東京・横浜で売り捌き、また同地からの物資を藩内へ運んだ。藩営による回漕・金融店のようなものだった。和田伝兵衛ら沼津宿の豪商を御用達に任命し、為替《かわせ》業務を行った。伊豆国君沢郡戸田《へだ》村（沼津市）の廻船問屋松城《まつしろ》兵作《ひょうさく》（熊三郎）は明治元年に静岡藩から「陸軍所養生係」を命じられたというが、それは沼津商社会所の御用達を意味していると考えられる。領外の有力商人にも助力を仰いだことになる。廃藩後も岳東軒という名の商店として存続し、大野寛一ら元軍事掛職員らによって営業されたが、明治一一年（一八七八）多額の負債を抱え廃業した。

渋沢栄一 個人蔵

パリで撮影された写真。

宮崎総五

『静岡県安倍郡誌』所載

商法会所御用達・御貸附掛をつとめた
駿河国安倍郡弥勒町（静岡市）の素封家。

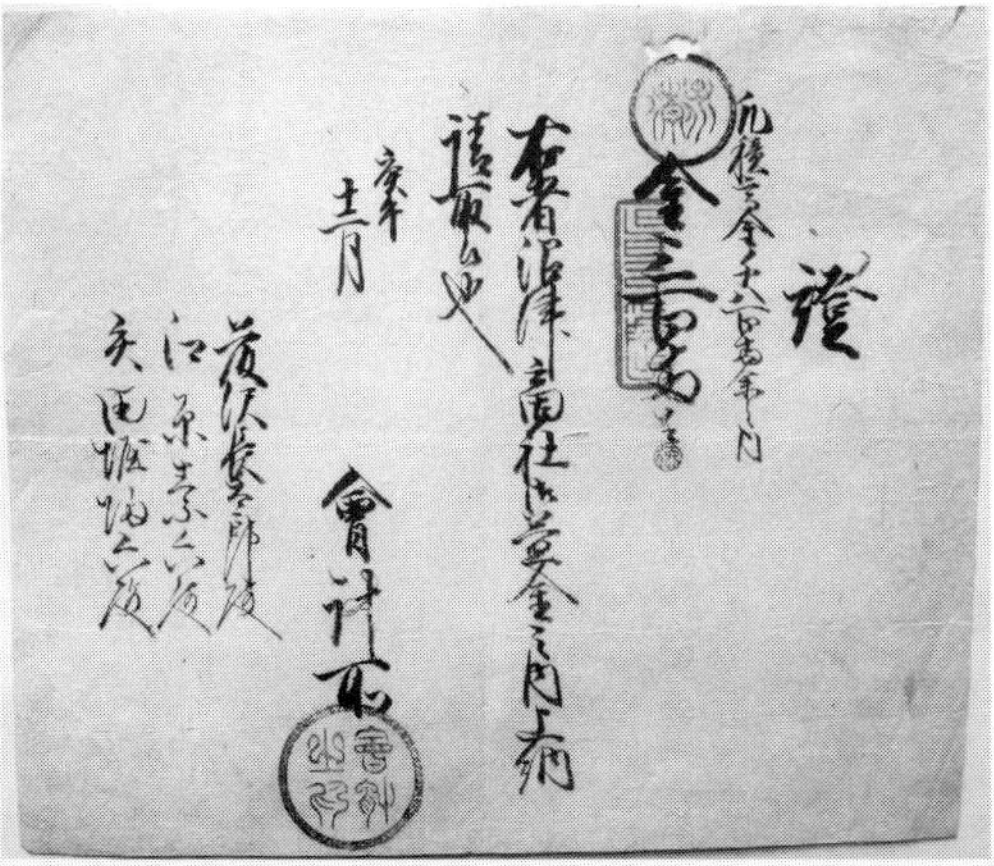

藩会計所の沼津商社会所利益金受領証

沼津市明治史料館保管

明治 3 年（1870）12 月。

牧之原・三方原などの開墾

静岡藩では、少ないとはいえ全藩士に扶持米が給されることになったのであるが、無禄移住が前提となっていた段階と同様、藩士が領内で農業に従事することは、むしろ奨励された。藩が主導しての組織的かつ大規模な取り組みが、精鋭隊・新番組を前身とする開墾方の牧之原入植である。頭は中條《ちゅうじょう》景昭、頭並は松岡万《つもる》・大草高重という剣客であり、その指揮の下、三〇〇名余が刀を鋤・鍬に持ち替え農作業に従事した。農民たちとの軋轢やトラブルもあったが、廃藩後も彼らの苦闘は続いた。最後まで残留した士族は決して多くないが、今日ある牧之原の大茶園はその土台の上に築かれたものである。

同じく遠州三方原の開拓は、引佐《いなさ》郡気賀《きが》村（浜松市）の素封家気賀林《りん》（岩井半十郎）の建白が端緒で開始され、気賀は藩から士族の移住や普請についての世話係を命じられた。同地に入植した藩士には、講武所剣術教授方だった間宮鉄次郎、戊辰時に勝海舟の下で軍事掛手付をつとめた江川永脩らがいた。茶園開拓・道路修繕・貧窮者扶助など、三方原での江川の功績は美談として宮内省蔵版『明治孝節録』（一八七七年刊）に掲載された。

駿河国志太郡桂島《かつらしま》村（藤枝市）では、戊辰戦争時には撒兵《さっぺい》差図《さしず》役並《やくなみ》をつとめ、榎本武揚艦隊に乗り組み脱走・抗戦に参加しようとした三等勤番組石井謙次郎によって、朝比奈山の開墾が目指された。明治二年（一八六九）一一月に開墾願いを藩に提出、翌年二月に許可を得た。九月には入植士族のための日用品購入・生産物販売所の開設について申請したほか、四年五月には家屋の建築資金拝借を願い出ている。廃藩後も石井とその同志二七軒の帰農士族たちは、桂島賛成社という結社をつくり、茶園開拓・製茶輸出・紅茶製造などに長く取り組んだ。

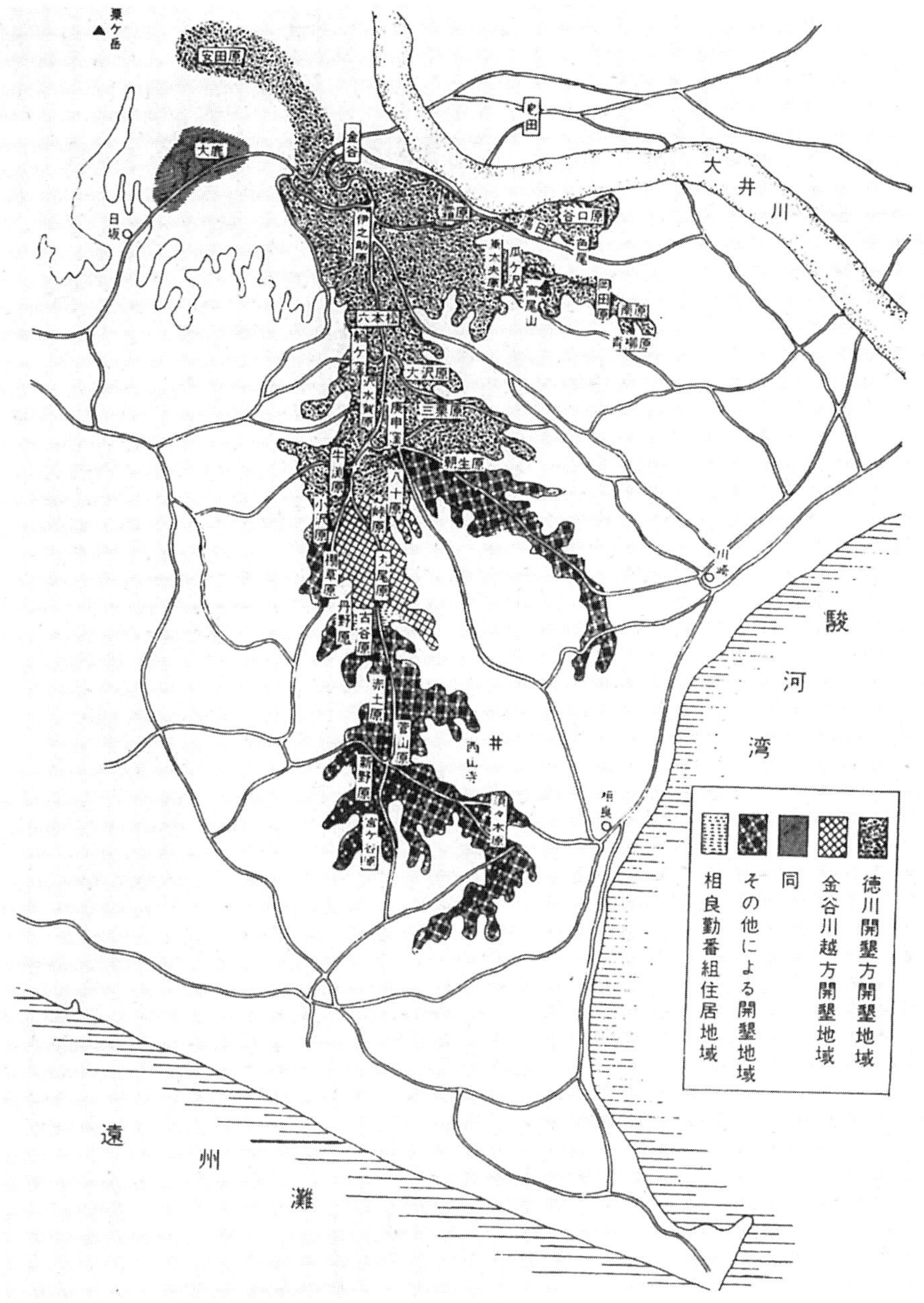

牧之原開拓関係図 『島田市史』下巻より転載

石井謙次郎

『静岡県茶業史　本編』所載

中條景昭の立像

島田市阪本谷口上

昭和 63 年（1988）建立。

間宮鉄次郎の顕彰碑

浜松市浜北区・不動院

題額には「間宮先生之碑」とある。剣術家としての業績のほか、三方原開墾の功労についても記す。門人たちにより明治 36 年（1903）に建立。

大草高重

『静岡県茶業史　本編』所載

中條景昭とともに牧之原入植士族のリーダーだった。

錦絵に描かれた江川永脩 沼津市明治史料館所蔵

3 枚続きの 1 枚。戊辰戦争時に脱走兵鎮撫にあたったようすを描かせたもの。

江川永脩屋敷跡碑

浜松市北区

農村への土着

藩士たちがそこで農業に従事するかどうかは別にして、まずは住宅を確保するという意味でも農村に土地が求められた。

沼津勤番組では、沼津城下に収容できない分の藩士たちに対して、愛鷹《あしたか》山麓の駿東郡北小林村・岡一色村、東沢田村、東椎路《しいじ》村・西椎路村（以上沼津市）、元長窪村（長泉町）など、周辺農村部に住宅地を確保し、長屋を建設した。土地は農民から上納させたものだった。さらに、近くに適当な用地がなかったこともあり、城下からは遠く離れた富士郡大宮町（富士宮市）の万野原も集団移住地に指定された。新居勤番組では、新居宿とその近辺に居住地が確保できない者のため、明治三年（一八七〇）四月から八月までに敷知《ふち》郡岡崎村（湖西市）上ノ原に長屋を完成させ、約二〇〇戸を収容した。こうして、江戸という大都会で暮らしていた旧幕臣たちは、慣れない農村暮らしを迫られた。もちろん彼らはそこで単に生活しただけでなく、開墾や内職など、生産活動の場としたのである。

元長窪村の場合、東京で買い取った仙台藩の建物を運搬し、三二戸の長屋が建設された。やがて長屋は増設され、最終的に同村は一〇〇戸余の士族集住地区と化した。明治三年四月には東照宮が勧請《かんじょう》され、心の拠り所とされた。万野原の士族長屋については、「藁吹きの極く粗末な建物」で、「一棟の真中を壁で仕切つた二軒の長屋で一軒が六畳と四畳の二間」であり、「それを広い高原の程よい森の木陰を選んで飛び〳〵に建てゝいつた」と、移住者の回想録で語られている。静岡藩が藩士たちのために用意した各地の長屋は、地元の庶民たちからは「御長屋」と呼ばれ、廃藩置県後も使用され続けたこともあり、後々までその場所を指す呼称となった。

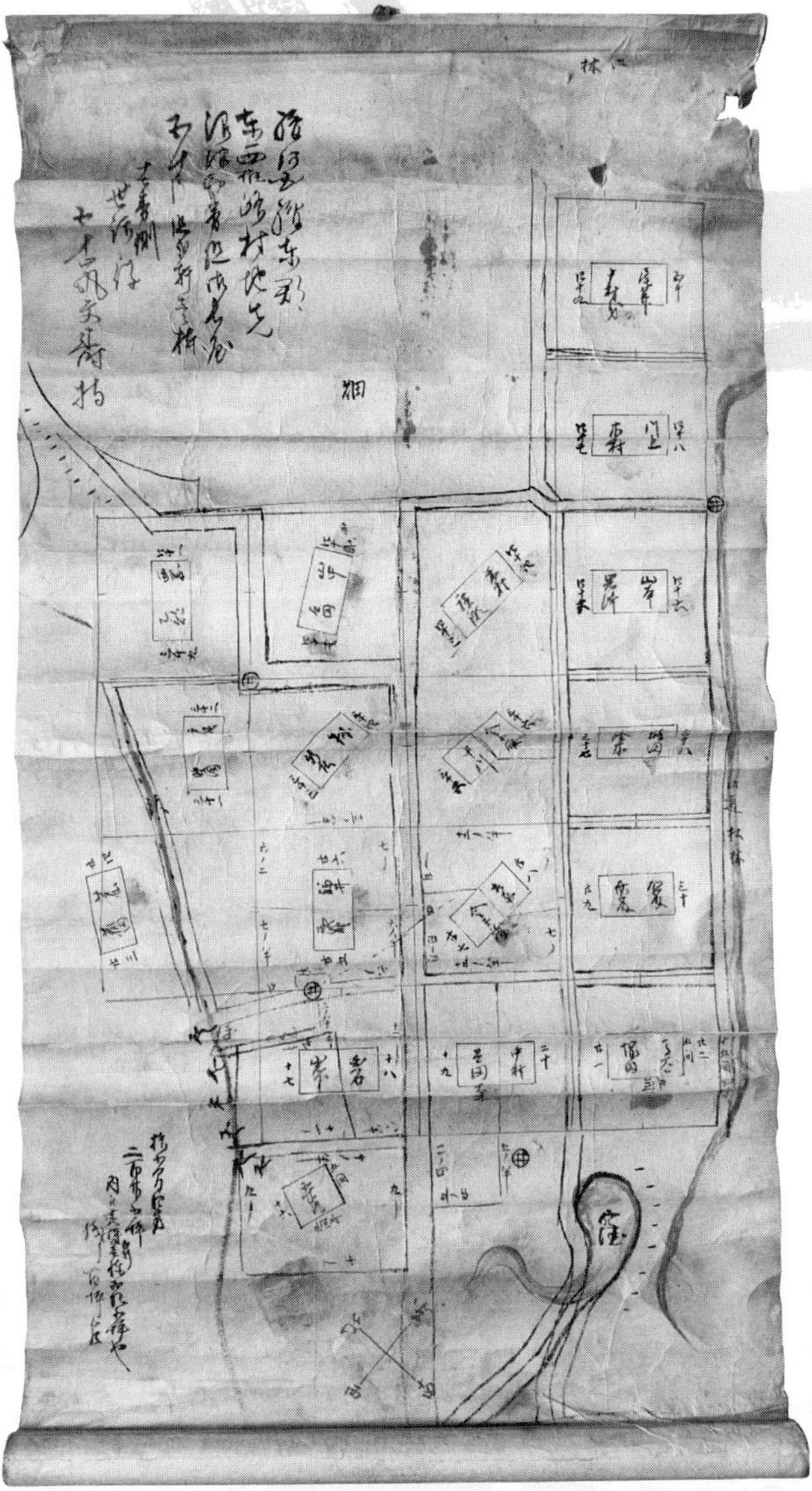

駿東郡西椎路村・東椎路村に建設された士族長屋の図

沼津市明治史料館所蔵

沼津勤番組十七番頬世話役五十嵐文寿が所持していたもの。1棟が2世帯ずつの長屋だったことがわかる。

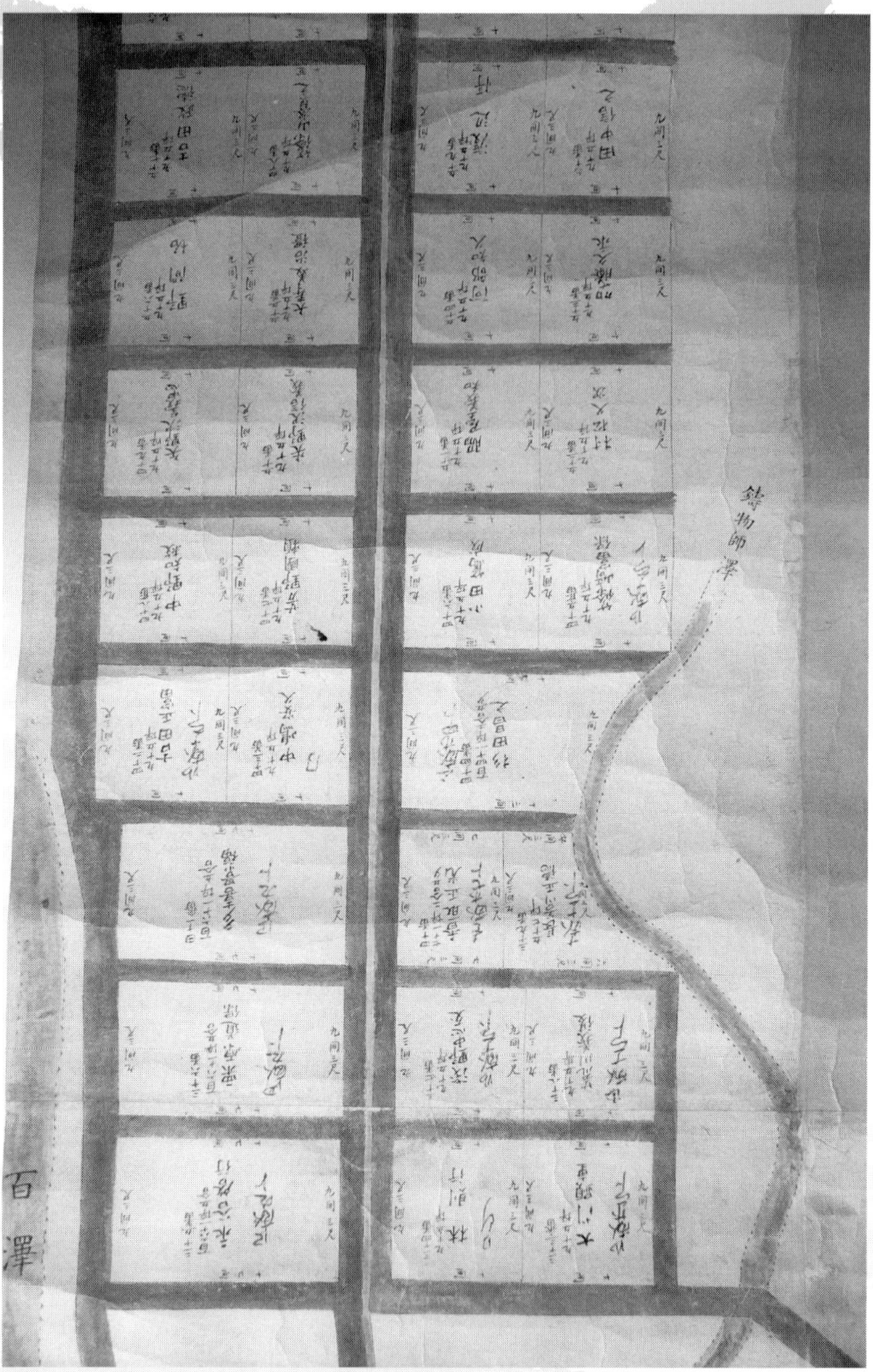

駿東郡元長窪村の士族長屋の図

個人蔵・沼津市明治史料館保管

部分

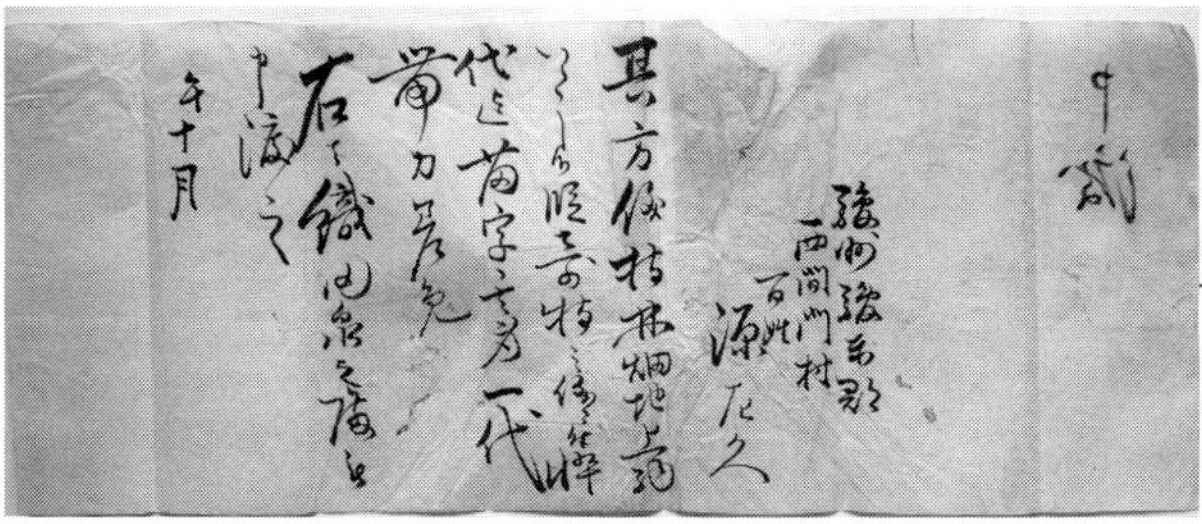

土地を上納した駿東郡西間門村源左久に対する苗字帯刀許可

沼津市明治史料館所蔵・鳥谷川口家文書

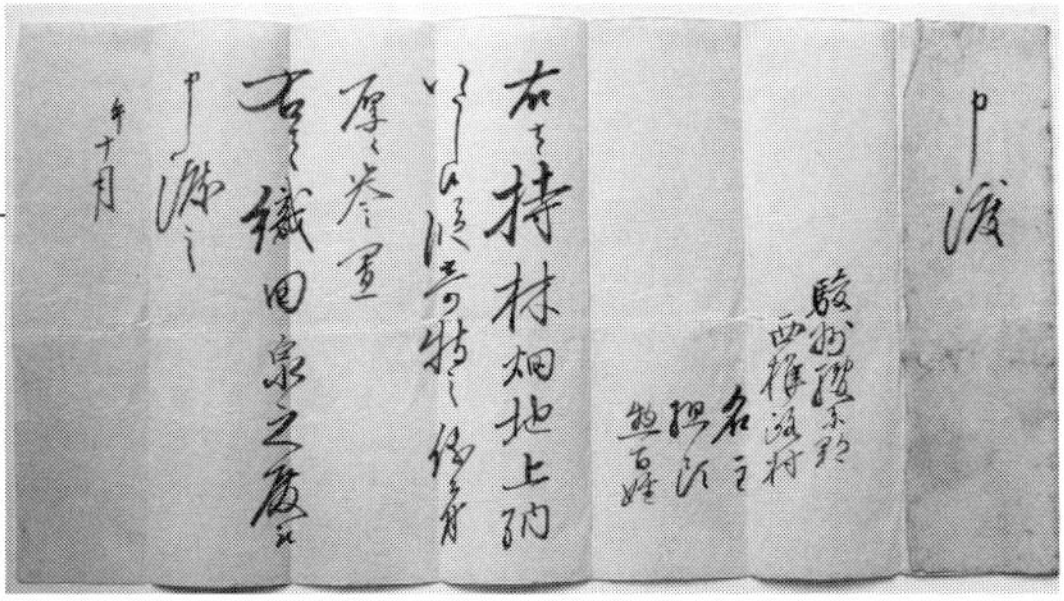

土地を上納した駿東郡西椎路村に対する褒状

沼津市明治史料館保管・西椎路区有文書

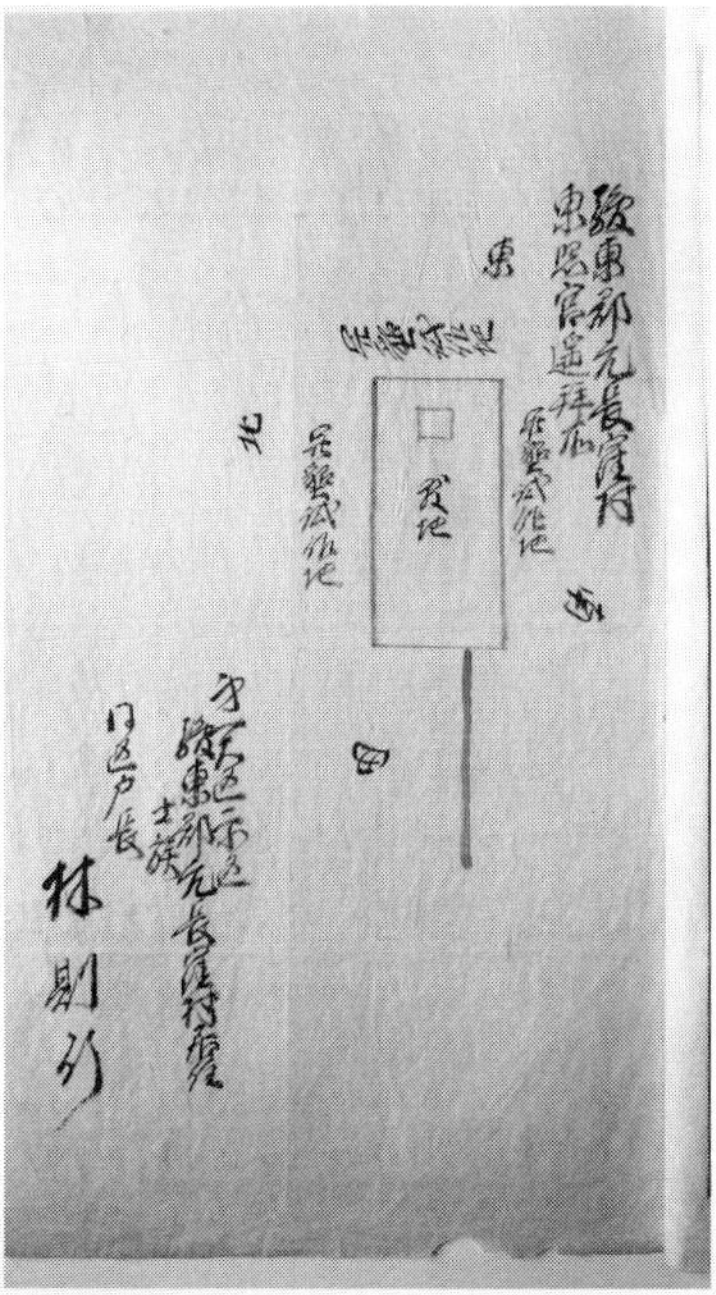

駿東郡元長窪村に土着した旧幕臣が建てた東照宮の敷地図

個人蔵・沼津市明治史料館保管

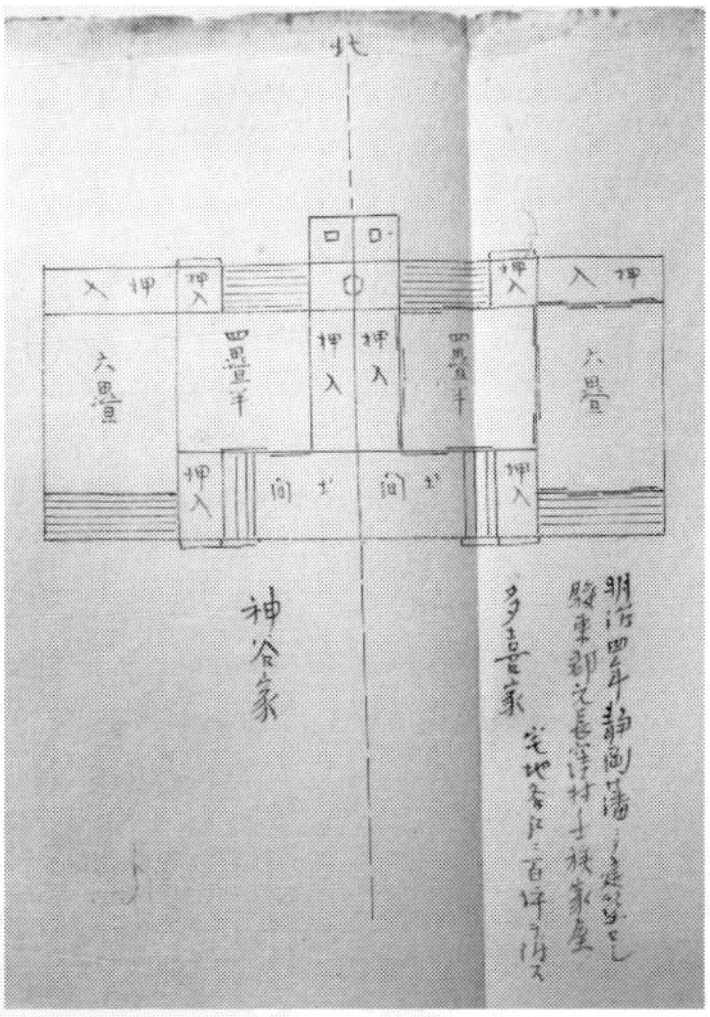

元長窪村の士族長屋１棟の平面図

沼津市明治史料館所蔵

藩士による私的な取り組み

藩当局が主導しての公的かつ組織的な事業とは別に、藩士の中の有志が自ら率先して開墾に取り組んだ例もある。たとえば、明治元年一二月、奥勤番の職にあった明楽《あけら》鋭三郎は駿東郡竈新田《かまどしんでん》（御殿場市）から仁杉《ひとすぎ》村までの長原と呼ばれる原野が地味・気候ともに良いとして、同地を拝借した上で養蚕・製茶などに取り組みたいとの願書を藩に提出した。鍬下《くわした》五か年の免除（開墾当初の免税）を許してもらい、六年目から租税を負担するとの目論見《もくろみ》であり、収益は藩主の手元金として有効活用してもらうと同時に、同僚である奥勤の者たちの生活扶助にあてたいというものだった。明楽は御庭番をつとめた元旗本であるが、なぜ長原の地に目を付けたのかは不明である。明治三年時点では宮ケ崎御住居三等家従の任にあり、知藩事家達の側近くに仕えていたはずなので、現地で開墾に直接従事するという彼の計画は実現しなかったであろう。

一方、実際に開墾に取り組んだことが判明しているのは、沼津兵学校教授赤松則良、沼津病院医師林洞海《どうかい》、少参事・軍事掛藤沢次謙《つぐよし》らが共同で実行した遠州磐田原でのそれである。赤松が開拓を発起したのは明治二年夏頃、見付宿在で岩井原・安井谷といった適地を探し、実際に土地を購入したのは翌年だった。藩の開業方による勧農政策が背後にあったとも考えられる。赤松も林も新政府に出仕し、東京や京都に勤務することになったので、実際の事業は親類や地元の農民に委託することになった。廃藩置県後も開拓は続けられ、開墾地では茶の栽培が開始された。洋学者としての知識や人脈を活かし、土性や害虫を研究し、先進地の製茶法を取り入れた。アメリカへの輸出も手掛けたが、明治十年代には直営から小作へと切り替えていったらしい。

赤松則良 個人蔵

私費を投じ遠州磐田原で茶園開拓を進めた。咸臨丸で渡米、留学生としてオランダ派遣の前歴を有し、後年は海軍中将、男爵。

現存する赤松則良邸 磐田市見付

明治 20 年代から 30 年代に建築された。レンガ造りの門や門番所は県指定文化財。磐田市旧赤松家記念館として公開されている。

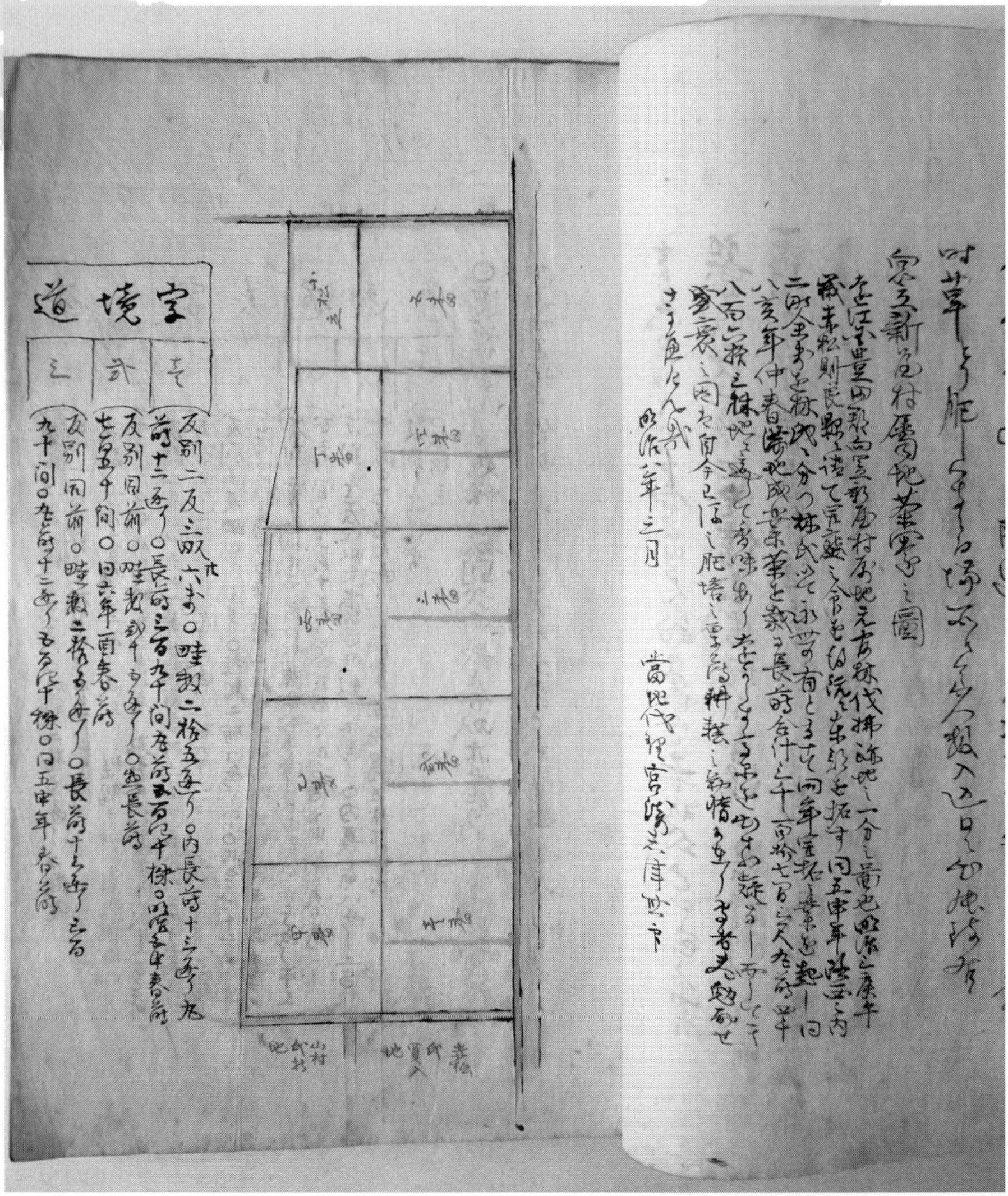

赤松らによって開拓された向笠新屋村の茶園絵図

沼津市明治史料館所蔵

林洞海「茶農漫録　巻三」所載。

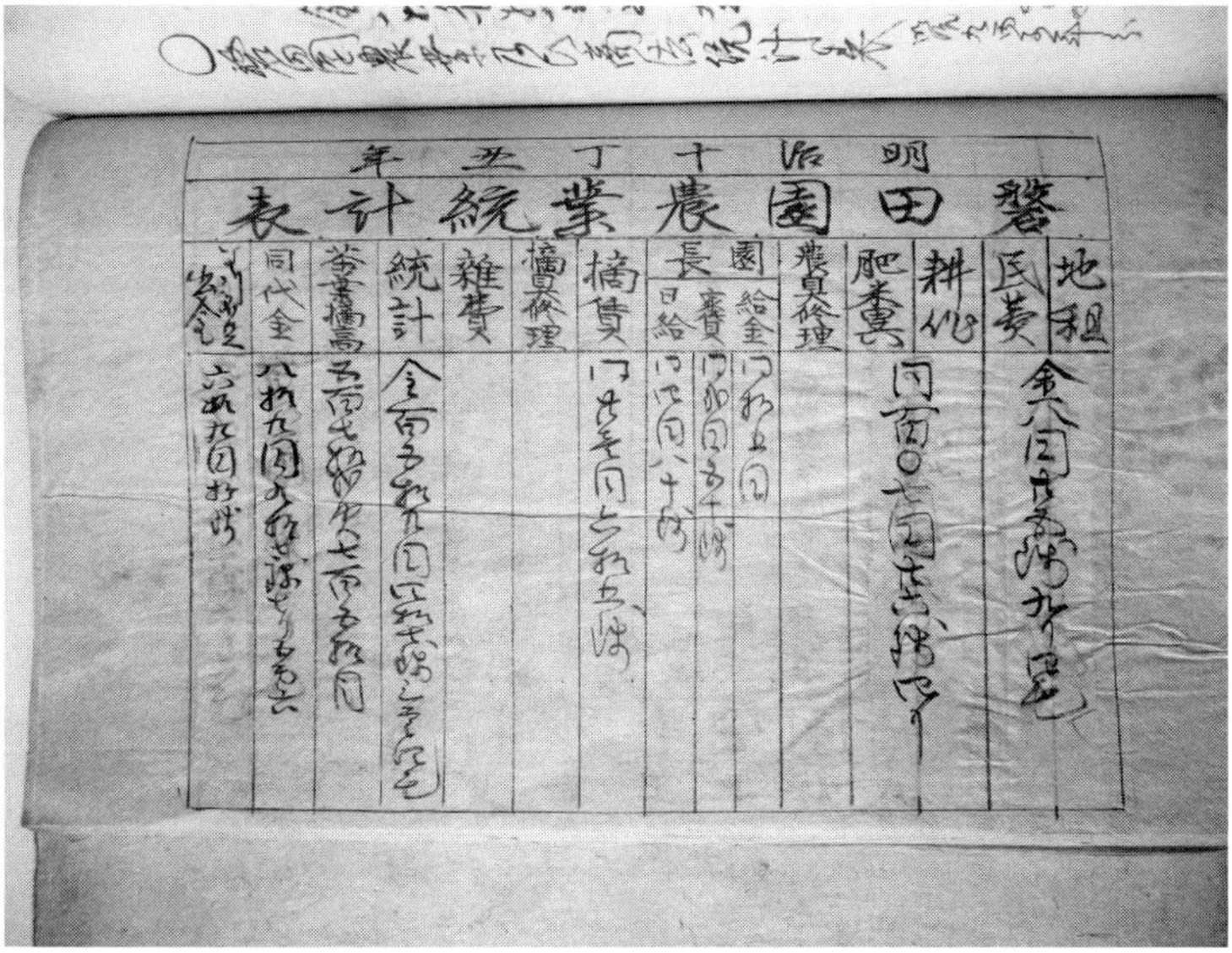

磐田園農業統計表 沼津市明治史料館所蔵

林洞海「茶農漫録　巻四」所載。赤松らによって開拓された茶園に関するもの。明治 10 年（1877）の租税・諸経費や収益などを一覧にしてある。

製塩方

松岡万《つもる》を頭《かしら》、その子運九郎や山岡鉄舟の弟小野駒らを取締にいただく藩の製塩方では、明治三年（一八七〇）、遠江国山名郡湊村（袋井市）に一四棟の長屋を建設して居住地とし、隣の雁代《がんじろ》・小島方・大島の三か村の入会地である湿地帯二町歩を製塩事業の場所に設定した。海岸には作業小屋が置かれ、塩田《えんでん》に海水を引き入れ天日干《てんぴぼ》しによって塩を製造した。九月には筆学所、一〇月には鍛冶場が設けられ、子弟の教育や職業訓練も行われた。

製塩方に属した一三〇名ほどは、江戸にいた際には浅草にあった幕府の御蔵に諸国から運ばれた米を搬入する役目を負った「小揚之者《こあげのもの》」だった。その実質は肉体労働者だったが、建前上は幕府から禄を給された最下級の武士として位置づけられた。江戸の町火消の棟梁で、将軍慶喜に寵愛された新門辰五郎《しんもんたつごろう》は、維新後には御作事役鳶《とび》（御作事

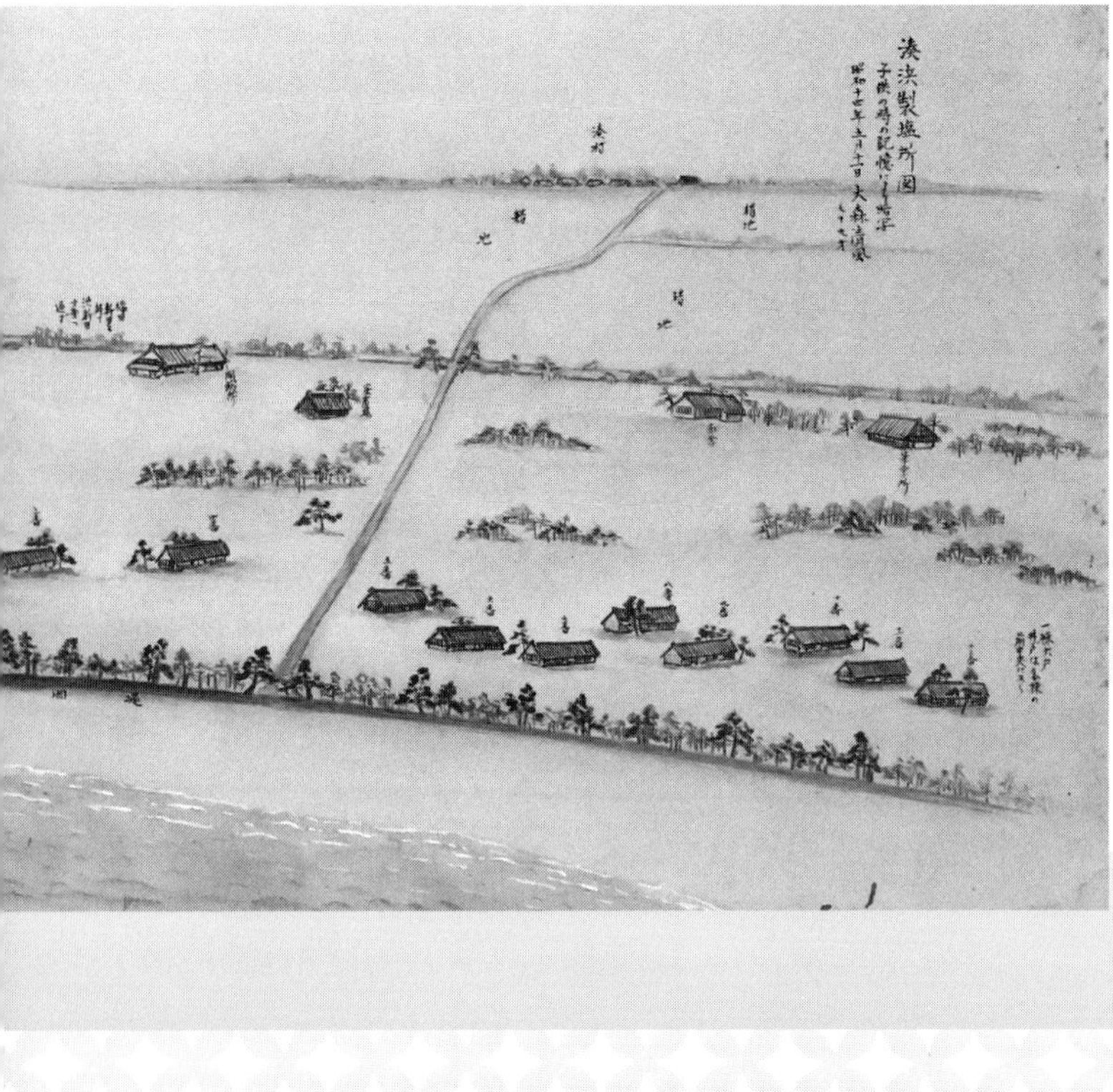

火防方）といった肩書で静岡藩に所属していたが、屈強な男たちを差配するのに長じていたためであろう、彼が製塩方の世話役をつとめたらしい。

なお、製塩方では漁業にも手を広げた。地元の名主哲蔵に苗字帯刀を許し、下村姓を名乗らせ、漁業方取締に任命、漁民一四名に漁具・舟・網を提供し、従事させたのである。

製塩方の筆学所は教授方として大森方綱が担任し、五三名の生徒を教えたという。藩内各所の藩立小学校は沼津兵学校附属小学校の規則をモデルにした「静岡藩小学校掟書」に則って運営されたが、たぶんこの筆学所も同様だったと考えられ、やはり藩立小学校の一つとして位置づけてよいだろう。

なお、明治四年（一八七一）、駿河国益津郡浜当《はまとう》目《め》村（焼津市）にも製塩所が設けられたが、それは田中勤番組による施策であり、製塩方の管轄とは違ったようだ。

湊浜製塩所図 磐田市歴史文書館所蔵 静岡藩製塩方のようすを再現すべく戦後描かれたもの。

開業方と物産掛

明治三年刊行の『静岡御役人附』には、開業方として前島密《ひそか》・林三郎（惟純）・佐々井栄太郎・立田政吉郎（彰信）の名が掲載され、前島・佐々井には「物産掛」の肩書も付されている。この開業方および物産掛こそ、静岡藩における勧業政策の担当部門だった。

立田が開業方に任命され、「物産掛石炭并硝石産出之義専務」を命じられたのは二年九月九日のことだった。立田の履歴書からは、桑・茶栽培の推進を担当した松岡万を補佐するよう命じられる（三年六月）、勧農のため庵原・富士郡を廻村（閏一〇月）、茶実買い入れのため掛川辺まで出張（一二月）、富士・駿東郡を廻村（四年一～二月）、再び富士郡出張（三月）、志太郡と遠州を勧農廻村（三～四月）、庵原郡へ勧農出張（四・五月）、富士・駿東郡で勧農廻村（八月）といった具合に東奔西走していたことがわかる。

藩では三年六月、小栗尚三（少参事・会計掛）・中台信太郎（少参事・刑法掛）・杉浦八郎五郎（権少参事・藩庁掛）・松岡万（製塩方頭）・佐々井半十郎に不毛の荒野・山林の開発や桑・茶の栽培促進を命じ、全藩をあげて開拓・殖産事業に取り組む姿勢を見せた。佐々井半十郎は栄太郎の父であるが、幕府時代は代官だったこともあり物産事情に通じており、隠居の身ながら抜擢されたのであろう。肩書は勧農掛・勧農方などとされたらしい。

武蔵国の農民出身で、渋沢栄一の従兄にあたる尾《お》高《だか》惇忠《あつただ》も静岡藩の勧業掛に採用されたが、その所属は正確には物産掛だったと思われる。彼も富士川周辺で桑畑を開くなど、養蚕を勧誘した。「中泉物産方御用船掛り」「中泉物産部手附御用船掛り」といった役職が置かれ、「開行丸」という船があったとされるので、開業方主導の下、各地の郡政役所においても独自の殖産・物流策がはかられたと考えられる。

前島密の胸像

磐田市・ＪＲ磐田駅南口

平成12年（2000）建立。

立田彰信 個人蔵

沼津兵学校から開業方に転じ、物産振興につとめた。

北海道十勝の開拓

箱館戦争が終結してまもない明治二年（一八六九）八月、新政府はロシアからの北方の脅威を意識し、全国の九つの大藩に対し北海道に分領を与え、それぞれの藩の力で開拓を進めさせるという方針を発した。静岡藩もそのひとつであり、十勝国《とかちのくに》のうち四郡を割り当てられた。支配地の引き渡しは三年六月に行われた。四年（一八七一）三月から四月には、藩内で北海道へ移住する農民約二〇戸の募集がなされ、六月には六戸だけが渡道した。

静岡藩の担当部署は十勝詰《づめ》開業方であり、頭《かしら》としてそのトップをつとめたのは、旧幕時代に目付・神奈川奉行・軍艦奉行・大坂町奉行・大目付などを歴任した堀小四郎（孟太郎・宮内・伊賀守・下野守）である。幕末に箱館奉行・外国奉行などをつとめた堀利熙《としひろ》の子であり、北海道との縁は多少あったと思われる。堀の墓誌には「君□其事遂渡海而□深入不毛」云々と彫られており、また勝海舟日記の三年一一月一七日条に「堀氏、十勝より帰郷」とあるので、実際に北海道に渡ったらしい。廃藩後は印旛《いんば》県権参事などをつとめたが、北海道との関わりは生じなかった。

堀の下で御用取扱をつとめた白野《しらの》夏雲《かうん》（耕作）は幕府陸軍の士官出身だったが、藩に安倍川奥地での蝋石採掘を建白するなど物産に見識があったためであろう、三年正月に発令を受け、家族を静岡に残し、春には単身渡道した。大津（北海道中川郡豊頃町《とよころちょう》）を拠点に活動を開始、一二月には移民受け入れに向けての報告書を作成、翌年四月には支配地の調査報告書を開拓使に提出している。実際の入植はわずかに畑作を試みた程度で終わったが、白野は廃藩置県により分領支配が廃止された後も残留し、五年（一八七二）二月には開拓使の官吏に採用され、同僚の原退蔵とともに北海道で仕事を続けることとなった。

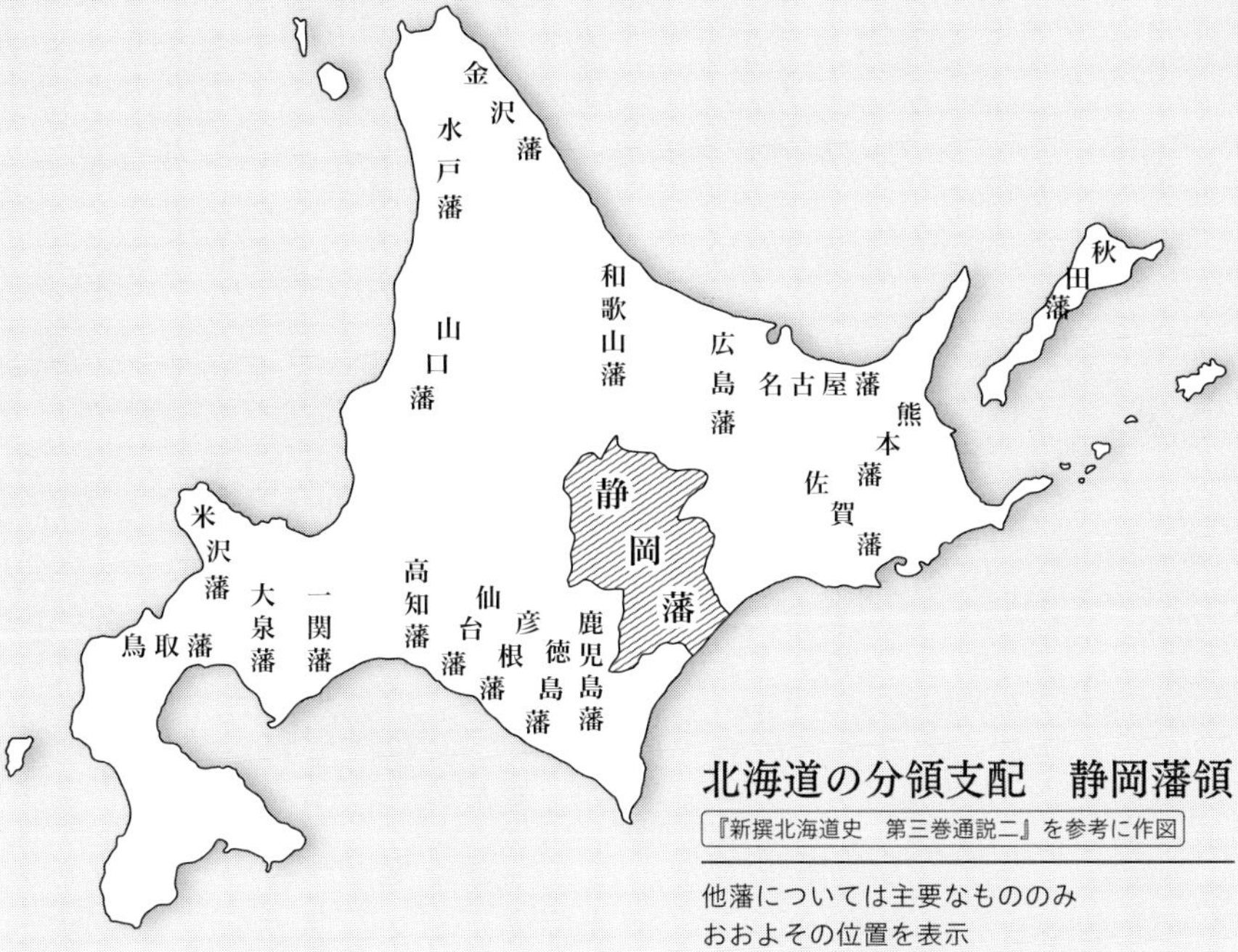

北海道の分領支配　静岡藩領

『新撰北海道史　第三巻通説二』を参考に作図

他藩については主要なもののみ
おおよその位置を表示

原退蔵

宮内庁三の丸尚蔵館所蔵

静岡藩士として同僚だった白野夏雲とともに開拓使に出仕し、北海道で仕事を続けた。

治水を担った水利路程掛

駿河・遠江には富士川・安倍川・大井川・天竜川という大河川があった。明治二年（一八六九）二月、静岡藩では藩の行政機構の中に水利路程掛（後に水利郡政掛、さらに水利郡方掛と改称）を置き、治水に取り組んだ。同掛には勘定所に属した者や普請役をつとめた者など、幕府時代からの民政部門の経験者が身を置いた一方、海軍士官として西洋の科学技術を学んだ人物が幹部に就任し、近代化への志向が見られた。しかし、河川の堤防、用水路、潮除《しおよけ》土手、湊、橋、洲浚《すざらい》の工事などにおいて領内各地で展開された技術は、竹木石を材料とした蛇籠《じゃかご》・聖牛《せいぎゅう》・牛枠《うしわく》などによって水勢を調節する方法に見られるように、伝統的工法にとどまり、近世との大きな違いは見られなかった。

権少参事・水利路程掛をつとめた佐々倉桐太郎《とうたろう》・福岡久の二人は、長崎海軍伝習所で学んだ幕府海軍の出身者だった。沼津兵学校一等教授である赤松則良も水利路程掛の兼務を命じられたが、彼もその前身は海軍士官だった。佐々倉・福岡は最初、清水港に設置予定だった海軍学校の頭に任命されていたが、藩の海軍局が解散されたため、代わりに設けられた運送方を経て、さらに水利路程掛に配属替えとなったのだった。数学や測量など海軍で身につけた知識・技術を治水に活かすことが期待されたはずであるが、彼らによって何が革新されたのかについて、その具体的な成果は不明である。

むしろ治水の現場で実行力を発揮したのは、水利路程掛附属・御蔵番格に任命された宮崎総五、水利郡方附属各村堤防重立取扱・御蔵番格に任命された金原明善など、藩に登用された静岡・浜松近在の素封家たちだったといえる。金原が天竜川の治水にその後も尽力し続けたことは周知の事実である。

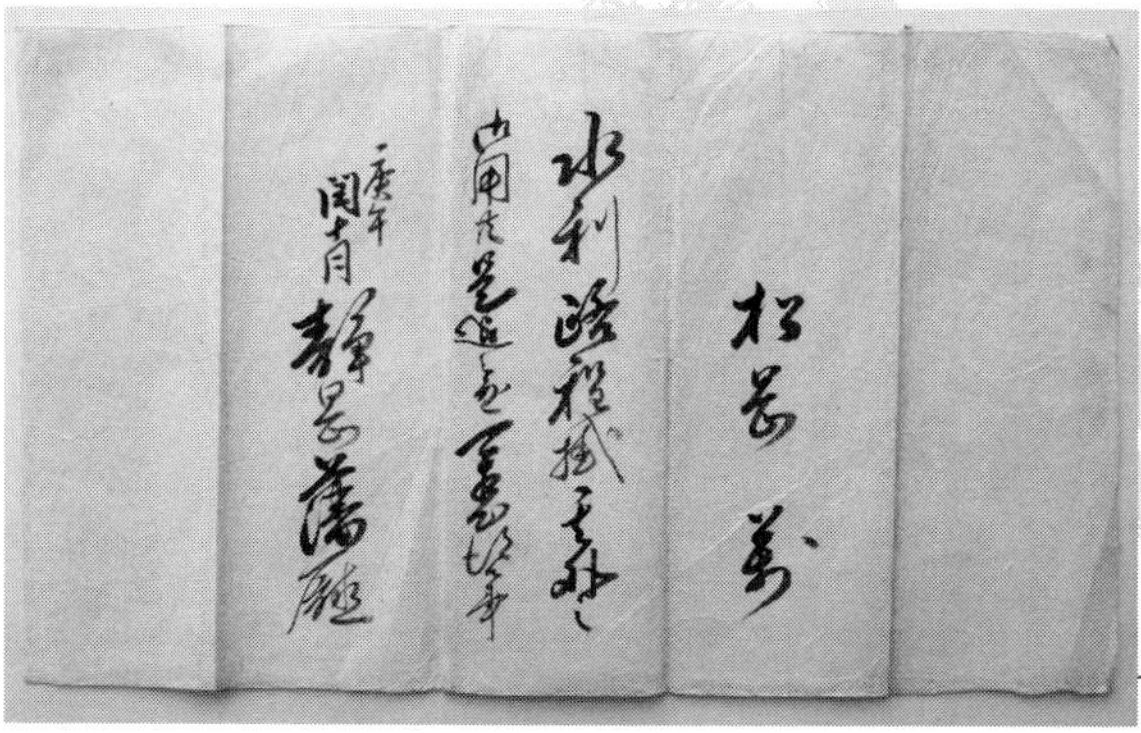

松岡万の水利路程掛辞令

磐田市歴史文書館所蔵

松岡万の顕彰碑　磐田市・地主神社

灌漑用水として使用されてきた大池を静岡藩士が干拓しようとしたのに対し、松岡がその計画を中止させたことに地元農民が感謝し、建立された。明治 19 年（1886）建立の天造地設碑は山岡鉄舟の題額であり、昭和 29 年（1954）建立の碑には松岡の肖像レリーフが付けられている。この事案からもわかるように、水利路程掛としての松岡は土木技術者というよりも、住民との折衝担当、利害調整役だったといえる。

金原明善

『延命録』所載

水利郡方掛附属各村堤防重立取扱・勤中御蔵番格に任命された。

佐々倉桐太郎

『幕末軍艦咸臨丸』所載

藩に採用された庶民たち

先述した金原明善のように水利路程掛附属に任命された者、あるいは愛鷹牧《あしたかまき》の牧士《もくし》なども藩の公務を担った者であるが、彼らはあくまで百姓・町人であり、武士（士族）身分に取り立てられたわけではない。藩立病院の医師に採用された者も同じである。富士郡吉原宿に住む父祖の代からの町医者石井淡は三年五月、静岡病院の無級医師に採用され、さらに相良勤番組之頭附属医師として配属された。相良に役宅を与えられ、一か年金一〇〇両という手当だった。駿府の戸塚積斎《せきさい》・村松良粛《りょうしゅく》・小川清斎《せいさい》、沼津宿の荻生洪斎《おぎゅうこうさい》、伊豆国君沢郡木負《きしょう》村（沼津市）の相《あい》磯格堂《そかくどう》など、静岡病院・沼津病院に勤務した地元の町村医は少なくなかったが、明治元年（一八六八）一二月に出された布達にある通り、「御役」を御免になれば、元の身分に帰るべきとされていたはずである。一方、旧幕時代に駿東郡・富士郡に所在する幕府御林《おはやし》の御林守《おはやしもり》をつとめていたため、静岡藩成立後も勤続を命じられ、勤番組に編入され藩士の身分を与えられたという例があった。伊豆国田方郡山木村（伊豆の国市）の豪農鈴木重之、駿河国富士郡大宮町（富士宮市）の素封家石川孫四郎らである。鈴木は静岡藩士となったため、わざわざ領内である沼津に移り住んだ。しかし、御林守に対するこの処遇は混乱期に生じたミスであり、明治三年一二月には取り消され、彼らは藩籍を除かれることとなった。

先述したように、製塩方は遠江国山名郡西同笠《にしどうり》村（袋井市）での漁業も行ったが、その責任者である漁業方取締には地頭方村枝郷《えだごう》御前崎の名主下村哲蔵が採用された。その名は藩の役人名簿『静岡御役人附』に藩士たちと並び明記されているが、彼の場合も正規の士分に取り立てられたわけではなかったものと考えられる。

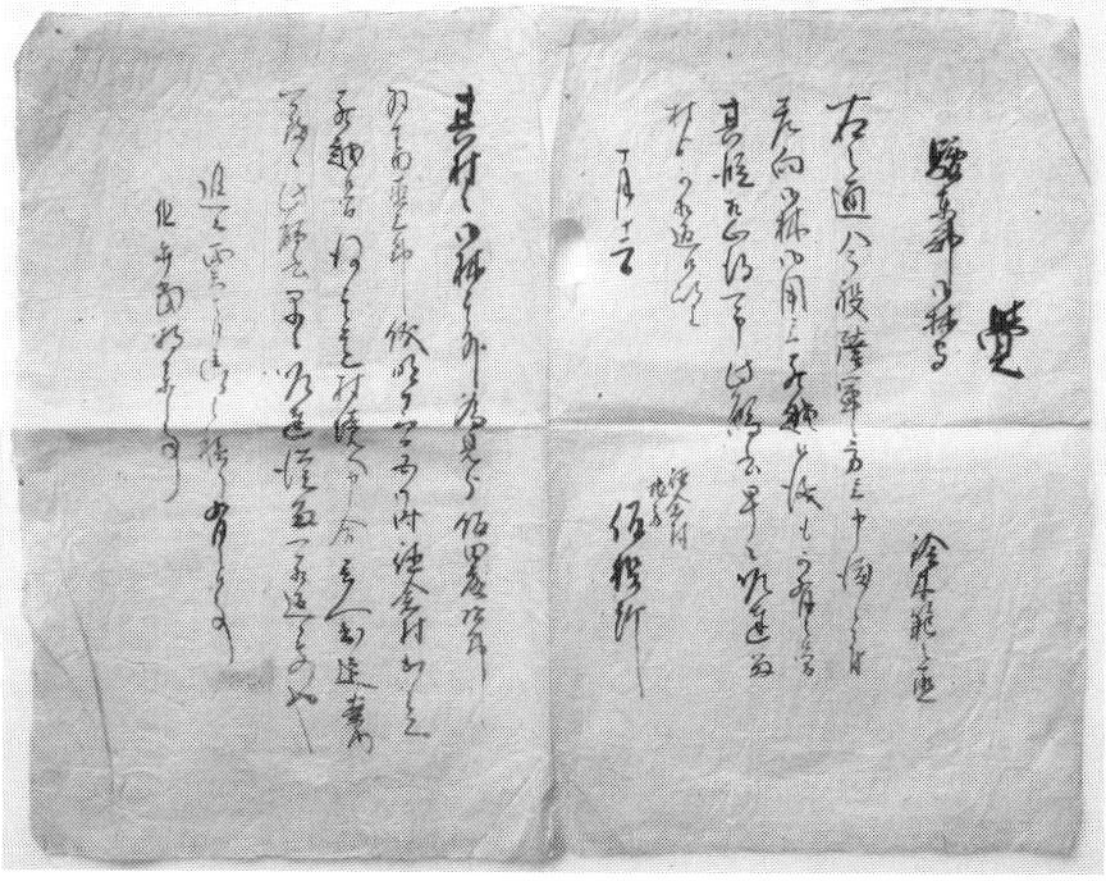

鈴木重之の御林守任命を報じる触書

個人蔵・沼津市明治史料館保管

明治元年（1868）10月12日、鈴木重之（範之丞）が陸軍方から駿東郡御林守に任命されたことを知らせたもの。発信元の徳倉村地方仮役所は、沼津郡政役所が発足する前段階で、駿東郡徳倉村（清水町）に置かれ周辺29か村を管轄した。

遠山春平

宮内庁三の丸尚蔵館所蔵

遠州の村医者だったが、箱館戦争に蟠龍丸乗組の医師として参加、降伏・赦免後に藩立病院に雇われた。後に明治陸軍の軍医となった。

鈴木重之

個人蔵

幕府の御林守をつとめていたため、本来は農民だったにもかかわらず静岡藩士の身分を手に入れた。右は妻。

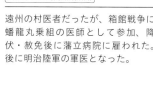

百姓一揆

浜松に移住した藩士山本政恒《まさひろ》が残した記録によれば、ある日、米穀商が買い占めたため米が騰貴し、怒った民衆が暴徒と化し商店を襲うという打ちこわしが起こった。暴動は各所に広がり、あちこちの豪家が襲撃の対象となる形勢だった。浜松奉行（正しくは浜松勤番組之頭）井上八郎（延陵）は鎮圧に乗り出し、銃砲を装備した附属の者三〇余名を率い出張した。内野村あたりの富豪の家で休んでいたところ、暴徒数百人が同家に押し寄せるという情報があった。脅しのため空砲を放ったところ、暴徒は驚いて逃亡した。逃げる者の何名かを逮捕し取り調べたが、未遂だったので釈放したという。山本は日時を明記していないが、明治二年（一八六九）一一月、笠井村を発火点に勃発した遠江国豊田・長上《ながかみ》・麁玉《あらたま》郡などでの大一揆のことである。同月下旬には七・八〇名が捕らえられ罰を受けた。

翌年正月になっても騒動はおさまらず、豊田・山名・磐田郡でも三〇〇〇人の農民が藩庁への直訴をめざし東進し、掛川宿で多田銃三郎率いる騎馬隊に阻止されるという事態にいたった。捕らえられた首謀者は中泉郡政役所で取り調べを受け、処罰された。

石川周二は遠州横須賀添奉行をつとめた後、沼津郡政役所に転任することになったが、ちょうど交代の時、小笠郡で一揆が発生したとの報を後任者が慌てて知らせに来た。「ブーブー、ドンドンと法螺や太鼓の音」が聞こえ、百姓たちが神社に集結し、今にも押し寄せて来る気配だった。単身で行って説得すべきであると主張する石川に対し、後任者は恐怖して動かない。仕方なく石川が後任者を連れ一揆勢のもとを訪れ、穏やかに説諭し、うまく解散させたという。このエピソードは周二の子石川千代松の回想録によるが、やはり明治二年の一揆のことであろう。

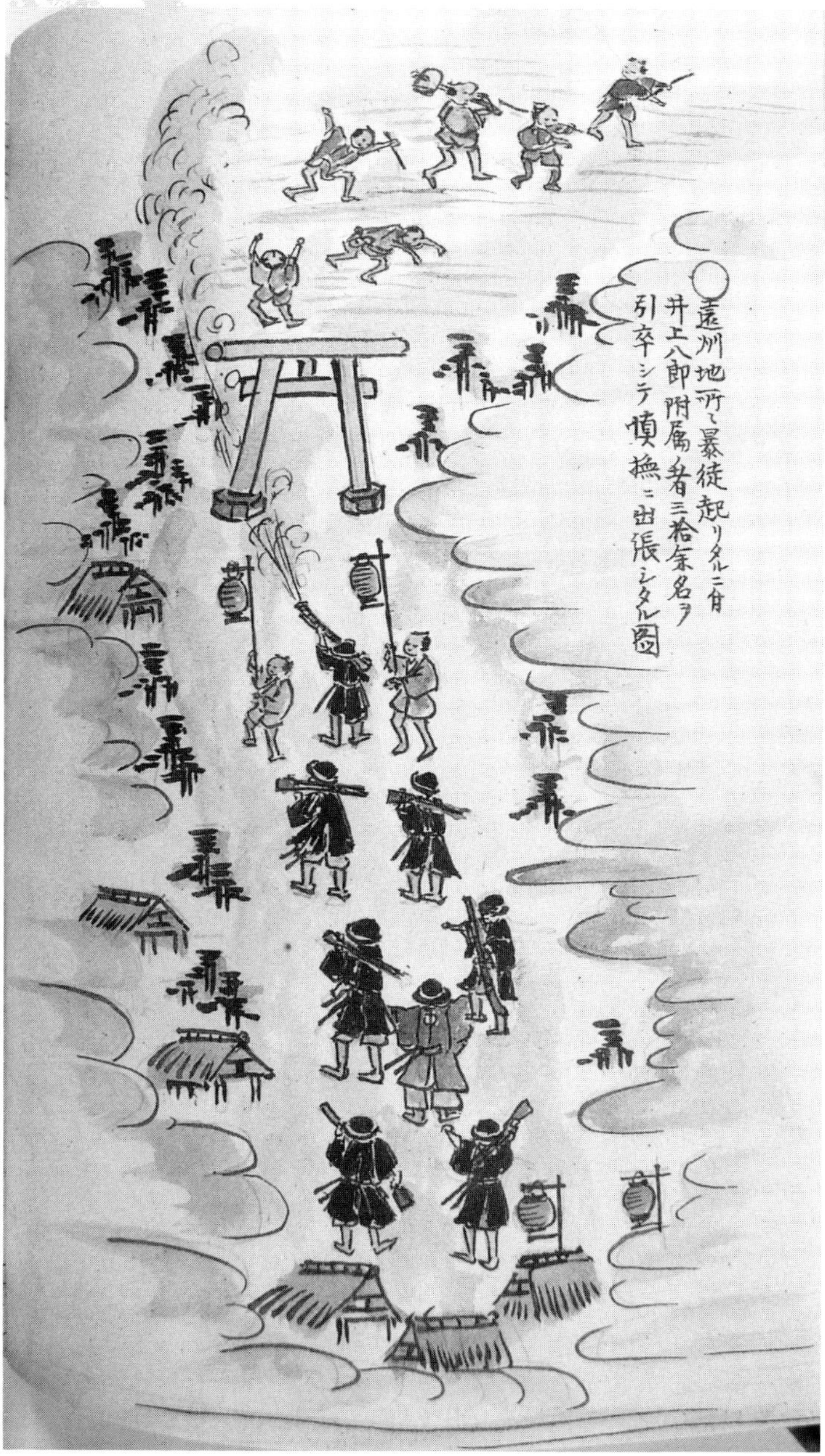

一揆を鎮圧する浜松勤番組の藩士たち　『幕末下級武士の記録』所載

沼津・原政表

静岡学問所や沼津兵学校の教授をつとめた杉亨二《こうじ》は、維新前、幕府の開成所に勤務していた頃から西洋のスタチスチック（統計学）研究を志し、やがて日本における統計学の祖となった。その学問研究を政策の実際面で活かそうとし、静岡藩において実現したのが領民の人口調査であった。沼津奉行阿部潜の理解を得て、明治二年（一八六九）五月一六日から六月一日の期間で沼津宿において調査された「駿河国沼津政表」、同年六月二二日から二八日までの期間で原宿において調査された「駿河国原政表」がその成果であり、近代的な手法にもとづき作成された日本初の人口統計書となった。政表とは統計のことである。調査は駿府と江尻でも実施されたが、そちらの調査結果は残らなかったらしい。

沼津・原政表の原本は現存せず、『杉先生講演集』（一九〇二年刊）に活字化され掲載されたもので見るしかないが、男女別・年齢別の人口、未婚・既婚・離婚・再婚・死別といった婚姻関係、出生地・職業別の人口、出稼《でかせぎ》・入稼《いりかせぎ》の地方別・職業別数値など、極めて詳細な調査が実施されたことがわかる。沼津宿の例をほんの部分的に紹介すれば、男三二九六人、女三四八一人、農は三六五人、工は三二三人、商は七九五人、その他の職業は男五八九人・女二九四人、入稼（沼津で働く他郷出身者）は、男には駿河の奉公稼が九六人、伊豆の奉公稼が四九人、阿波の藍問屋が一人、阿波の奉公稼が二〇人、女には駿河の飯《めし》売女《うりおんな》が二〇人、武蔵の飯売女が一〇人といった具合である。

なお、沼津宿の隣接地である沼津城下には多数の士族が住んでいたし、沼津宿に仮寓していた士族も少なくなかったはずであるが、そもそも彼らについては調査対象になっていない。

駿河國沼津政表

駿河國駿東郡沼津	明治二年己巳五月十六日より六月朔日迄の調		
町數 二十三 村數 三	男	女	男百人に女の比例
市	三千七十四	三千二百四十二	百五人四餘
在	二百二十二	二百三十九	百七人六餘
小以	三千二百九十六	三千四百八十一	

一

男				
一歳內 十九	六歳以上七歳以下 六十七	二十歳以上二十四歳以下 三百四十五	五十歳以上五十四歳以下 百六十九	八十歳以上八十二歳以下 五
一歳以上二歳以下 九十八	七歳以上八歳以下 六十三	二十五歳以上二十九歳以下 二百七十五	五十五歳以上五十九歳以下 百三十四	八十六歳 一
二歳以上三歳以下 六十三	八歳以上九歳以下 六十二	三十歳以上三十四歳以下 二百十	六十歳以上六十四歳以下 八十九	
三歳以上四歳以下 六十	九歳以上十歳以下 四十五	三十五歳以上三十九歳以下 二百三十二	六十五歳以上六十九歳以下 三十四	
四歳以上五歳以下 八十	十歳以上十四歳以下 二百八十七	四十歳以上四十四歳以下 百九十九	七十歳以上七十四歳以下 三十八	
五歳以上六歳以下 七十四	十五歳以上十九歳以下 三百九十六	四十五歳以上四十九歳以下 二百三十六	七十五歳以上七十九歳以下 十九	
小以 三千二百九十六				

一歳內 十四	六歳以上七歳以下 五十九	二十歳以上二十四歳以下 三百七十五	五十歳以上五十四歳以下 百六十	八十歳以上八十四歳以下 十

二

沼津政表 『杉先生講演集』所載

■沼津政表の一部

沼津宿在住男女の出生地別人数

生国	男	女
沼津	2,541	2,532
沼津以外の駿河	216	445
遠江	17	5
伊豆	82	196
相模	19	15
武蔵	36	18
上野	3	0
下野	2	0
越後	1	0
越中	1	0
甲斐	32	28
信濃	6	3
近江	5	0
尾張	3	0
伊勢	3	1
山城	1	0
摂津	2	0
阿波	16	1
讃岐	2	1
計	2,988	3,245

「駿河国沼津政表」を抜粋し加工。男には僧・職人弟子・奉公人、女には尼・奉公人・飯売女が別途計上されているが、それらは除外した。

杉亨二の胸像

沼津市明治史料館所蔵

長島衡

『岳陽名士伝』所載

長島衡（載助）は静岡奉行支配定役御雇として杉亨二を補佐し、明治２年(1869) ７月頃、清水最寄村々の人別調べに従事した。

六章 静岡藩の学校と教育

静岡学問所

静岡学問所（当初は府中学問所）は静岡藩の藩校である。教授の任命は明治元年（一八六八）一〇月に開始され、頭《かしら》（校長）には津田真道《まみち》・向山黄村《むこうやまこうそん》・河田熙《ひろむ》らが就任した。翌年の藩政改革後は学校掛が管轄した。校舎は元年九月、駿府城四ツ足門内の御《お》定番《じょうばん》屋敷に開設されることが布告、翌月には横内門内の元勤番組頭屋敷に移された後、再び四ツ足門内に戻った。三年（一八七〇）九月には構内に小学校が仮設された。幼少の生徒のための小学校に対し、学問所本体は大学校と通称された。遠隔地に移住した生徒は通学できないため、同年一二月には校舎とは別に寄宿舎も設けられた。

静岡学問所は、幕府時代の開成所（洋学）・昌平黌《しょうへいこう》（漢学）・和学講談所（国学）を合体させたようなもので、教授陣には和漢洋の専門家が集められた。ただし、主導権を握ったのは洋学者であり、英仏独蘭の四か国語に分かれ、人数的にも大きな比重を占めた。旧幕時代に儒学の総本家というべき存在だった林家は追いやられた。当主の林又三郎（昇・学斎）や古賀謹一郎（茶渓）に対しては、領内の学校視察が任務とされ、実際に四年三月から五月にかけ林は田中・沼津などを巡回しているが、彼らが学問所の中枢に居座ることはなかった。

教授には等級があり、一等から五等、そして世話心得などに分けられていた。一等教授をつとめた中村正直・外山正一はイギリス留学の経験者だった。生徒には藩士の子弟のみならず、地元の百姓・町人も受け入れられた。藩主徳川家達も学問所の幼年組（後の小学校）で学んだとされる。アメリカからお雇い教師としてエドワード・ワーレン・クラークを招いたが、着任は廃藩後の明治四年（一八七一）一〇月のことだった。

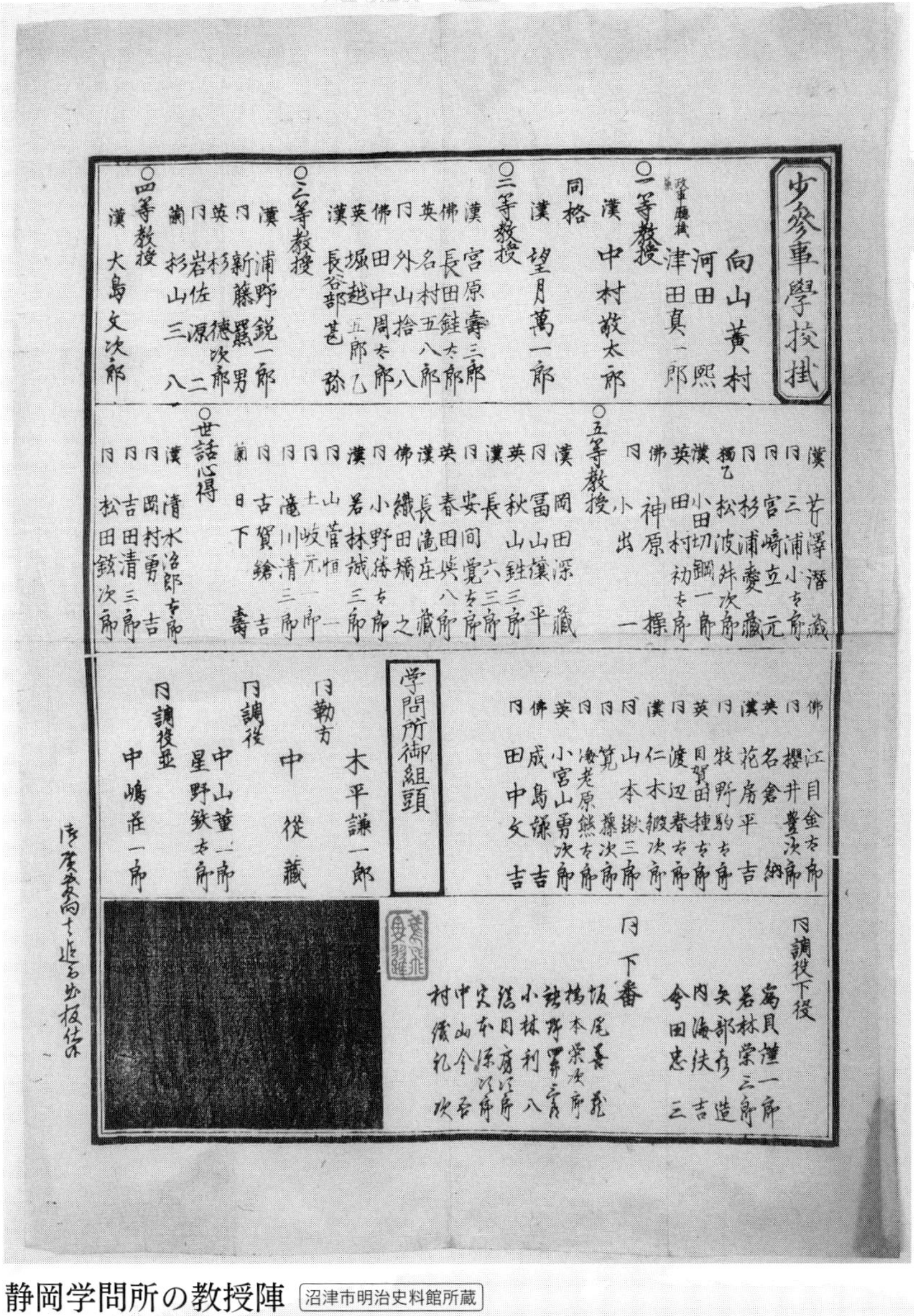

歩参軍學校掛

向山黄村
河田熙
政事廳兼 津田真一郎

○一等教授
漢 中村敬太郎
同格 漢 望月萬一郎

○二等教授
漢 宮原壽三郎
佛 長田銈太郎
英 名村五八郎
同 外山捨八
佛 田中周太郎
英 堀越五郎乙
漢 長谷部甚弥

○三等教授
漢 浦野鋭一郎
同 新藤[illegible]男
英 杉徳次郎
同 岩佐源二
蘭 杉山三八

○四等教授
漢 大島文次郎

漢 芹澤潜蔵
同 三浦小太郎
同 宮崎立元
同 杉浦愛蔵
獨乙 松波[illegible]次郎
漢 小田切[illegible]一郎
英 田村初太郎
佛 神原操
同 小出一

○五等教授
漢 岡田深蔵
同 冨山[illegible]平
英 秋山銈三郎
漢 長[illegible]六三郎
同 安間覚太郎
英 春田兵八郎
漢 長滝庄蔵
佛 織田[illegible]之
同 小野[illegible]太郎
漢 若林誠三郎
同 山菅恒一
同 土岐元一郎
同 滝川清三郎
同 古賀[illegible]吉
蘭 日下壽

○世話心得
漢 清水治郎太郎
同 岡村勇吉
同 吉田清三郎
同 松田鉄次郎

佛 江目金太郎
同 櫻井豊次郎
英 名倉納
漢 花房平吉
同 牧野駒太郎
英 目賀田種太郎
同 渡辺春太郎
漢 仁木鍛次郎
同 山本鍬三郎
同 筧操次郎
同 海老原熊太郎
英 小宮山勇次郎
佛 成島謙吉
同 田中文吉

学問所御組頭
木平謙一郎
中従蔵

同勤方

同調役
中山董一郎
星野鉄太郎

同調役並
中嶋荘一郎

[redacted]

同調役下役
[illegible]貝謹一郎
若林宗三郎
矢部彦造
内海[illegible]吉
今田忠三

同下番
坂尾善蔵
橋本栄次郎
[illegible]
小林利八
[illegible]
[illegible]
中山金吾
[illegible]

静岡学問所の教授陣 沼津市明治史料館所蔵

明治２年（1869）９月発行の「静岡藩御役人附」上中下のうち下。

外山正一

沼津市明治史料館所蔵

幕府イギリス留学生から静岡学問所一等教授となる。

中村正直

『太陽　別冊　明治名著集』所載

イギリス留学中の撮影。

相原重政

『統計集誌』第 400 号所載

旧名は松波升次郎、開成所独乙学教授手伝並出役から静岡学問所四等教授・独乙学担当となった。

新見史雄

個人蔵

諱は正典、通称は郁三郎、旗山と号した。旧幕時代は小納戸・小姓をつとめ、相模守。維新後、三州横須賀添奉行を経て静岡学問所世話心得となった。この写真は幕末の撮影。

古賀謹一郎 沼津市明治史料館所蔵

静岡学問所教授には就任しなかったが、領内の学校視察を命じられた。

静岡学問所之碑 静岡市葵区

太田資行 『静岡県大正画鑑』所載

静岡学問所の生徒。県官吏となり、駿東・富士・小笠郡長などをつとめた。

二宮正 『静岡県大正画鑑』所載

静岡学問所の生徒。工部大学校を卒業し、静岡県師範学校教諭をつとめた。

山菅恒 島田市立金谷小学校提供

静岡学問所五等教授。旧幕時代に昌平黌で学び、廃藩後は榛原郡で金谷高等小学校長などをつとめた。

各所の小学校

静岡藩では、静岡学問所と沼津兵学校という二つの上級学校を設けただけでなく、幼年者の教育のため、藩士が集住した場所に藩立小学校を設置した。東から列挙すれば、沼津・沢田・厚原《あつはら》・万野原《まんのはら》・小島・清水・久能《くのう》・静岡・田中・相良・掛川・横須賀・中泉・浜松・新居《あらい》・上ノ原の一六か所である。明治三年（一八七〇）正月からは「静岡藩小学校掟書《おきてがき》」という規則書に準拠して教育が行われるようになるが、それ以前は各所バラバラで、校名も「沼津兵学校附属小学校」「沢田学校所」「小島初学所」「清水小学所」「相良修業所」「掛川聚学所」「上ノ原文学所」といった具合に不統一だった。当初、小学校は学校掛の管轄とされたが、三年八月には各所の勤番組之頭の管轄へ移管された。各小学校からは静岡学問所や沼津兵学校へ進学できるルートが開けていたが、静岡・沼津の小学校を除くと、教授陣や教育内容が充実していない点で不利な条件に置かれていた。

なお、前記の一六校以外に、先述した製塩方の筆学所も藩立小学校に含めてもよいかもしれない。また、鈴木吉哉・宮野経茂・伊藤鈔作ら複数の藩士が「川崎学校」に学んだという事実があることから、遠江国榛原郡川崎町（牧之原市）にも静岡藩時代に小学校が置かれていた可能性がある。

一方、庶民の間でも藩立小学校に刺激を受け、学校設立の機運が盛り上がった。二年一一月、城東《きとう》郡の素封家丸尾文六らは、島田宿に学問所を設置したいとの願書を郡政役所に提出、相応の儒者を置いてもらい漢籍の講釈に加え、農書の講習や算術の稽古なども実施してほしいと、百姓・町人たちの希望を伝えた。この時、藩の援助を受けての設立は実現しなかったが、四年（一八七一）には丸尾が自費で私学校を興すに至った。

静岡藩の藩立小学校の所在地

当初名称はまちまちだったが、やがて○○小学校と称されるようになった。単に○○学校と呼ばれる場合もあった。

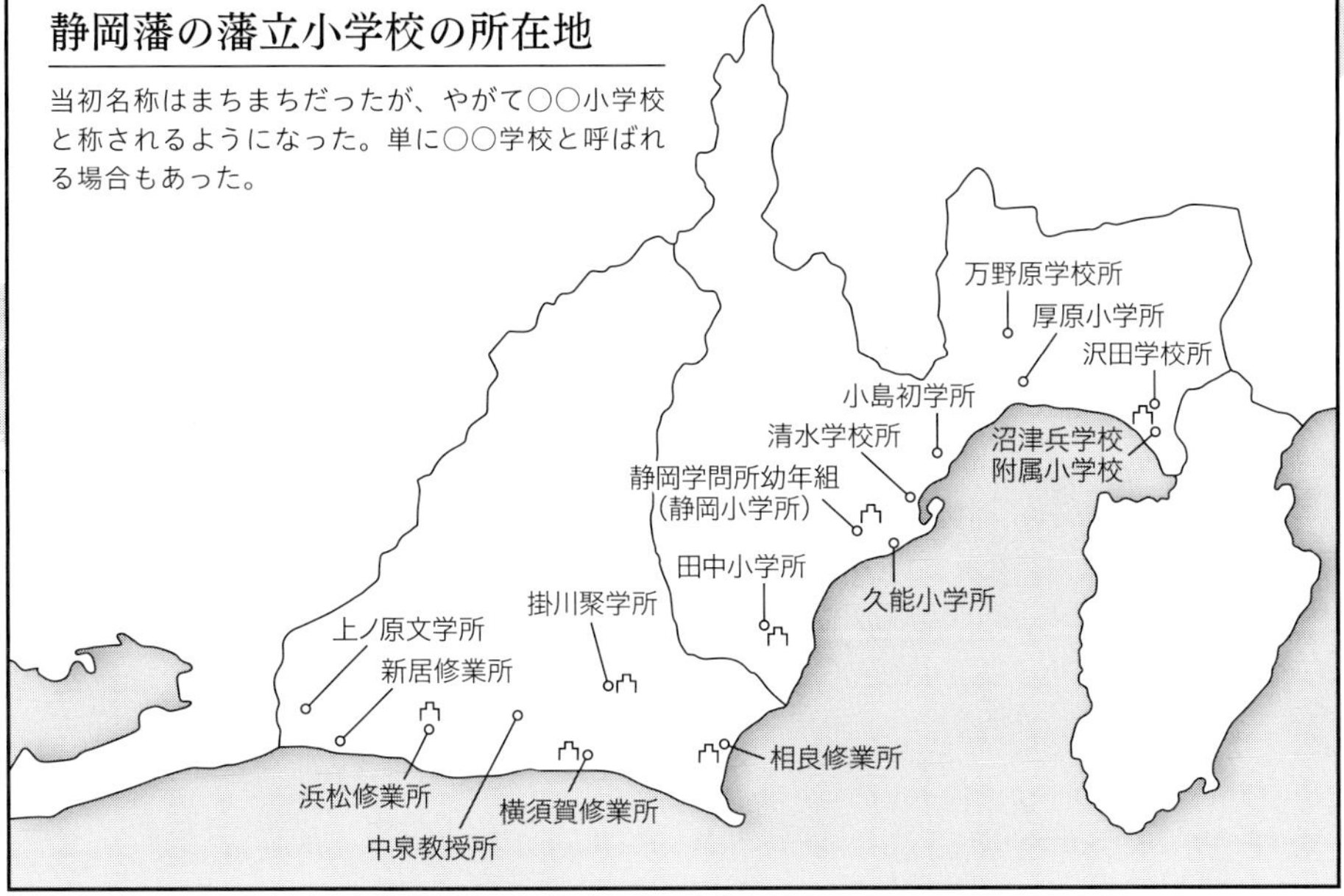

沢田学校所跡碑

沼津市東沢田

沼津兵学校附属小学校の分校。

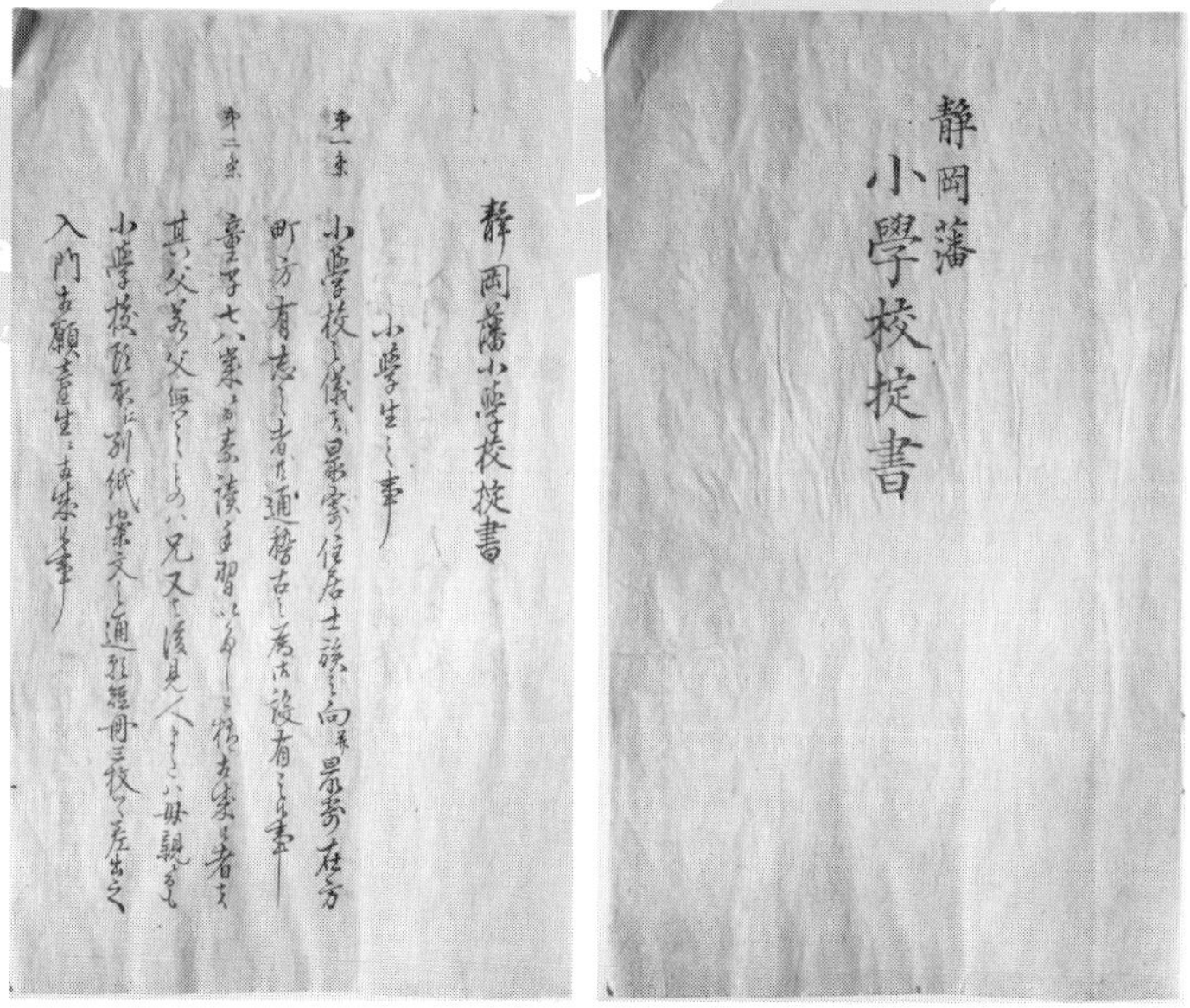

静岡藩小学校掟書 沼津市明治史料館所蔵

明治３年（1870）１月に木版で印刷されたもの。

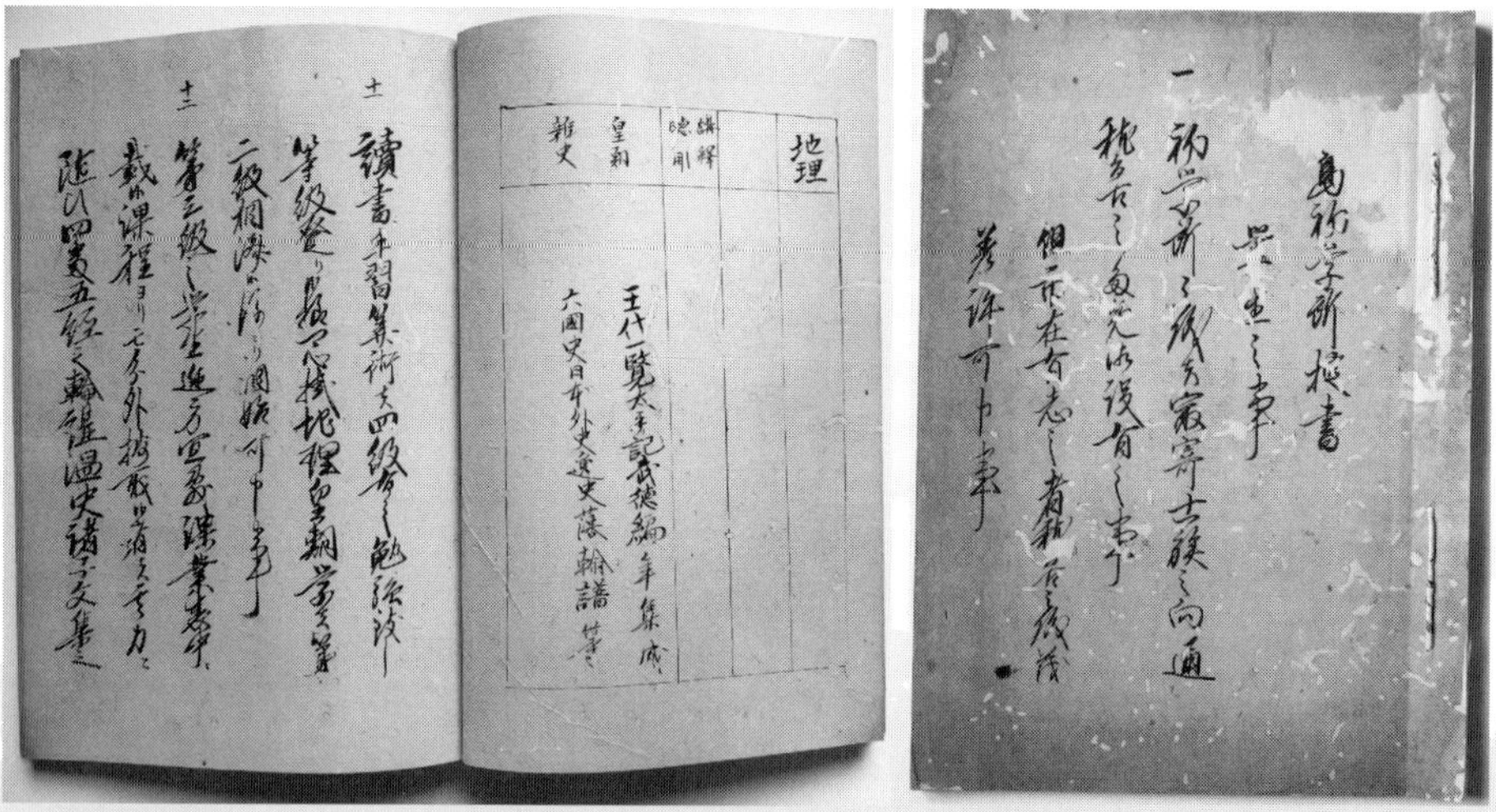

小島初学所掟書 沼津市明治史料館所蔵

■遠州における静岡藩小学校の教授陣

職　　名	浜松学校	掛川学校	新居学校	横須賀学校
支那学一等教授	田那村謙吉 矢沢永四郎 吉田貞吉	井浦倦翁	堀口忠三郎	杉浦修竹
支那学二等教授	藤山陽一郎 高橋六蔵 天野孫六 塩崎小太郎 服部全瓦 八谷龍太郎 岩月鑑吉	足立栄造 諏訪常松	岡本次郎 桜井謙吉	矢部源八郎
支那学三等教授	志賀謙八郎 久保忠三郎 近藤直三	鈴木行一 新井勝三郎 永井与一郎	鈴木昌三郎	太田新 諏訪庄五郎 太田虎太郎 小幡久吉 屋代造次 大平誠 春日八十郎 渡辺久吉郎 木原二郎 矢部甲子郎
支那学四等教授			井戸績	
洋学二等教授	中神伴次郎			
洋学三等教授	大河原源右衛門			
算法一等教授	池田耕一			
算法三等教授	小川淳三			
数学一等教授		早川昇次郎		
数学二等教授		堀口益次郎 山口忠也		
算術教授			祇岡洋太郎 鈴木録三郎 土屋元蔵	黒野庄太郎 吉村官造 伊藤久栄 近藤鋳太郎
手跡一等教授	金子鉄三 大川弥十郎 水野又一郎 久保田行蔵			
手跡三等教授	越塚蘇太郎 宮川重平 原又吉			
筆学一等教授			伊藤操	吉田省三
筆学二等教授			秋元謙太郎	能勢又十郎
筆学三等教授			平島為三郎	

『明治初期静岡県史料』第四巻より作成

他藩からの留学生

学問を志す全国の若者にとって、静岡藩に旧幕臣の人材が集中していることは周知のことだった。英語・数学といった静岡学問所・沼津兵学校の教育内容や学校システムの先進性も知れ渡った。そのため静岡・沼津は他藩からの留学生のメッカとなった。たとえば、弘前藩は明治三年（一八七〇）に四名、翌年に九名の留学生を静岡へ送り込んだ。その一人藤田潜は、四年四月一一日に弘前を発ち、五月七日静岡着、九日には静岡学問所教授島田豊（徳太郎・主善）の仮寓先である寺院快長院に寄宿した。「グードリッチ氏米国史」を毎日二時間学び、さらに「ニウセリス英国史」の授業を週二時間受けた。七月には廃藩置県があったが、留学生活は続く。九月半ばからは毎日午後一時間ほど、別の教師から数学を学んだ。一一月二四日からは「クワツケンボス窮理書」の輪講を実施。しかし、一二月、東京の弘前藩邸から帰国を命じる指令が届き、留学生一同はそれに従う。帰国前の同月一五日、静岡学問所で大吟味《だいぎんみ》が行われ、教授陣が見守る中、藤田は「グードリッチ仏国史」を講じた。二〇日、少参事・学校掛向山黄村や一等教授中村正直らが居並ぶ中、師である島田から英学成績優良につき褒美の品、駿河半紙一〇〇帖と鉛筆一ダースを下された。藤田らが静岡を去ったのは五年（一八七二）一月六日のことだった。

勝海舟の日記には、明治三年一〇月三日「黒田旧知事殿、入塾の事頼む」、九日「黒田従五位入塾の事頼み、断る」、一五日「久留島従五位家令、浅川力」、二一日「久留島家令、浅川力、若殿静岡へ修行として参り度き旨」、一一月一九日「黒田従五位静岡に付き、服部、向山へ書状遣わす」との記述がある。秋月藩黒田家・森藩久留島家ら大名の隠居・息子が自身の静岡留学を依頼してきたことを示している。

種子田清一 日本カメラ博物館所蔵

静岡学問所に留学した鹿児島藩士。

出羽重遠

『少年世界』第6巻第8号所載

静岡在住の静岡藩士林惟純に師事した会津藩士。後に海軍大将。

小柳津要人

沼津市明治史料館所蔵

沼津兵学校教授乙骨太郎乙の私塾に留学した岡崎藩士。

最上五郎 日本カメラ博物館所蔵

静岡学問所に留学した鹿児島藩士。

藤田潜 個人蔵

静岡学問所に留学した弘前藩士。

御貸人

新政府との戦争に加わった者は、戦い敗れた後は、処罰を受け、そして赦免され、静岡藩に戻ってきた。しかし、藩内には新来の彼らに与えるべき職は少なかった。そのような余剰人員対策の意味もあって、静岡藩が他藩からの依頼にもとづき実施したのが「御貸人《おかしびと》」とよばれる人材派遣である。現在、八〇以上の藩（一部は公家・寺院も含む）へ御貸人を派遣したことがわかっている。

伊予国（愛媛県）の松山藩では、明治三年（一八七〇）一〇月に新政府が発した、陸軍はフランス式に統一せよとの布達にもとづき、軍制改革を実施すべく、静岡藩士をその指導者として招聘した。同藩の漢学者で、後年は正岡子規らの俳句グループにおいて重鎮となった内藤鳴雪《めいせつ》は、「東京から、武蔵知安氏とその門人の五、六名を聘傭して訓練させた。この武蔵氏一行は、函館の五稜郭に立籠って実戦の経験のある人なので、本名は隠していたがなかなか江戸子気性でテキパキと物いうし、軍隊に対しても用捨なく叱り付けて訓練していた」と自叙伝に記している。同藩の公式記録には、一一月に武蔵のほか、工藤昌三・須藤武二郎・有田五郎・鈴木又作・崎田美之作が「仏式教導」のため到着したことなどが記されている。武蔵らは四年一月には今治藩《いまばり》にも招かれ、同藩の記録には「静岡藩教師へ相託シ、仏式ノ練兵相始候」とある。なお、武蔵知安（旧名は櫻橋か）や工藤庄（昌）三は、歩兵頭並沼《ぬ》間《ま》守一《もりかず》が率い関東・東北で戦った伝習隊の一員だったようなので、庄内で降伏した沼間と同様、箱館戦争には参加していないだろう。その後、沼間は沼津兵学校教授就任を勧誘されたが応じず、土佐藩に雇われ陸軍の指導にあたったが、その際、工藤も一緒だった。武蔵は後年、大蔵省・司法省・元老院などに出仕した。

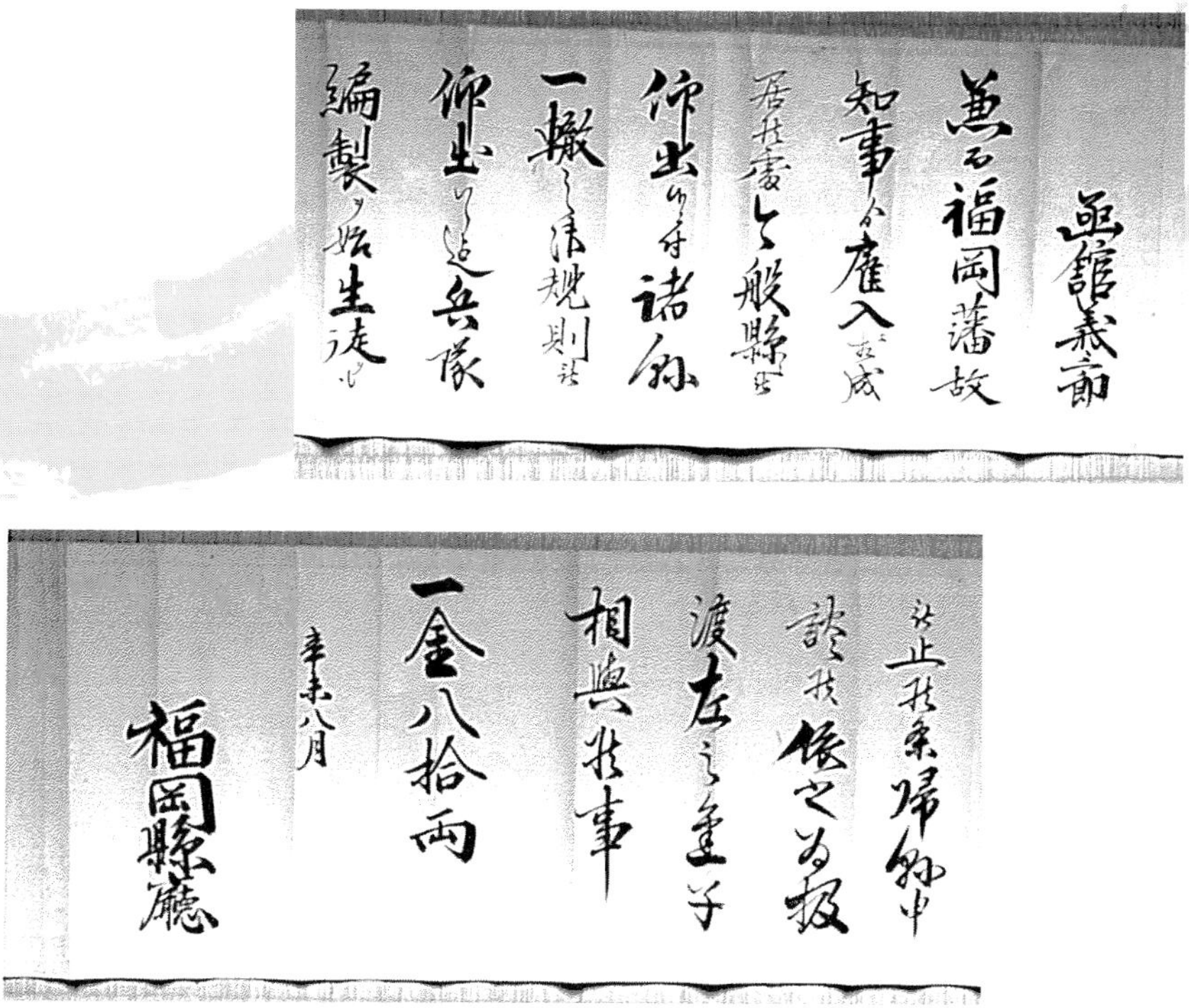

函館義前
右福岡藩故
知事ヨリ雇入ニ相成
居候處今般縣ニ
仰出候付諸般
一變シ兵規則ニ
仰出ニ付テ兵隊
編製ヲ始生徒ニ
並ニ於テ帰郷中
諸般依之為報
渡左之金子
相與候事
一金八拾両
辛未八月
福岡縣廳

福岡県から函館大経に対する謝金贈呈状 個人蔵

廃藩直後の明治４年（1871）８月、福岡藩時代の御貸人としての功労に対し金員が贈られた。

池田忠一 『日本赤十字社静岡支部彰功帖』所載

静岡学問所教授世話心得から弘前藩への御貸人として派遣された。

函館大経《はこだてひろつね》 個人蔵

旧名は義三郎。沼津兵学校御馬方。明治４年１月から福岡藩におけるフランス式騎兵指導のため御貸人として派遣された。

国内遊学と海外留学

明治初年、他藩にとって留学の目的地となった静岡や沼津であるが、逆に静岡藩では藩士の子弟を勉学のため藩外に送り出してもいる。

もっとも多いのは東京や横浜での洋学修行であろう。静岡学問所や沼津兵学校の教授陣が明治政府にスカウトされ、藩内から去っていくと、旧師を追いかけるように上京する教え子も出た。東京にはまだ少ないながらも、慶応義塾のような優れた私塾もあった。また横浜在留の外国人に直接語学を学ぶことも有効だった。

仏教に代わって神道が復権した明治初期の時代状況を反映し、平田派国学を学ぼうという者もあった。平田篤胤《あつたね》没後門人としては明治三年（一八七〇）から翌年にかけて入門した白石甕栗（吉郎）・佐藤俊有（金三郎）・大前嘉徳（信三郎）・竹田貞子ら、権田直助の入門者には鵜沢光先らがいた。ただし彼らは遊学まではしなかったと思われるが。

外国へ留学するチャンスをつかんだ幸運の持ち主もいた。幕府時代からの継続留学者も含め、静岡藩からの海外留学生としては、勝小鹿《ころく》・目賀田種太郎《めがたたねたろう》・田村初太郎・飯塚従松・高橋鉄太郎・筧昌三郎・深津保太郎・大儀見元一郎《おおぎみもといちろう》・木村熊二・斎藤金平・名倉納・林糾四郎らがアメリカ、栗本貞次郎がフランス、曽谷言成がイギリス、松本銈がドイツに派遣されている。藩主徳川家の私費によるアメリカへの留学生には、竹村謹吾・大久保三郎・川村清雄・小野弥一・浅野辰夫・川村勇《いさみ》がいる。留学ではなく海外視察を行った藩士としては、四年（一八七一）に欧米を訪れた江原素六・相原安次郎・長田銈太郎《おさだけいたろう》がおり、全国の一三の大藩が組織した合同視察団に加わったものだった。ただし、いずれも時間切れで、留学・視察の成果を藩内で発揮することは難しかった。

遊学中の佐久間貞一 『佐久間貞一小伝』所載

中央。明治 4 年（1871）長崎にて撮影。掛川に移住した佐久間は、鹿児島藩・佐土原藩へ遊学した。

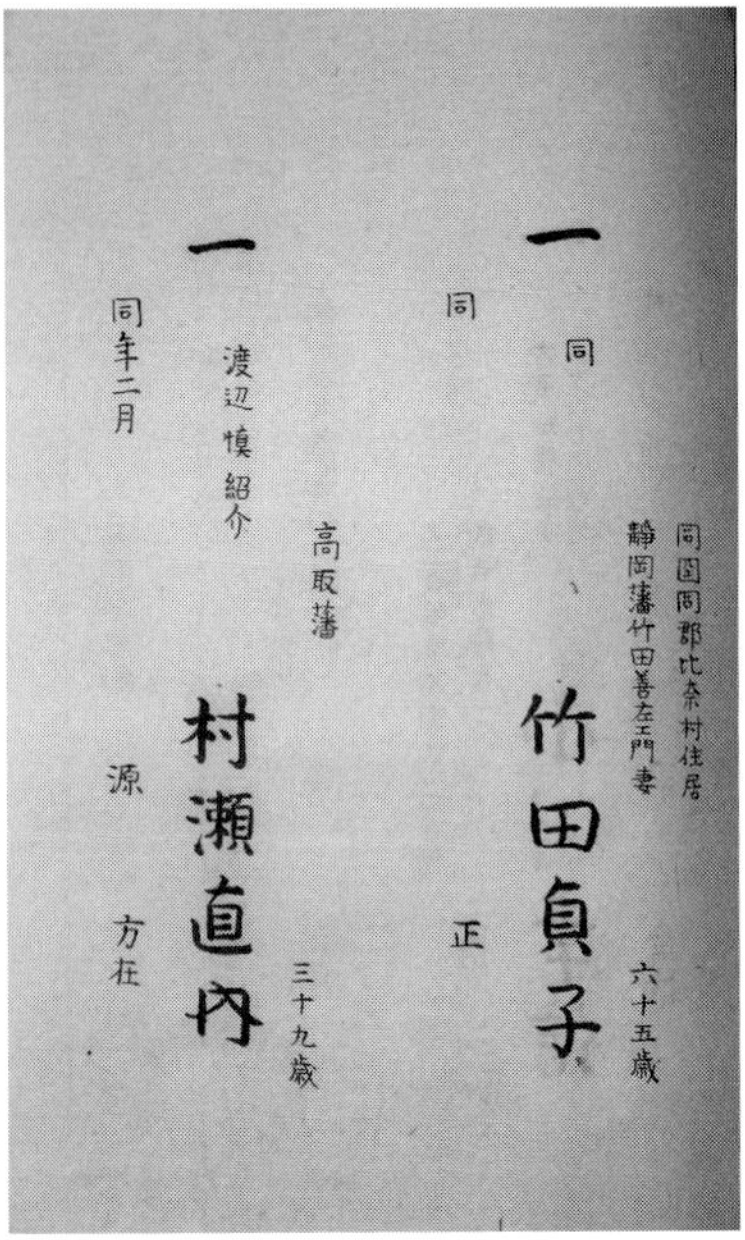

同国同郡比奈村住居
静岡藩竹田善左エ門妻
一 同 竹田貞子
六十五歳
同 正
高取藩 三十九歳
一 渡辺慎紹介 村瀬直內
同年二月 源 方在

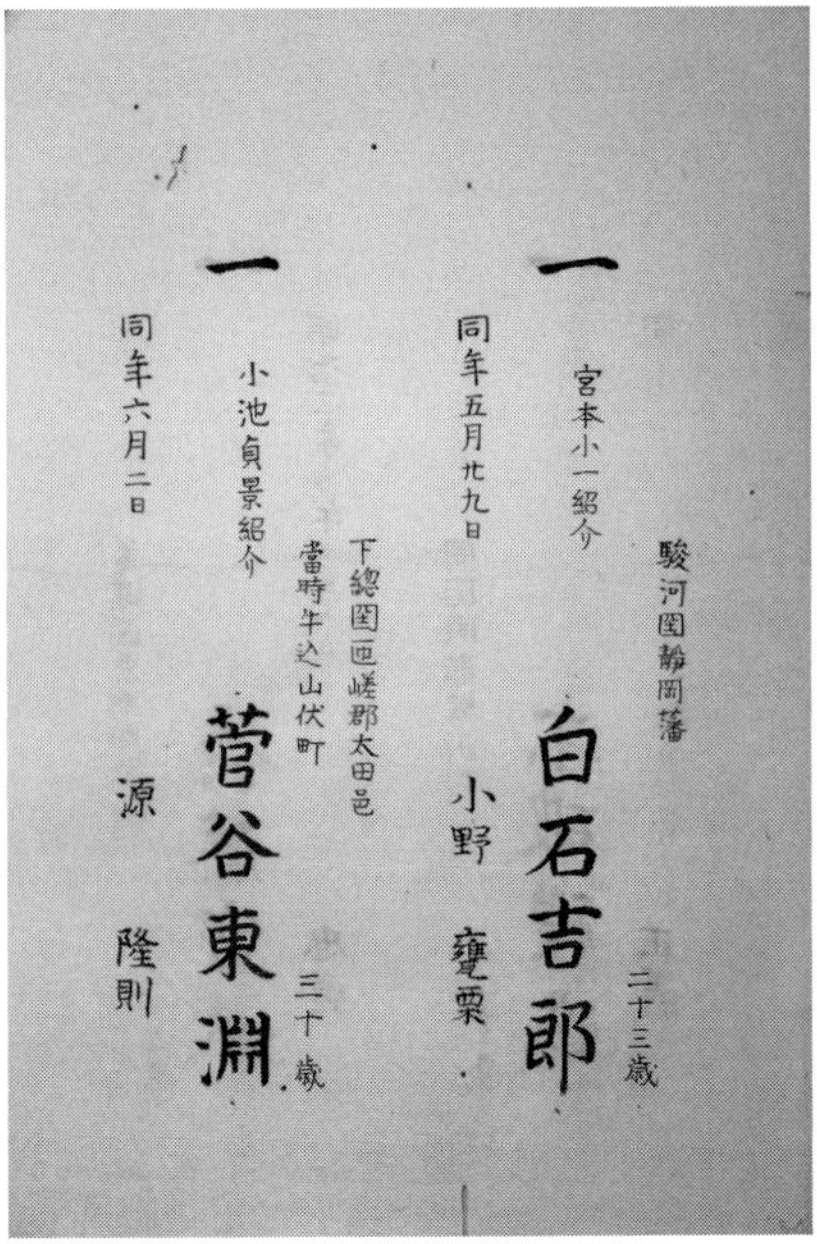

駿河国静岡藩 二十三歳
一 宮本小一紹介 白石吉郎
同年五月廿九日 小野 甕栗
下總国匝嵯郡太田邑
當時牛込山伏町 三十歳
一 小池貞景紹介 菅谷東淵
同年六月二日 源 隆則

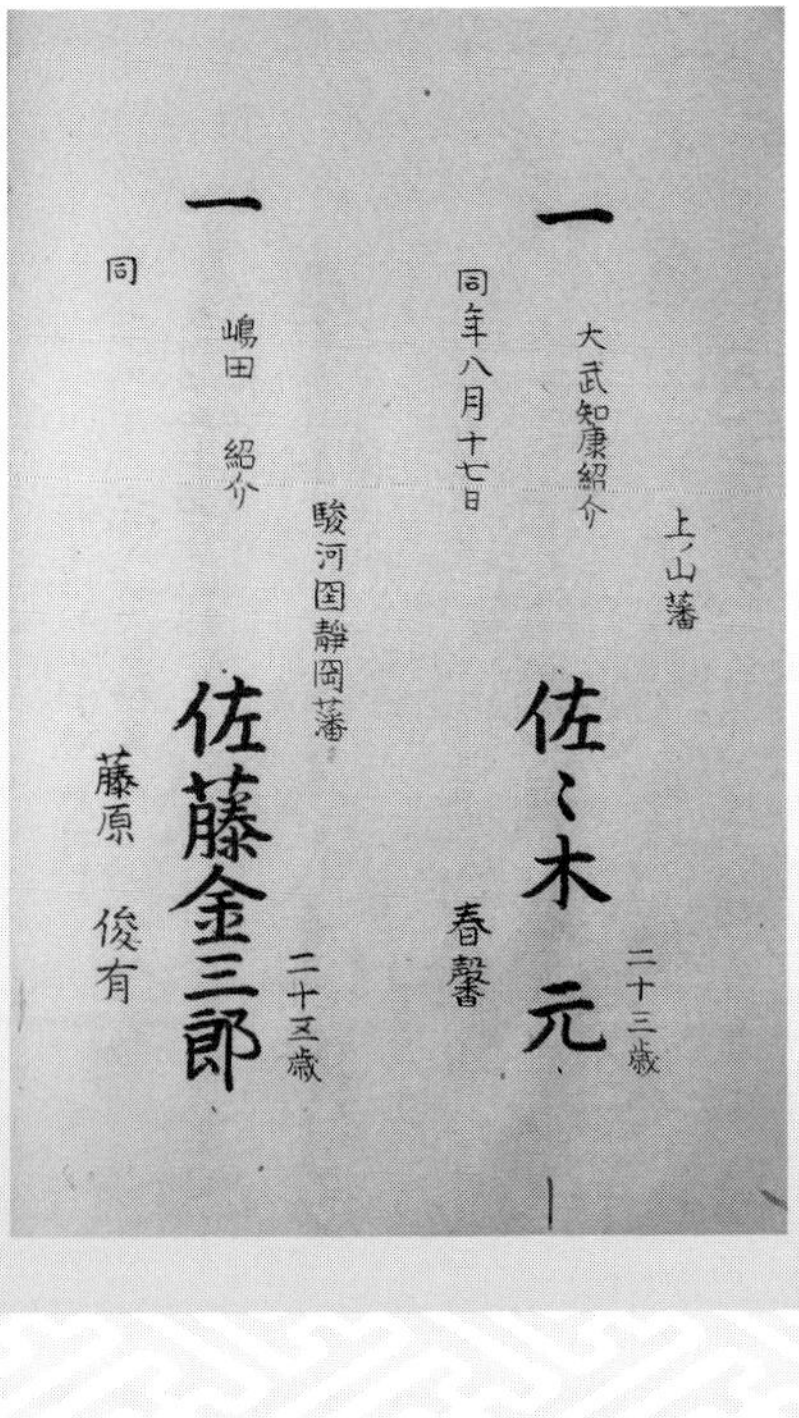

上ノ山藩 二十三歳
一 大武知康紹介 佐〻木元
同年八月十七日 春馨
駿河国静岡藩 二十五歳
一 嶋田 紹介 佐藤金三郎
同 藤原 俊有

平田篤胤没後門人の名簿「誓詞帳　四」に記された静岡藩士の名前

国立歴史民俗博物館所蔵

明治 3 年（1870）入門の白石甕栗は 23 歳、佐藤俊有は 25 歳の青年。白石の入門にあたっての紹介者は、平田家の姻戚だった静岡藩士宮本小一である。4 年（1871）入門の竹田貞子は富士郡比奈村（富士市）在住の竹田善左衛門の妻で、65 歳だった。

斎藤金平

『現代人名辞典』所載

静岡藩では藩政補翼附属並御雇。明治 3 年から 11 年（1878）に帰朝するまでアメリカに留学、ミシガン大学に学ぶ。

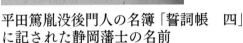

川村清雄 沼津市明治史料館所蔵

アメリカからイタリアへ留学先を変え、洋画家となった。

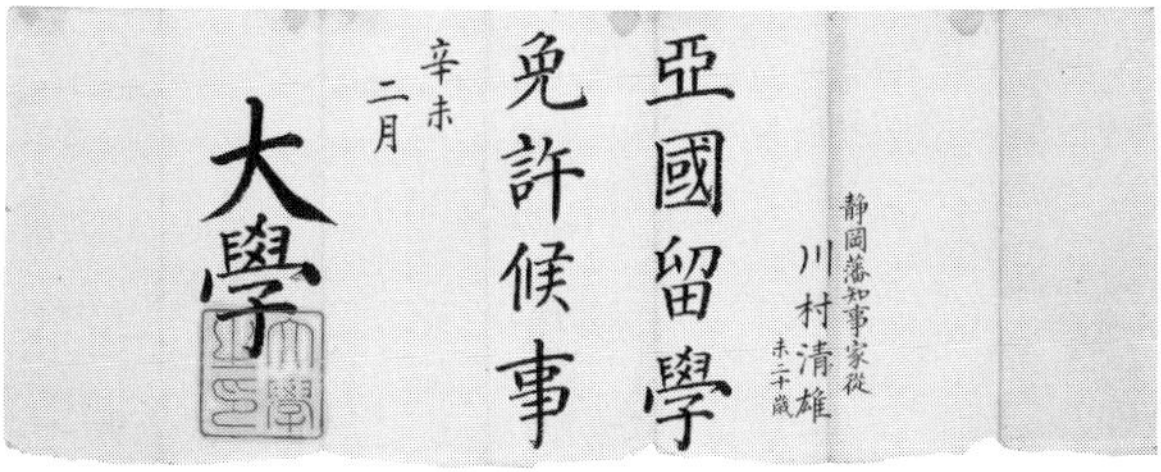

静岡藩知事家従
川村清雄
未二十歳

亞國留學
免許候事

辛未
二月

大學

川村清雄のアメリカ留学辞令

東京都江戸東京博物館所蔵／ Image：東京都歴史文化財団イメージアーカイブ

明治４年２月、新政府の文部行政機関である大学から発給された。

栗本貞次郎 国立歴史民俗博物館所蔵

すでに幕府時代にフランスへ留学し、維新後は静岡藩に籍を置きつつ、留学を続けていた。

長田銈太郎 個人蔵

十三大藩海外視察団の静岡藩代表江原素六・相原安次郎に随行して欧米を視察した。

貢進生

明治政府は中央政権として各種教育機関の整備に着手しており、東京には大学南校《なんこう》（最初は開成学校、後の東京大学）、海軍兵学寮、大阪（最初は京都、後に東京へ移転）には陸軍兵学寮などを設置した。それらの生徒は全国の諸藩から集められ、石高の多寡に応じた人数が差し出され、「貢進生《こうしんせい》」と呼ばれた。

静岡藩では、明治三年（一八七〇）一二月、大阪兵学寮への貢進生として沼津兵学校の資業生五名を選抜し、派遣した。また、翌年五月には大阪の教導隊（後の教導団、下士官養成機関）へ修行兵二〇名が送られた。大阪兵学寮への貢進生は、やがて陸軍士官学校生徒となり、立身への道を確かなものとした。

明治四年一月二二日時点で大学南校には三一〇名の貢進生がおり、静岡藩からは木城直・飯田需・小倉政吉の三名だった。その後、病気になった飯田に代わり、四年四月晦日上京した河田烝《すすむ》が貢進生になった。木城直（甚之助）は三年八月、一七歳の時に貢進生を命じられたが、静岡学問所では英学担当の教授世話心得だった。河田は静岡学問所頭をつとめた河田熙の弟で、横浜在留米人タムソンに学んだほか、明治二年四月から四年三月までサンフランシスコに留学していた。

大学南校や陸軍兵学寮・海軍兵学寮の教授陣には、柳河春三《やながわしゅんさん》・市川兼恭らのごとく、静岡藩士にならず明治政府に出仕した旧幕臣の洋学者・軍人が少なくなかった。かつて道を分かった旧幕臣同士が、明治政府が設けた教育機関の中で再会したことになる。また、静岡学問所から大学南校に引き抜かれた田中弘義・近藤鎮三《やすぞう》、沼津兵学校から大阪兵学寮に引き抜かれた揖斐《いび》章《あきら》・永持明徳らのように、一足先に静岡藩の教授が新政府から徴用されていた場合もあり、それも旧師と生徒の再会の場を用意した。

■沼津兵学校から大阪兵学寮への貢進生

氏　名（生没年）	沼津兵学校	陸軍士官学校	兵科	最終階級
加藤泰久（1855～1917）	第6期資業生	第2期士官生徒	砲兵	陸軍少将
村田　惇（1854～1917）	第6期資業生	第2期士官生徒	砲兵	陸軍中将
小島好問（1856～1919）	第6期資業生	第1期士官生徒	工兵	陸軍少将
栗山勝三（1854～1940）	第6期資業生	第2期士官生徒	砲兵	陸軍少将
竹内有好（　？　～1877）	第6期資業生	第1期士官生徒	工兵	見習士官

村田惇　沼津市明治史料館所蔵

沼津兵学校資業生から選抜され、貢進生として大阪兵学寮に派遣された一人。後に陸軍中将に栄進した。大正2年（1913）撮影の写真。

栗山勝三　公益財団法人江川文庫所蔵

沼津兵学校から大阪兵学寮へ貢進生として派遣された。貢進生には将官に昇った者が多く、栗山も陸軍少将となった。この写真は晩年のもの。妻同士が姉妹で、最後の韮山代官江川英武とは義兄弟の間柄だった。

東京での私塾経営

藩に籍を置きながら、東京で私塾を経営した静岡藩士がいた。活計のためだけに上京してはならないとの布達も出されていたが、藩からの給与をあてにすることなく、自分で稼ぐとともに、能力の発揮場所として東京を選んだのだといえる。

たとえば、蘭方医の松本順（良順）。門弟たちと江戸を脱走し、関東・東北で戦った旧幕府軍の治療に従事したものの、捕縛され謹慎処分を受けた後、明治三年（一八七〇）に赦免され静岡藩に帰参した。そして藩地に赴くことなく、同年東京で蘭疇学舎《らんちゅうがくしゃ》と名付けた私塾を開業し医学を教えたのである。幕末、長崎でオランダ人医師ボードウィンに師事した松本は、実力からいっても旧幕時代の地位からいっても静岡病院や沼津病院の頭（院長）に就任したとしてもおかしくはなかったが、あえて距離を置いたのかもしれない。ただ、二年秋から四年五月にかけ一一名の静岡藩士が松本に入門している。

英学者の尺振八《せきしんぱち》は、静岡藩士としては新居勤番組に属したが、実際に移住することはなく東京に住み、明治三年には共立学舎という私塾を開いた。尺とともに教鞭をとった須藤時一郎は、それ以前は軍事掛附属として沼津兵学校の管理部門に勤務していたが、職を辞し上京したらしい。共立学舎にはもう一人の共同経営者がおり、それは徳川宗家から一橋徳川家の家臣に転じていた英学者吉田賢輔だった。沼津兵学校が発行元となり刊行した『智環啓蒙《ちかんけいもう》』には「共立学同社吉田賢輔撰」の序文が付されていることから、この本は共通のテキストとして使用されたらしく、共立学舎と静岡藩とは密接な関わりをもっていた。東京にあるため、塾生には静岡藩士のみならず、朝臣になった旧幕臣、あるいは鹿児島藩士柴山矢八・白河藩士新島一郎ら他藩士も集まった。

須藤時一郎 個人蔵

静岡藩軍事掛附属として沼津に在勤したこともあった。

尺振八 個人蔵

東京で共立学舎を開き、吉田賢輔・須藤時一郎らと英学を教えた。

吉田賢輔

『吉田竹里吉田太古遺文集』所載

静岡藩士ではなかったが、尺・須藤とともに共立学舎を経営した。

松本順 個人蔵

東京で蘭疇学舎を開き医学を教えた。

女子教育

慶応四年（一八六八）八月制定の、旧幕府陸軍兵士の駿河での土着・自活方針を定めた「陸軍解兵御仕方書」には、「婦人女子」についても旧来の弊風を一洗し、「蚕桑」や「織職糸取」などを学ばせるよう、「女教師」を任命することがうたわれていた。この方針を受けたのであろう、沼津兵学校附属小学校では専用の教室を建て、女子も入学させたという。ただし、同校の女子教育に関する一次資料は発見されておらず、実態は不明である。後に津田梅子らとともに最初の女子アメリカ留学生となった永井繁子《しげこ》は、当時沼津に移住していたが、藩の学校ではなく私塾に通っただけだった。

ただし、沼津兵学校教授の英学者乙骨《おつこつ》太郎《たろう》乙《おつ》や静岡学問所教授の漢学者宮崎立元が自宅で開いた私塾には女子生徒が通った事実が知られるので、女子に対する新しい教育が部分的に試みられたのは事実であろう。肉親や知り合いに学者がおり、学問が身近にあった彼女たちは例外的な存在だった。

勝海舟は日記の明治三年三月二〇日条に、「知事殿御支配地御巡見、養老孤独の者へ下され物、且、藩士の娘共、手跡、縫針教育の事申し遣わす」と記している。藩主徳川家達が領内の巡見を行う際、高齢者などへ賜り物を下すほか、先述の「陸軍解兵御仕方書」と同様、藩士の娘たちに書道や裁縫などの教育を勧奨する方針を示したのである。

高橋泥舟が残した、田中勤番組の士族たちが明治四年（一八七一）二月時点で営んでいた内職の一覧からは、誰々妻、誰々母、誰々娘、誰々祖母といった女性たちが、「蚕糸とり」「糸繰」「糸曳」「衣類仕立」「機」「紙鼻緒」といった仕事に従事していたことがわかる。藩による奨励もあり、背後では内職のための職業教育も行われたものと考えられる。

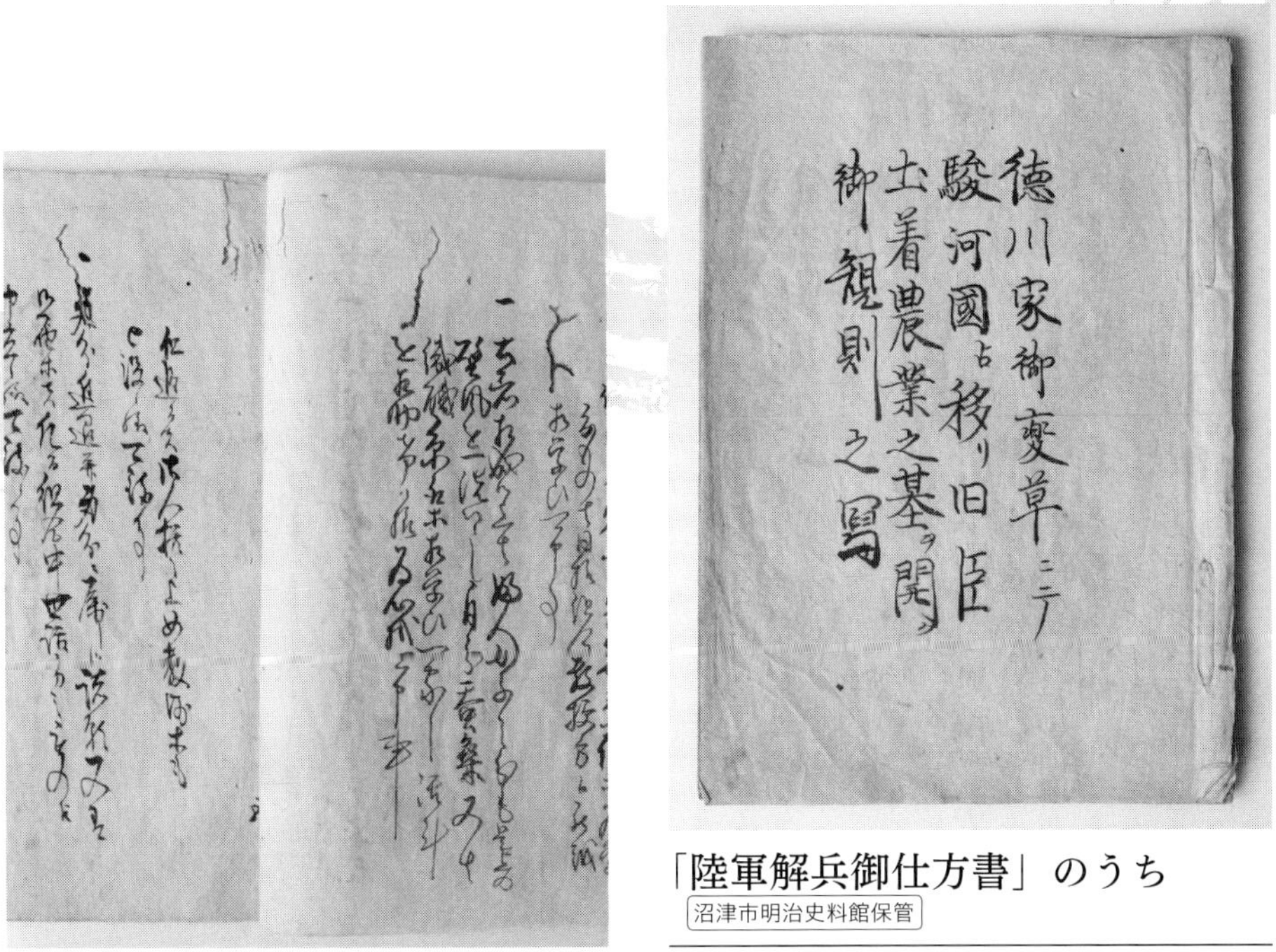

「陸軍解兵御仕方書」のうち 沼津市明治史料館保管

表紙（右）と「婦人女子」に対し、養蚕や機織りなどの技能を身に付けること、「女教師」を採用することなどを述べた箇所。

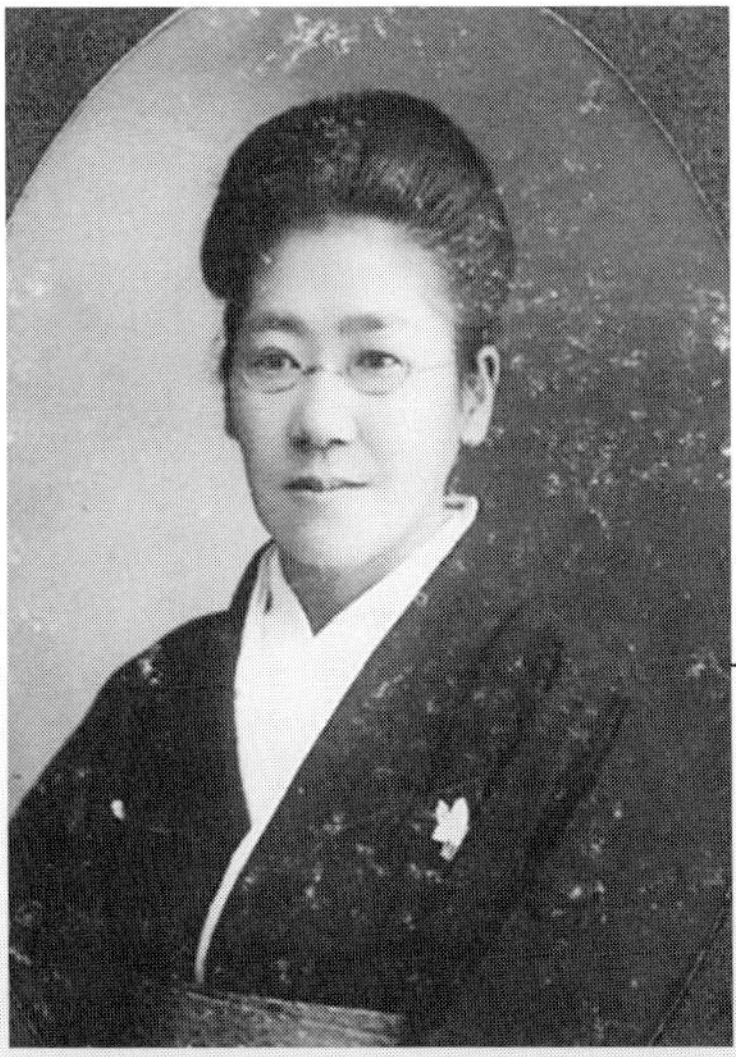

永井繁子 個人蔵

津田梅子らとともにアメリカへ留学し、帰国後は東京音楽学校でピアノを教えた。晩年に至るまで日本語よりも英語のほうが得意だった。金沢藩出身の瓜生外吉（後の海軍大将）と結婚した。繁子は、旧幕臣出身で三井物産初代社長になった益田孝の実妹。幕府の陸軍医師で静岡藩沼津病院に勤務した永井玄栄の養女となった。義兄の永井久太郎は沼津兵学校から工部大学校に進学し、鉱山経営者になった人。

■開拓使女学校の生徒になった静岡・浜松県士族の娘たち

氏　名	年齢	本貫・生国	父兄・引請人
向坂鉄	14歳	浜松県・武蔵国	開拓使出仕山田昌邦（伯父）
大鳥雪	11歳	静岡県・武蔵国	開拓使出仕大鳥圭介
大鳥品	12歳	静岡県・武蔵国	開拓使出仕大鳥圭介
山田皆	12歳	静岡県・佐渡国	開拓使出仕山田守畯
加地喜代	11歳	浜松県・武蔵国	開拓使出仕加地昌二
名村沢		静岡県・武蔵国	名村元度
広瀬常	16歳	静岡県・武蔵国	広瀬秀雄（父）
荒井常	15歳	静岡県・武蔵国	開拓使出仕荒井郁之助
三浦都	14歳	静岡県・武蔵国	軍医寮出仕三浦煥
大木錦	12歳	静岡県・武蔵国	親則養父大木清次郎
寺沢嫣粛	12歳	浜松県・武蔵国	寺沢正明

明治6年9月「女学生徒表」（『北大百年史　札幌農学校史料　一』所収）より作成

開拓使女学校は、北海道開拓のための人材となる男子の配偶者にすべき女性を育成するために明治5年（1872）に設立された。父兄のうち、山田昌邦・名村元度・三浦煥は沼津兵学校・静岡学問所・沼津病院に勤務していた西洋通だったため、子女に先進的な教育を受けさせようとしたのであろう。大鳥圭介・荒井郁之助・寺沢正明は箱館戦争参加者であり、北海道開拓の重要性を認識していたためであろう。旧幕臣の開明性を示している。

七章 静岡藩の陸軍と海軍

沼津兵学校

沼津兵学校は静岡藩の陸軍士官学校として明治二年（一八六九）正月に開校した。その教授陣には旧幕府で洋学者・陸海軍人として実績を重ねた人々が綺羅星のごとく並んだ。頭取（校長）西周《にしあまね》は、幕末にオランダに留学し、日本人として初めて西洋の人文・社会科学を系統的に学んだ、当時最高の知識人だった。学校は、明治元年一二月に西が制定した規則「徳川家兵学校掟書《おきてがき》」によって運営された。生徒は旧家格や禄高などには関係なく、試験で合格した者のみが選抜され、能力主義が徹底された。英仏語のどちらかが必修で、さらに数学・化学・地理・歴史・図画・器械学・体操・銃砲打方などが教えられた。

沼津兵学校は、廃藩後は明治政府に移管され、五年（一八七二）五月に東京の陸軍兵学寮に合併され、廃校となった。わずかな存続期間だったが、陸軍はもちろん海軍軍人・官僚・技術者・学者・教育者など、多様な足跡を残した人々が多数輩出した。旧幕府は明治政府に少なからぬ人材を供給したが、中継点としての沼津兵学校を経由することで、より洗練された、粒揃いの人材が送り込まれたといえる。

西周には、沼津兵学校に文学科（政律・史道・医科・利用）を併設し、藩の文官をも養成しようという構想があった。後の学問分野でいえば、政律は法学・政治学、史道は歴史学・哲学、医科は医学、利用は理学・工学・農学などに相当する。明治二年四月に起草した「徳川家沼津学校追加掟書」がそれであり、このプランが実現していれば、静岡藩は文武の官吏を養成する、日本初の総合大学を設置していたことになる。残念ながらこの計画は頓挫し、西の夢は潰えた。しかし、現実の沼津兵学校からは、軍人以外にも幅広い分野で活躍した人物が輩出したのであり、総合大学構想の一端は実現したといえる。

石橋好一（鎗次郎）の沼津兵学校
三等教授方辞令

個人蔵・沼津市明治史料館保管

西周 『明治文化研究』第５巻第６号所載

沼津兵学校頭取をつとめた。

沼津兵学校の英語・フランス語教科書 沼津市明治史料館所蔵

アルファベットの活版印刷機を使い沼津で印刷されたもの。

修行兵

敗戦の結果、新政府に降伏し成立した静岡藩は、武装解除された存在だったようにも思えるが、決してそうではなかった。江戸時代の大名が幕府から軍役を課せられていたように、静岡藩も七〇万石に見合った規模の常備軍を用意しておくことが新政府から要請されたのである。もはや新政府から軍事的脅威として見られることはなかった。

静岡藩の陸軍局（後に軍事掛）では、当初は「陸軍解兵御仕方書」を布告し、兵士の身分を解き、村落に土着させる方針を採った。幹部の阿部潜・江原素六らは、無駄な兵員は常備せず、沼津兵学校での士官育成のみに特化することを意図した。しかし、明治政府から義務としての軍備を求められた結果、解兵方針を撤回し、三〇〇〇人の兵員を常備しなければならなくなった。明治二年（一八六九）一〇月、再軍備のため、各地の勤番組から身体強壮な者を選抜して沼津兵学校へ送り込み、兵士として訓練することになった。その兵士は修行兵《しゅうぎょうへい》と呼ばれ、兵学校の資業生たちが訓練を担当した。

しかし、静岡藩軍事掛の幹部らは兵員の養成に消極的であり、修行兵の兵力は少数にとどまったものと思われる。実際には単なる兵卒ではなく、下士官要員だったともされる。四年（一八七一）五月、修行兵の中から選抜された二〇名は政府が大阪に置いた教導隊（後の教導団）に派遣された。

田中勤番組之頭だった高橋泥舟の日記には、四年八月六日、田中小学校に出張してきた沼津兵学校教授平岡芋作によって修行兵志願者の公私文章などの吟味（試験）が行われたことが記されているので、廃藩直後もしばらく募兵が続けられていたらしい。もちろん翌年の沼津兵学校の廃止により、修行兵も解散した。

洋式軍装で身を固めた
幕臣兵士

沼津市明治史料館所蔵

江原素六の遺品中にあったもの。

洋式軍装で身を固めた
幕臣兵士たち

個人蔵

この中の一人、小林秀一（昇平）は旧幕府陸軍の小筒組差図役を経て沼津勤番組に属した。

不発に終わった清水海軍学校

明治元年（一八六八）一〇月、駿河府中藩では「海軍学校」の設立方針が示され、職員の任命が行われた。旧幕府海軍以来の役名は廃止され、海軍学校頭《がしら》を筆頭に一等から五等までの学校役といった役職が新設された。すなわち、先行した陸軍に合わせるように、海軍の改編が実施され、沼津兵学校同様、学校組織への衣替えがなされたのである。

軍艦頭だった佐々倉桐太郎が海軍学校頭に任命されたのは一〇月二五日。同日、海軍学校頭並（旧海軍所頭取心得）桜井貞蔵以下、四九名が任命された。一一月三日には旧軍艦頭肥田浜五郎が海軍学校頭を拝命。その後、福岡久（久右衛門）が海軍学校頭並に就いた。そして、一一月一六日、学校の設置場所は清水港に定められ、江尻宿在の嶺村（現静岡市清水区袖師町）の元旗本曽我主水《もんど》陣屋を仮校舎にあてるべしとの方針が示された。

ところが、翌明治二年正月二十三日、藩庁から海軍局の廃止が通達され、海軍学校の職員たちは転役を命じられる。佐々倉・肥田・福岡は運送方頭取を命じられ、その他の者も運送方に所属することになった。運送方は勘定所に属し、海軍が所持していた行《こう》速丸《そくまる》もその附属とされた。この時の配属替え通達では、頭以下二〇名の職員のほか、水夫・火焚《ひたき》五〇名、大工職一名、鍛冶職一名も対象になっており、脱走艦隊に加わったり新政府に引き渡された以外に、駿河移住者の中にも水夫ら平民身分の下級要員が存在したことがわかる。

清水海軍学校のスタッフは、榎本武揚以下の箱館脱走組に比べるとまったく貧弱である。実際に生徒が集められて教育が行われたという形跡もない。たぶん、何ら実態のないまま消滅したのであろう。行速丸も三年（一八七〇）六月に明治政府に献納された。

肥田浜五郎 個人蔵

オランダで撮影された写真。伊豆国賀茂郡八幡野村（伊東市）の村医者の子に生まれ、江川坦庵の下で砲術を学び、やがて海軍士官として幕臣に取り立てられた。

桜井貞 『明治肖像録』所載

清水海軍学校頭並。旧名は貞蔵。

関川尚義 宮内庁三の丸尚蔵館所蔵

関川尚義（伴次郎）は、長崎海軍伝習所の第１期生で、軍艦操練所教授方手伝などを経て駿河府中藩の海軍学校取締役をつとめた。航運方に横すべりした後、行速丸の献納とともに明治政府に出仕し、海軍大尉に進み、後に陸軍に転じ、陸軍砲兵大尉となった。

■清水海軍学校職員と転役後の履歴

職　名	氏　　名（前　歴）	明治2年正月23日（静岡藩運送方）	明治3年3月時点
海軍学校頭	佐々倉桐太郎（軍艦頭）	運送方頭取	水利路程掛・少参事
同上	肥田浜五郎（軍艦頭）	同上	民部省出仕
海軍学校頭並	福岡久（軍艦役）	同上	水利路程掛・少参事
同上	桜井貞（海軍所頭取心得）	運送方諸事重立取扱	航運方俗事重立取扱
海軍学校取締役	関川尚義（軍艦役並）	運送方取締役	航運方取締役
同上	布施鉉吉郎（軍艦役並蒸気役一等）	同上	
同上	伴野三司（軍艦役並見習一等）		軍事俗務方
同上	永井金之助（海軍附調役組頭）		
一等学校役	高山隼之助（軍艦蒸気役二等）	運送方一等	
二等学校役	杉島廉之丞（軍艦役並見習二等）以下5名	運送方二等（榊原鉄之助以下3名）	航運方二等（桜井鉄五郎以下3名）
三等学校役	河村東斎（軍艦役並見習二等医師）以下4名	運送方三等（谷喜八郎以下2名）	航運方三等（谷喜八郎）
四等学校役	柳瀬勝次郎（海軍附調役並）以下8名	運送方四等（中沢又十郎）	航運方四等（中沢又十郎）
五等学校役	松本三平（海軍附賄役）以下10名	運送方五等（木村倍之助以下2名）	航運方五等（木村栄以下2名）
五等学校役並	小林甚蔵（海軍所附同心）以下16名	運送方五等並（松崎三之助以下5名）	航運方五等並（松崎三次郎以下5名）

『静岡県史　資料編16　近現代一』より作成

行速丸　市立函館博物館所蔵「遊撃隊起終南蝦夷戦争記　附録戦地写生図」より

1860年アメリカ製。1866年長崎にて幕府が購入した木造蒸気船で250馬力。

八章　静岡藩の病院と医療

静岡病院

明治元年一一月から医師の任命が始まり、翌年二月に駿府城四ツ足門外に駿府病院が開設された。もちろん藩名の変更とともに静岡病院と改称する。

そもそも幕府に仕えた蘭方医たちは、自らの技量を最大限に発揮できる場所であり、一般民衆に対しても多大の恩恵を与える病院という施設の設立を熱望していた。慶応三年（一八六七）には京都に大規模な病院を設置する計画が進められており、その仕事を任された坪井信良《しんりょう》は、建築や器具、診療内容もすべて先進地長崎の病院（オランダ人医師ポンペによる精得館）に倣うとともに、それ以上の立派な病院の完成を夢見ていた。坪井は幕府の奥医師・法眼に取り立てられていたが、そのような地位に就くよりも、病院設立こそ医師としてやりがいのある仕事であると感じていた。しかし、その計画は幕府の倒壊により挫折した。ところが、一年後、移住した駿河の地で再び病院設立の情熱が燃え上がり、形を変え実現したのである。坪井は京都でもいっしょだった戸塚文海《ぶんかい》とともに静岡病院頭並に任命され、頭（院長）の林紀《つな》を補佐した。林は幕府留学生としてオランダで医学を学んできた人だった。

静岡病院では、藩士・領民への種痘の実施など医療活動はもちろん、藩士の医師志望者への医学教育も行い、また駿河・遠江の在村・在町の医師たちの研修・指導にもあたった。病院は既存の建物を転用した仮設であり、本格的な建物は静岡市の清水山《きよみずやま》に新築することがもくろまれた。ただし、財政難により新築されないままに終わった。

静岡病院は廃藩後、明治五年（一八七二）には廃止され、計画していたドイツ人医師招聘も実現しなかった。県立の静岡病院が開院するのは明治九年（一八七六）まで待たねばならなかった。

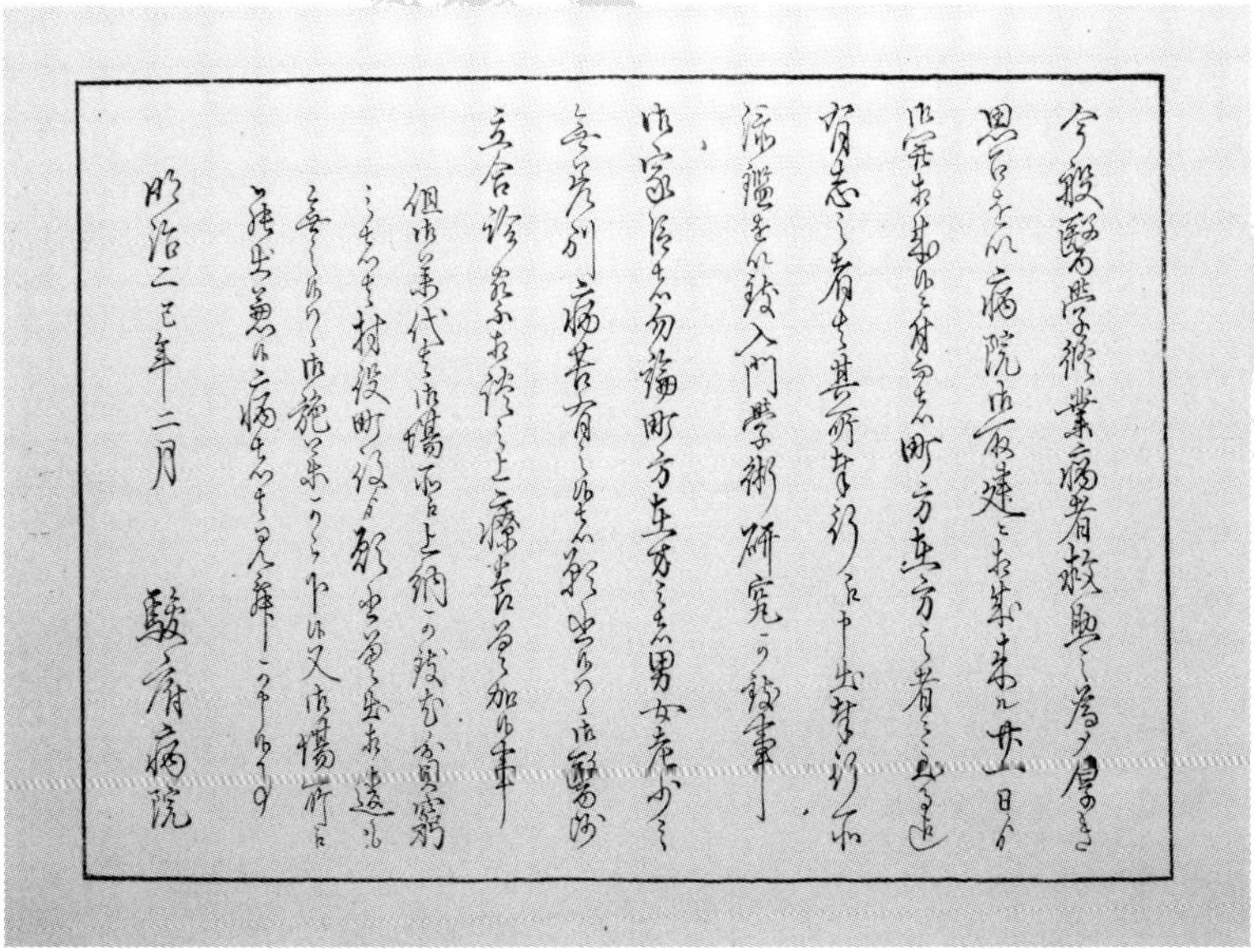

駿府病院の開院布告

富士市立博物館所蔵

明治２年（1869）２月、木版。

駿府病院の規則書

富士市立博物館所蔵

明治２年（1869）２月、木版。

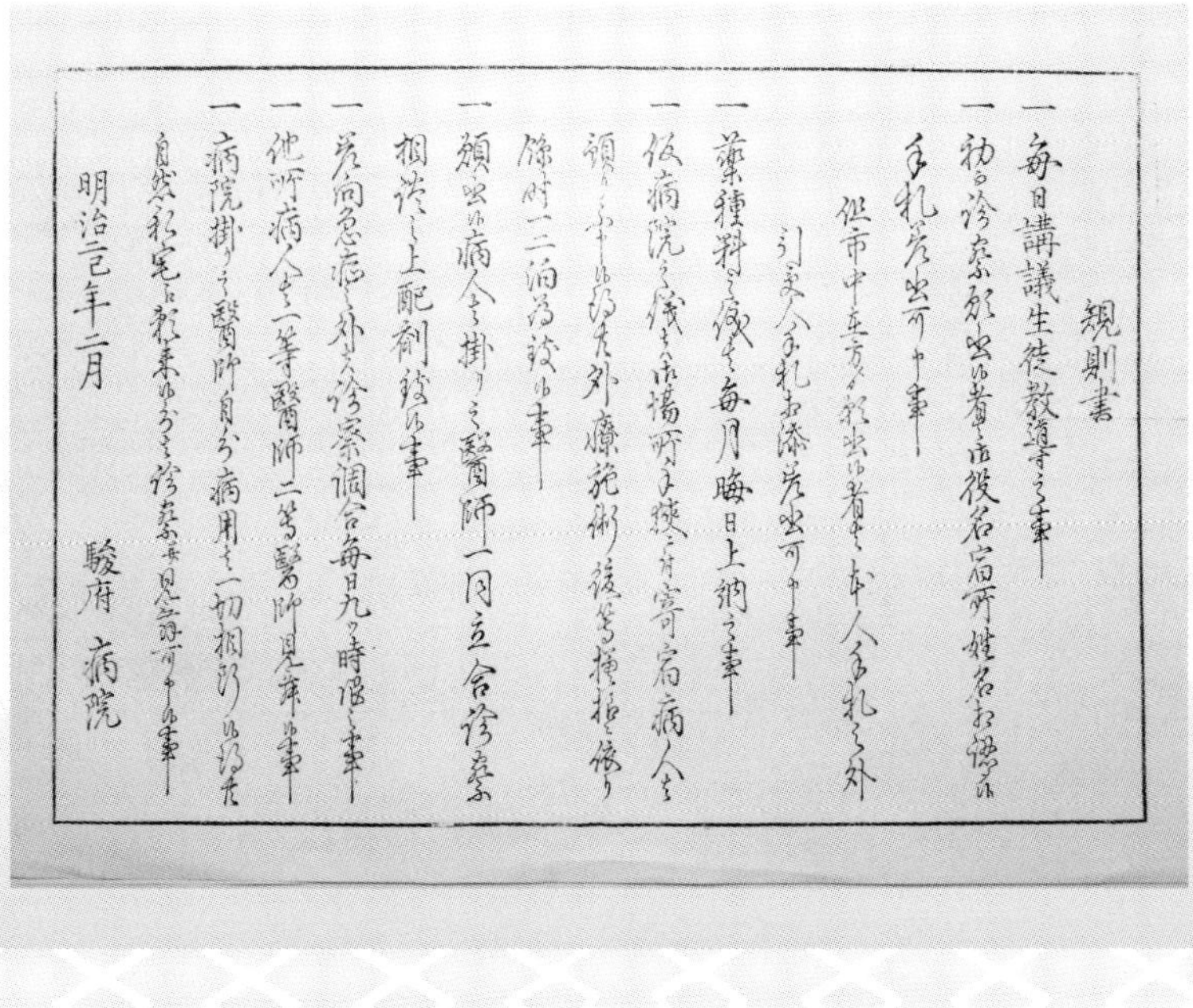

戸塚積斎

宮内庁三の丸尚蔵館所蔵

駿府の町医者戸塚柳斎の婿養子。長崎で西洋医学を学び、静岡病院三等医師並として現地採用された。後に海軍軍医となった。

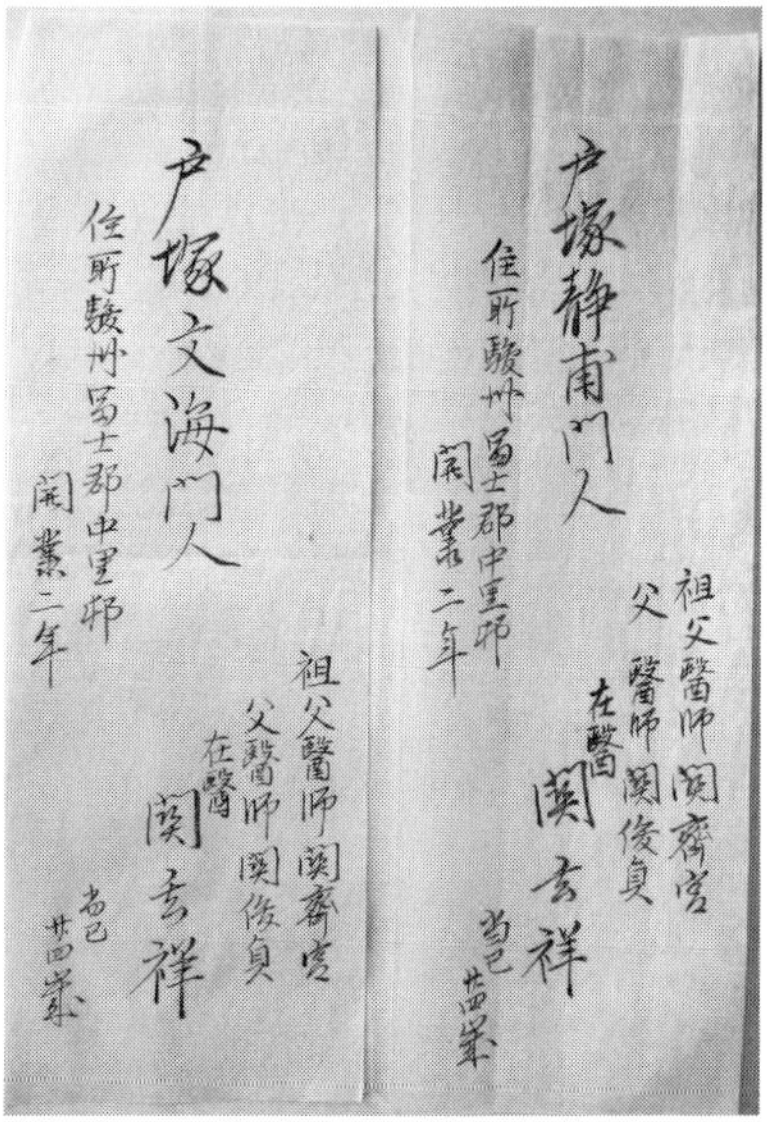

戸塚文海門人
住所駿州富士郡中里邨
開業二年
祖父醫師関齋宮
父醫師関俊貞
在醫 関玄祥

戸塚静甫門人
住所駿州富士郡中里邨
開業二年
祖父醫師関齋宮
父 醫師関俊貞
在醫 関玄祥

在村医の静岡病院入門短冊

富士市立博物館所蔵

明治2年（1869）、富士郡中里村（富士市）の医師が静岡病院頭並戸塚文海に提出したものの控えと思われる。

三田《さんだ》 信《ただし》

個人蔵

沼津兵学校資業生の中から選抜された医学生で、静岡病院に派遣された一人。結局、医師にはならず、後年は内務省や日本銀行に勤務した。この写真は明治9年（1876）アメリカ・フィラデルフィアにて撮影。

静岡病院の医師たち

個人蔵

台紙裏面には「横浜臼井蓮節」のスタンプが押されている。明治4年（1871）撮影の静岡病院医員たちである旨と氏名を記した紙片が添えられており、前列左から石坂宗哲、戸塚文海、宮内広、林紀、名倉保五郎、坪井信良、後列左から杉枝仙貞、村松良粛、柏原学而、遠藤周民、名倉真斎、石橋俊勝、小林重賢であることが判明する。

静岡病院の医師たち

横浜開港資料館所蔵

やはり台紙裏面には臼井蓮節が撮影したことを示すアルファベットのスタンプが押されている。人数は少ないが顔ぶれの多くが一致しており、上の写真と同じ時に撮影されたことがわかる。中央の子どもは坪井信良の息子坪井正五郎（1863年生まれ）。

沼津病院と掛川小病院

沼津では当初、陸軍局による医局・医学所の設立が進められた。杉田玄端《げんたん》・林洞海《どうかい》らベテランの蘭方医がその責任者に任命された。明治二年（一八六九）三月、沼津兵学校とも連結される形で「徳川家陸軍医学所規則」が制定され、軍医の養成コースが設けられた。しかし、領内の医療・医学教育は静岡病院が一元的に統括するとの藩の方針により、同年八月、軍事掛からは離脱する形で、医局を改組した沼津病院が開院した。沼津兵学校の生徒のうち、医師志望者は静岡病院へ派遣されることとなった。製錬方石橋俊勝（八郎）のように、沼津病院から静岡病院へ転任した職員もいた。ただし、沼津病院には馬医が置かれるなど、兵学校との関わりがその後も残った。また、医師個人に入門する形で、沼津病院内での医学教育は続けられた。

東西に広い静岡藩領において、病院の配置はまったく足りていなかった。三年（一八七〇）八月、西の拠点として掛川小病院が開設された。その頭には沼津病院二等医師だった三浦煥（文卿）が赴任した。沼津病院には領外の伊豆国からも患者が集まっていたが、三浦の離任に際しては伊豆の民衆が引き止めの嘆願書を提出している。林洞海や篠原直路の新政府出仕もあり、弱体化した沼津病院では頭取杉田玄端の孤軍奮闘が続いた。

病院の配備は容易ではなかったが、それに代わる手段として勤番組への医師派遣が行われた。多数の藩士が居住する勤番組の所在地に常駐の医師を置くようにしたのである。小島《おじま》に天野篁斎、相良に石井淡、遠州横須賀に賀川東斎、中泉に小川清斎が送り込まれたことがわかっている。なお、遠江の病院設置場所については、中泉か掛川かで議論があったが、三年三月に掛川と決定されていた。

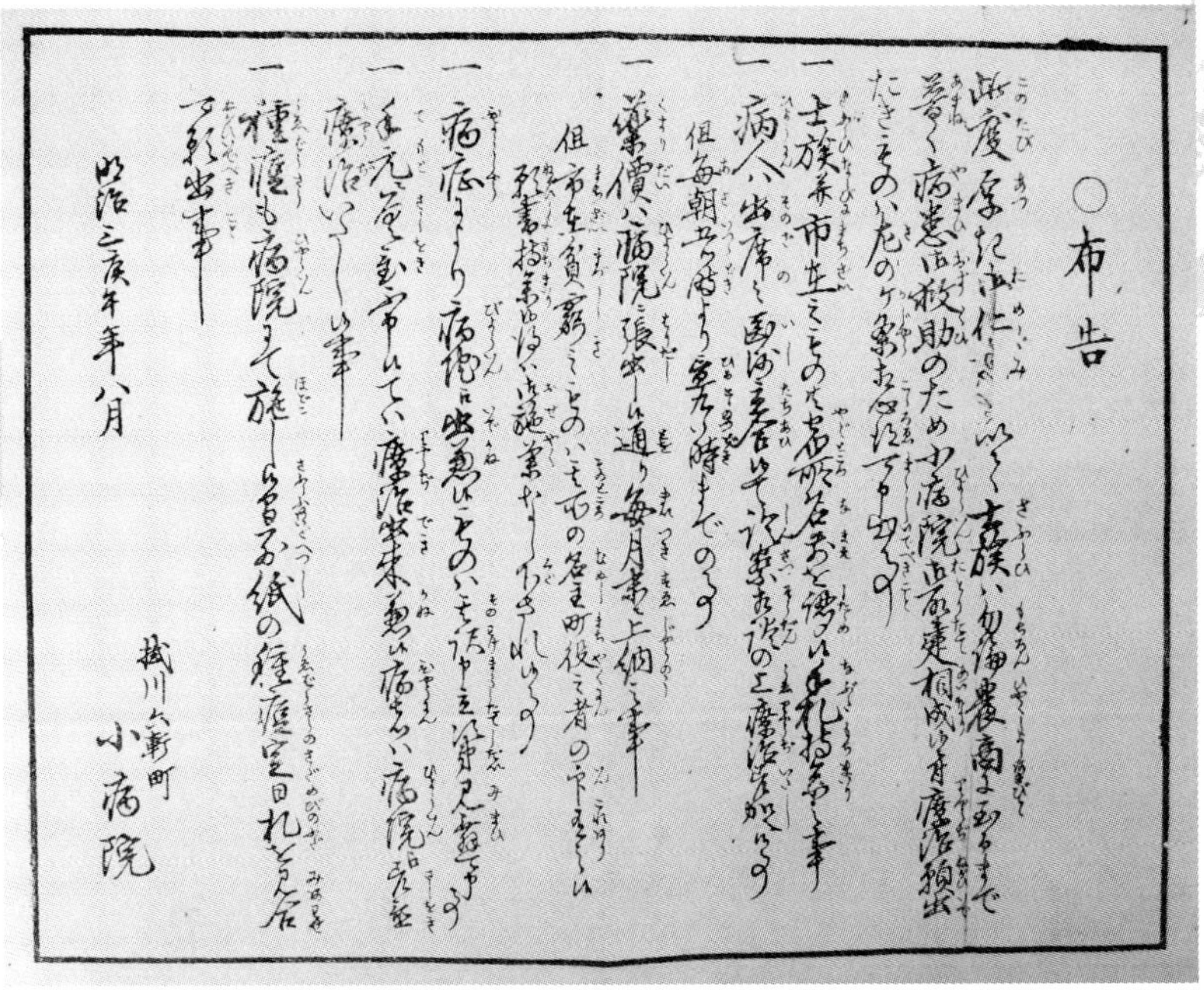

○布告

明治三庚午年八月

掛川六軒町

小病院

掛川小病院の「布告」

浜松市立中央図書館所蔵

明治 3 年（1870）8 月。木版。

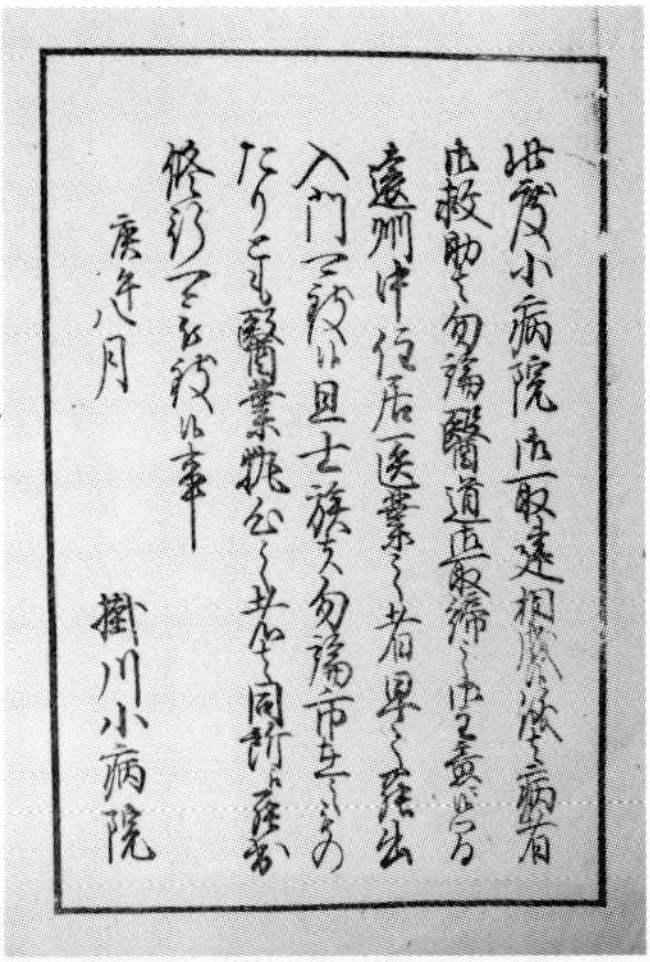

庚午八月

掛川小病院

掛川小病院の医学修行勧誘文

浜松市立中央図書館所蔵

明治 3 年 8 月。木版。

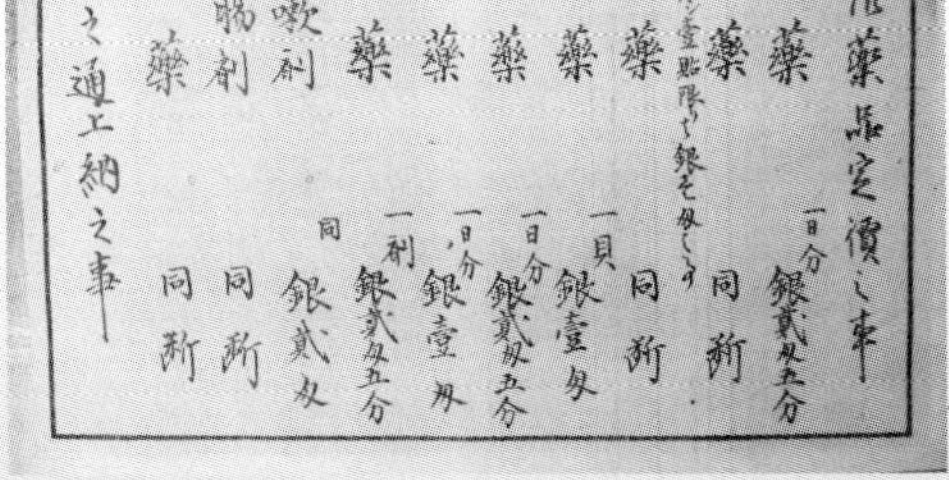

御薬品定價之事

散薬	一日分	銀弐匁五分
丸薬		同断
水薬		同断
膏薬	一貝	銀壹匁
煎薬	一日分	銀弐匁五分
蒸薬	一日分	銀壹匁
服薬	一剤	銀弐匁五分
含嗽剤	同	銀弐匁
灌腸剤		同断
塗薬		同断

右之通上納之事

掛川小病院の「御薬品定価之事」

浜松市立中央図書館所蔵

木版。

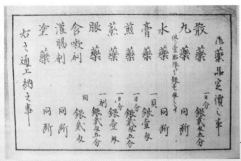

御薬園

静岡藩では病院とセットで薬園《やくえん》の整備も進めた。薬の原料となる薬草を育成するためである。静岡病院の御薬園は、徳川家康時代に起源を持ち、享保年間に創始された江戸幕府の駿府御薬園を引き継いだものだった。その担当者には御薬園掛として鶴田清次《きよつぐ》・同太郎次郎の兄弟が任命された。清次は、幕末に蕃書調所で物産学を学んだ人。藩の役人名簿『静岡御役人附』には二人の名前しか掲載されていないが、実際には鶴田の下に配属された者や研修生がいた。部下の一人である御薬園附属出役稲富市郎（喜一郎・直）は、明治三年（一八七〇）五月三日付で鶴田に意見書を提出し、五〇〇〇坪の園を有効利用するには現在の附属の者八名と修行人一五名では少なすぎ、せめて二〇名に増員し、五名ずつの四班に分けて持ち場を決め、規則を定めて作業を実施してはどうかと主張している。

なお、久能山東照宮の下にも六三〇坪余の御薬園が置かれていたが、管理が行き届かないとして明治二年九月には静岡病院頭から静岡勤番組之頭へと移管された。

沼津病院にも御薬園が付置され、その御薬園掛は病院附御使之者出役《おつかいのものしゅつやく》の中から厚木勝久（壮平）・宇田川貴寛（福太郎）らが担当した。

田中（藤枝市）では、明治元年一一月、川島宗端が陸軍医師から御製薬掛に任じられ、国益振興を目的に御薬園設置が命じられた。用地として田中城下の空き地、四番長屋が引き渡された。

ただし、静岡・沼津・田中の御薬園でどのような植物が栽培され、どのように利用されたのかについては不明である。

鶴田清次は明治政府出仕後は博覧会の仕事などに従事し、植物学への取り組みを続けた。

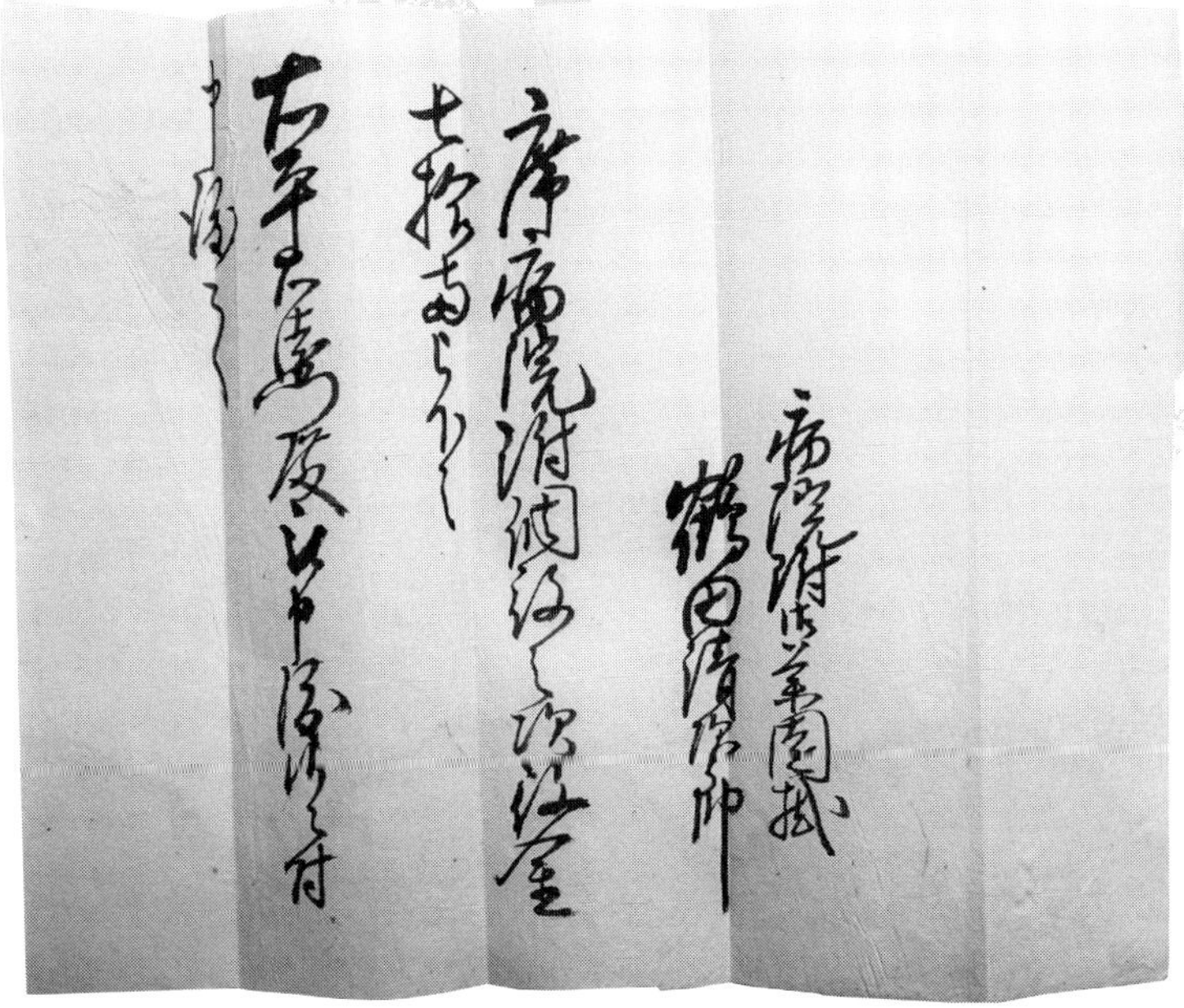

鶴田清次の病院附御薬園掛の辞令 国立歴史民俗博物館所蔵

鶴田清次

国立歴史民俗博物館所蔵

「駿府薬園阯」碑 静岡市葵区

昭和 6 年（1931）静岡市建立。

漢方医たちの身の振り方

明治二年（一八六九）正月発行の駿河府中藩の役人名簿「御役名鑑」には、奥医師として一六名の名が掲載されているが、坪井信良・戸塚文海を除き、ほかはみな漢方医だった。しかし、彼ら漢方医たちは藩立病院に勤務することはなく、静岡病院無級看病頭に就任した針医の石坂宗哲らを除き、明治三年刊行の名簿『静岡御役人附』からは名前を消した。藩主やその家族の診療を担当する奥医師という職務は存続し、石坂や半井《なからい》卜仙《ぼくせん》はその地位にとどまったが、あくまで藩主のプライベートに奉仕する立場にすぎなかった。西洋医が藩の医療や医学教育の主導権を完全に握り、漢方医たちは活躍の場を失った。

明治二年、幕府医学館出身の木下守約・井関温甫ら漢方医は遠州牧之原に移り、開墾方の藩士たちの治療に従事した。開墾方のリーダーである中條景昭らはもともと西洋嫌いの攘夷派だったので、医療に関しては漢方を優遇したのであろう。二人は一二年（一八七九）に上京するまで同地で診療に従事しており、翌年東京で漢方医たちを結集した和漢医学講習所を立ち上げたが、その教員の中には明治二年の「御役名鑑」に奥医師として名を連ねた浅田宗伯《そうはく》もいた。

浅田は明治三年（一八七〇）、東京で修行する漢方医学生たちの吟味を藩庁から命じられているので、ある程度の権限は持ち続けたようである。一方、「御役名鑑」で奥医師の筆頭に記されていた多紀《たき》養春院（安琢・元琰）は、医学館総裁をつとめた多紀氏の分家で、幕府時代には和宮《かずのみや》の主治医をつとめた人だったが、静岡での足跡はまったく見当たらない。同じく明治二年に奥医師とされていた岡田昌碩《しょうせき》は翌年静岡で没し、養嗣子昌春《しょうしゅん》は三年閏一〇月、吉井藩松平家に御貸人として雇われ、四年三月からは東京の和歌山藩邸内で漢方医学塾を開いた。

浅田宗伯 『医家先哲肖像集』所載

浅田宗伯は信州出身の漢方医で、幕府の奥医師・法眼となった。西洋医学が幅を利かせた静岡藩ではあまり出る幕がなかったが、その後も長く漢方医界の重鎮として君臨した。

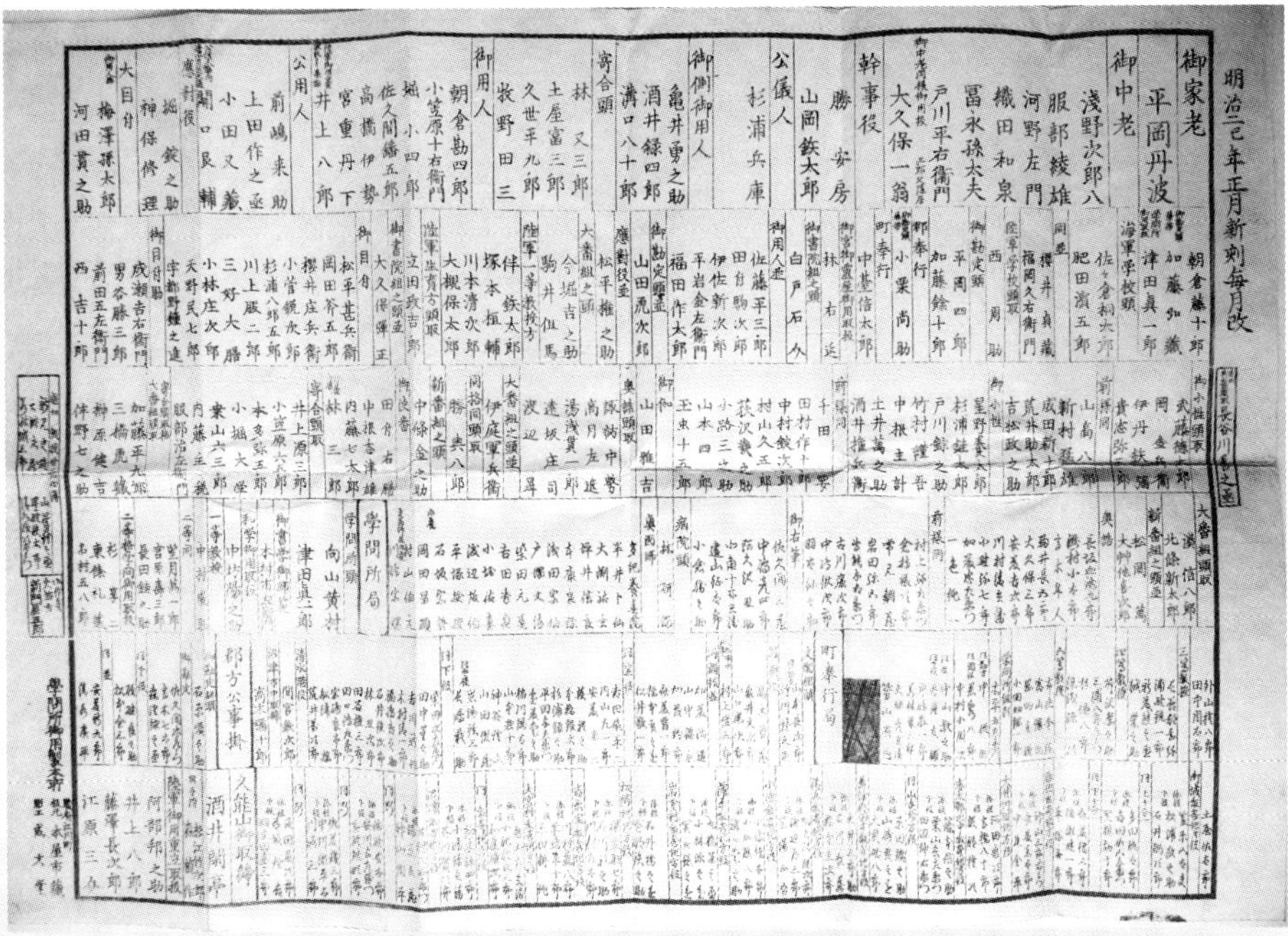

明治二己年正月新刻毎月改

御家老 平岡丹波

御中老 浅野次郎八 服部綾雄 河野左門 織田和泉 冨永孫太夫 戸川平右衛門 大久保一翁

幹事役 勝安房

公儀人 山岡鉄太郎 杉浦兵庫

御側御用人 亀井勇之助 酒井録四郎 溝口八十郎

寄合頭 林又三郎 土屋富三郎 久世平九郎 牧野田三

御用人 朝倉藤四郎 小笠原十右衛門 堀小四郎 佐久間鐇五郎 高橋伊勢 宮重丹下 井上八郎

公用人 前嶋来助 上田作之丞 小田又蔵 関口良輔

堀銕之助 神保修理

大目付 梅澤孫太郎 河田貫之助

御役名鑑 沼津市明治史料館所蔵

明治2年（1869）正月、駿府江川町の本屋市蔵が木版で発行した駿河府中藩の役人名簿。4段目に奥医師16名の名前が並ぶ。

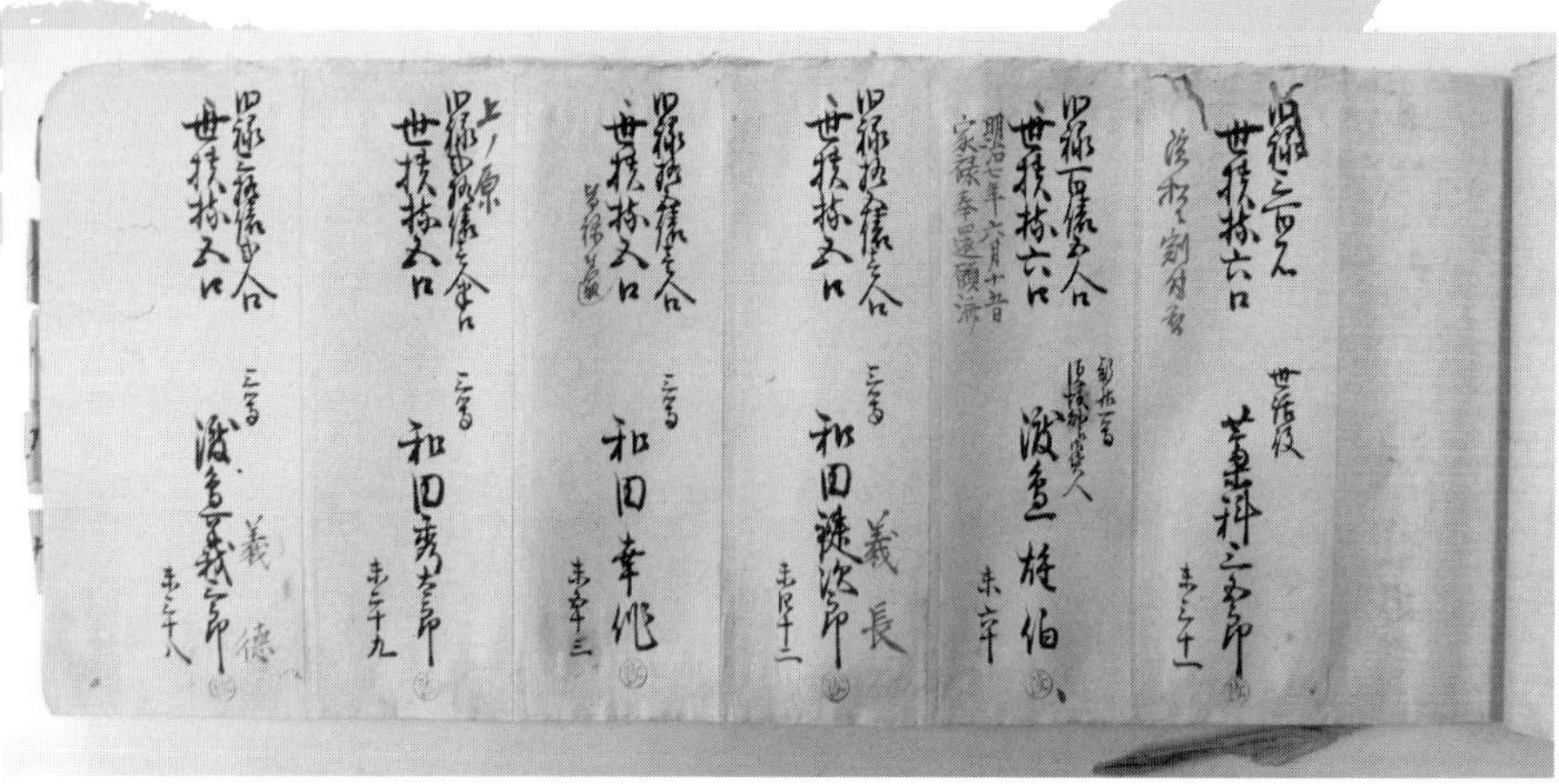

新居割附小札帳 湖西市教育委員会所蔵

右から２人目に記された渡辺雄伯は、医学館出身で、明治２年（1869）正月には奥医師の任にあった眼科の漢方医。明治４年（1871）時点で60歳、一等勤番組として新居勤番組に籍を置き、六人扶持を給されていた一方、須坂藩への御貸人として赴任していたことがわかる。藩内では漢方医としての腕を振るう場がなかったためであろうか。

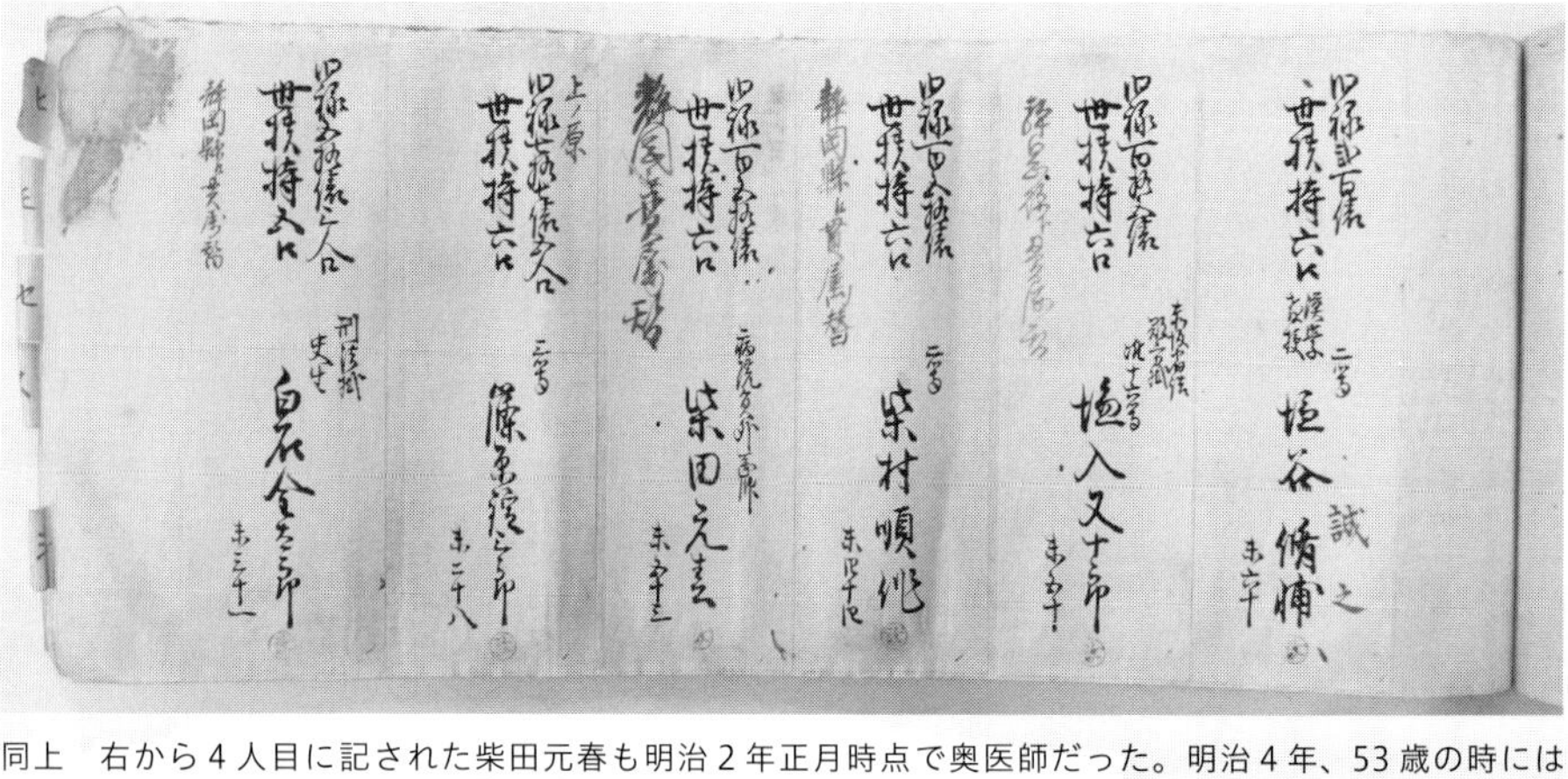

同上　右から４人目に記された柴田元春も明治２年正月時点で奥医師だった。明治４年、53歳の時には「病院員外医師」だったことがわかり、西洋医が主導権を握る静岡病院では「員外」にすぎなかった。

九章 明治新政府との関係

勝海舟の役割

平和的な政権移譲、すなわち幕府の幕引きに際し果たした勝海舟の役割の大きさは言うまでもない。維新後は、幕末以来培われた薩摩・長州・土佐の人士との人脈を活かし、もっぱら新政府との折衝役をつとめ、徳川家の存続と処遇改善のため奔走した。また、諸藩からの御貸人斡旋や留学生受け入れの依頼などに対しても窓口役を果たした。

当然ながら海舟も静岡藩士として駿河の地に移住した。とはいえ海舟の場合、静岡で腰を落ち着けている余裕はなかった。たびたび明治政府からの出頭命令があったほか、対政府交渉などのため、静岡（駿府）と東京の間を頻繁に往復することを余儀なくされたのである。明治元年（一八六八）一〇月一二日駿府着、一一月一一日東京着、同月二五日東京発、一二月五日東京着、明治二年四月一四日東京発、六月一八日駿府発、二二日東京着、一二月二〇日東京発、二三日静岡着、三年六月三日東京着、閏一〇月一〇日東京発、一四日静岡着、四年八月二八日静岡発、九月三日東京着、一二月二六日東京発、二九日静岡着、五年三月三日静岡発、六日東京着といった忙しさである。数えてみると、明治元年一〇月の駿府移住から五年（一八七二）三月最終的に静岡を去るまでの期間のうち、彼が同地に居住したのは半分以下の日数にすぎない。せっかく静岡で土地を購入し家を建てたにもかかわらず、そこでは家族だけが住む時間のほうが長く、海舟自身は東京のほうに多く滞在していたわけである。

新政府にとって海舟は旧幕臣の中でもっとも手に入れたい人材であった。実際、明治二年七月には外務大丞《だいじょう》、一一月には兵部大丞に任命し、出仕させようとしたが海舟は固辞した。彼が政府に仕えるのは廃藩後のことだった。

勝海舟 『徳川制度史料』所載

駿河府中藩時代に幹事役をつとめたが静岡藩では無役。しかし藩にとって大きな支柱だった。

東幸の際の富士川仮橋の図 公益財団法人江川文庫所蔵

明治元年9月発行で木版で刷られたもの。勝海舟は日記の9月19日、20日条に富士川船橋について記し、「旧式」のやり方では縄だけで1万両の経費がかかるので、「愚考」の「装置」を佐々倉桐太郎に申し付けたという。この刷物にも担当者として幕府海軍士官だった布施鉉吉郎の名前があることから、佐々倉も含め海軍の技術を取れ入れた新式のやり方を導入したのかもしれない。

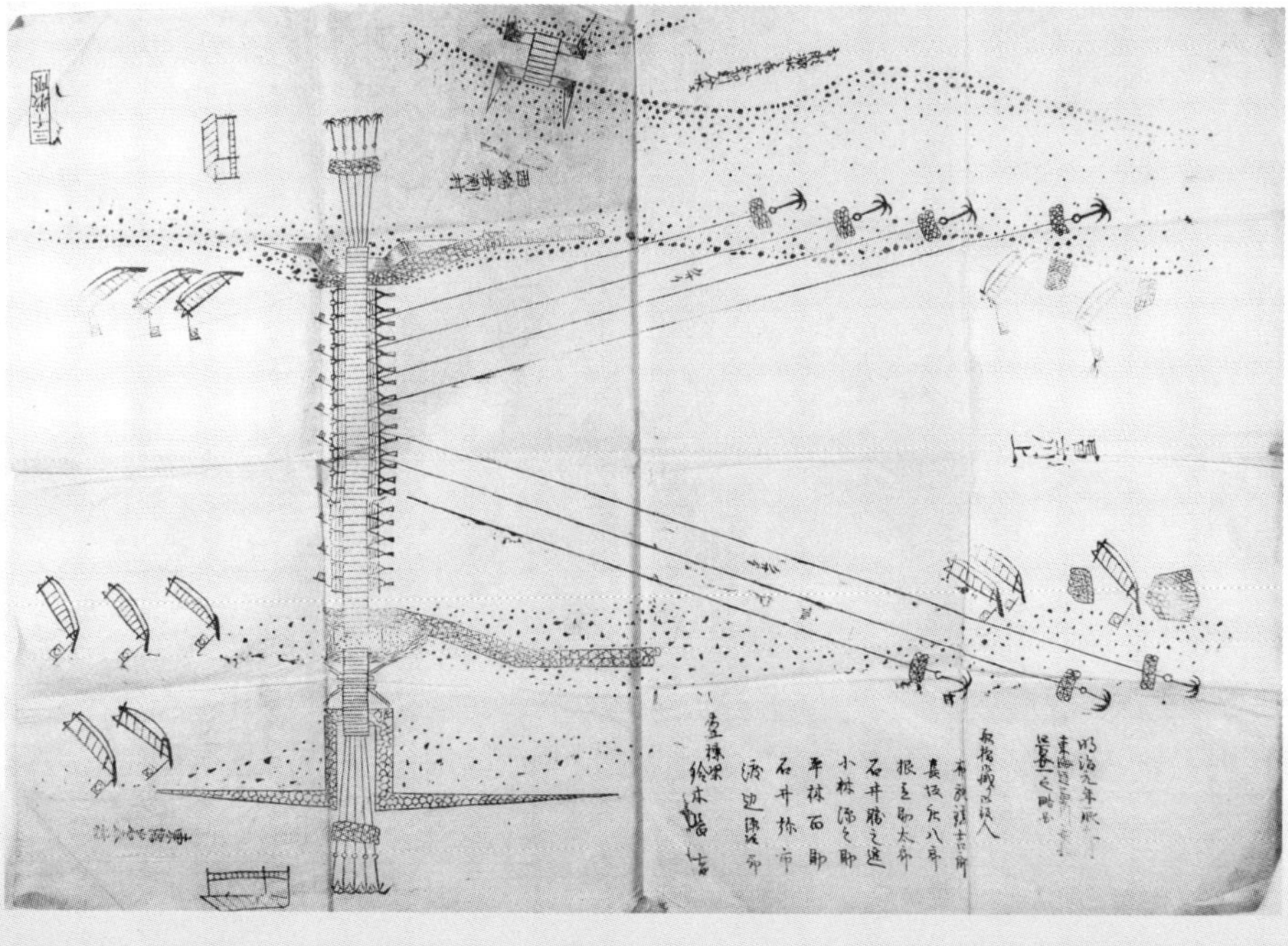

新政府のスパイ

薩摩藩を指導して維新を成し遂げ、明治国家の建設に最大の功労者となった大久保利通が残した史料の中に、慶応四年（一八六八）九月一八日に記された密偵の報告書らしき文書がある（国立歴史民俗博物館所蔵）。そこに記された幾つかの情報の一つは以下のような内容である。「本多紀伊守元家来中村央」という人物は、田中藩を出奔した後に「旧幕三十俵の御家人之株」を買って幕臣の身分を手に入れ、やがて幕府陸軍の「撤兵差図役並」になった。この度、「駿府御供」を仰せ付けられたが、今月六日頃、駿河へ向かう途中、三島宿で旧知の田中藩士田中某と偶然出会い「大ニ驚キて種々久しふり」といった調子で談話に及んだところ、近いうちに「江戸中を焼候手筈」になっているので、妻子は江戸へ連れて行かないほうがよいと中村が言ったので、田中は妻子を当分藤枝に置いておくことにしたとのこと。

新政府軍が占領した江戸を徳川方が焼き討ちにするという謀略があるというのであるが、それは単なるデマであろう。しかし、移封・移住の真っただ中、駿河府中藩が成立早々のこの時期、新政府に反感を抱き続ける旧幕臣の中にはそのようなことを口走る者がいたらしいこと、そして明治新政府の側でもそれらについて神経をとがらせていたことがわかる。

右の密偵報告書の二日前、九月一六日付で児島国之輔なる人物が新政府に提出した探索書（国立国会図書館所蔵・岩倉具視関係文書）には、蒸気船で清水港に到着した「徳川兵隊」が「コモ包ノ荷物」を運搬していたことを目撃したと記され、銃器を密かに持ち込んだのであろうとしている。

不平士族や自由民権運動への対処なども関連し、明治政府がスパイを放っての徳川家・旧幕臣に対する監視・警戒は廃藩後まで続いた。

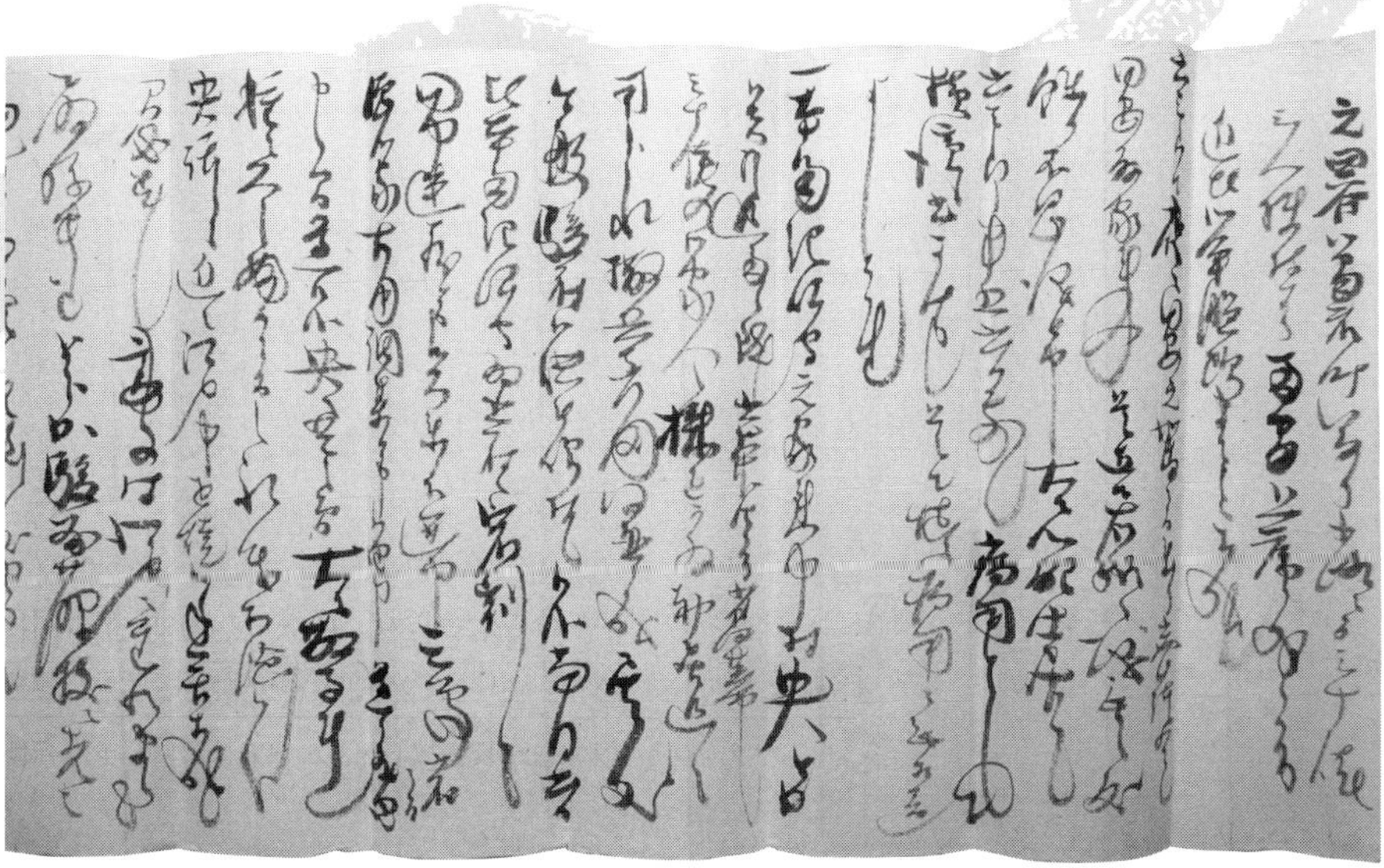

大久保利通が残した慶応4年9月18日付の密偵報告書

国立歴史民俗博物館所蔵

写真は部分。他に榎本武揚率いる脱走艦隊に参加した海軍士官、徳川方の脱走軍に資金提供する地方の素封家に関する情報なども記されている。

大久保利通 『甲東逸話』所載

西郷隆盛とともに討幕を推し進めた薩摩藩士であり、「維新の三傑」の一人。

天朝御雇

明治三年（一八七〇）刊行の藩の職員録『静岡御役人附』には、氏名の上に「天朝御雇《てんちょうおやとい》」と印刷された者が数名いる。天朝とは朝廷のことであり、静岡藩に籍を置きながらも上京し明治新政府に雇われているという意味である。発足したばかりの新政府は、薩摩・長州といった諸藩出身者や公家などから構成されたが、中央政府の運営や行政を全国展開する上で絶対的に官吏の適任者が不足しており、それまで政権を運営する立場にあった旧幕府の人材は即戦力として、その補充要員とされたのである。

天朝御雇として指名された者は、せっかく移住した駿河の地から早々に東京へ戻ることとなった。沼津兵学校の教授に任命された者には、川上冬崖《とうがい》のように開校前に沼津を去った者もいた。加藤弘之も移封に少し携わっただけで、ほとんど駿河の地に足跡を残さないまま新政府に出仕した一人である。渋沢栄一や前島密らは、静岡藩での仕事が軌道に乗り始めた時機に新政府出仕を命じられてしまった。

一方、宮本小一《おかず》・加藤祖一・池田謙斎・坪井芳《ほう》洲《しゅう》・立嘉度《たちよしのり》らのごとく、移住するつもりだったところ、駿河へ出立する前に明治新政府に出仕を命じられ、そのまま東京で仕事をすることになってしまった者もいた。つまり一歩も駿河に足を踏み入れなかった例である。

渋沢栄一は、明治政府への出仕を機に、明治四年（一八七一）二月、静岡藩から給されていた世扶持を辞退し、六月には藩籍からも離れた。もともと農民出身であり独立志向が高かった渋沢は、主家に支給される扶持米にすがる気持ちは毛頭なかった。しかし、それは例外であり、宮本小一のように藩籍はそのまま残し、政府からの給料と藩からの扶持をもらい続けた者のほうが一般的だった。

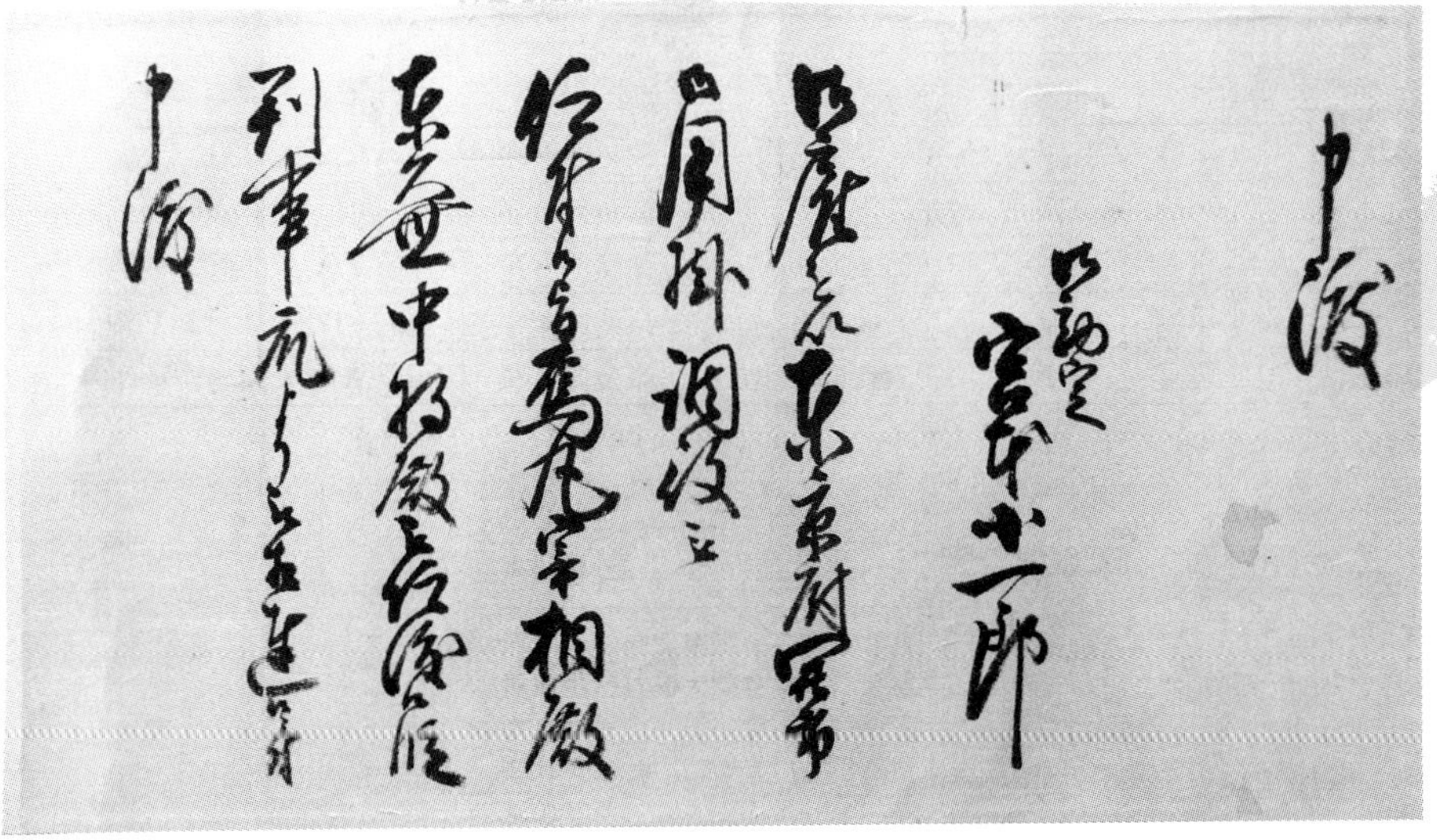

御勘定宮本小一に対する辞令 国立歴史民俗博物館所蔵

「御雇」をもって新政府の東京府開市御用掛調役に徴用するとの指令。

加藤租一 『明治肖像録』所載

明治元年時点では留守居付刑法掛として東京在勤。2年（1869）1月、政府の会計官訴訟調役に「御雇」として徴用された。

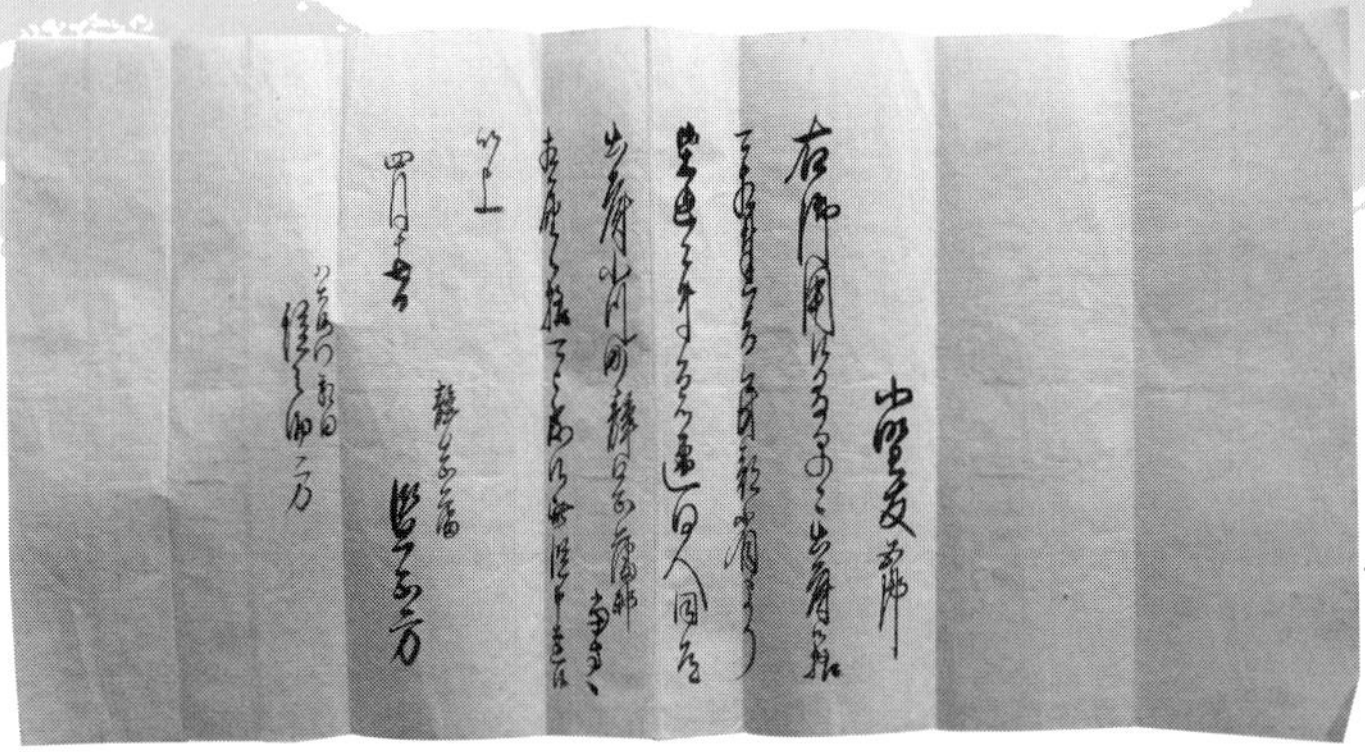

小野友五郎に対する出府命令

広島県立文書館所蔵

明治3年（1870）に明治政府から徴命を受けた際のもの。

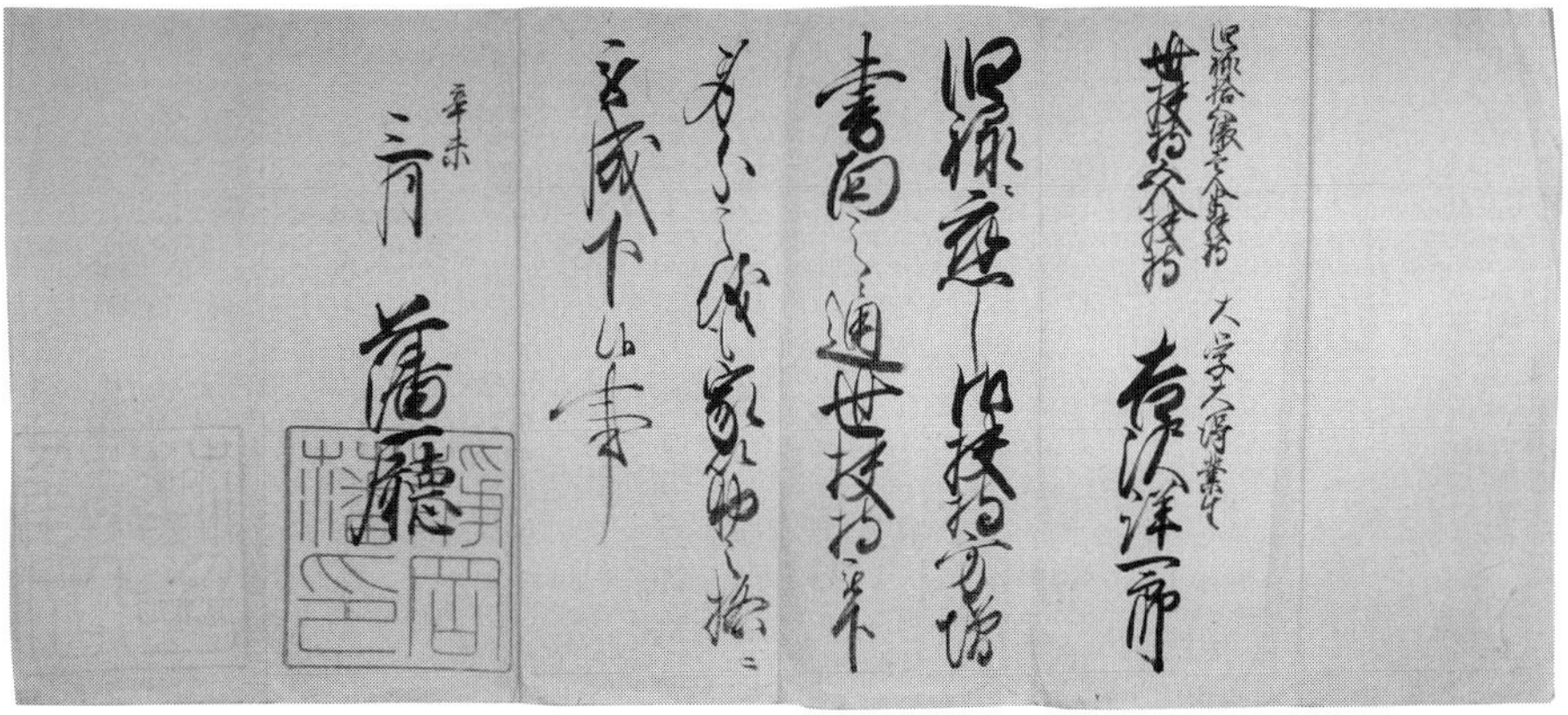

大学大得業生吉沢詳一郎に対する静岡藩の増扶持辞令

沼津市明治史料館所蔵

明治4年（1871）3月、東京で明治政府の学校に勤務していても、あくまで本籍は静岡藩にあり、扶持を給されていた。

十章

静岡藩が後世に残したもの

藩から県への継承

明治四年（一八七一）七月、廃藩置県が断行され、中央政府による中央集権が実現した。それ以前にも中央政府が直轄する府県は存在していたが、廃止された藩は新たな県とされた。そして静岡藩はそのまま静岡県となった。知藩事だった徳川家達は、他の旧大名たちと同様、東京へ移住させられることとなり、静岡の地を去った。

静岡県のトップには最初、大久保一翁や浅野氏祐が参事に就任し、吏員たちの多くも元静岡藩士・旧幕臣たちが藩政時代からそのまま残留する形となった。いくら政府の権限が強まったとはいっても官吏を全取っ替えすることなど非現実的であり、行政をつつがなく遂行するためにも継続性が必要だったからである。一一月には遠江国が浜松県として分離され、静岡県は駿河国のみを県域とすることになった。やがて静岡県・浜松県でも他藩出身者がトップに就任したが、県吏の大多数は旧静岡藩士が占めた。

七年（一八七四）に初代の静岡県権令（後県令）になったのは鹿児島藩士出身の大迫《おおさこ》貞清《さだきよ》だったが、かつての仇敵にも旧幕臣出身の県吏たちは従順に仕え、地租改正や学校設立、勧業施策に邁進した。そして一七年（一八八四）、旧幕臣である関口隆吉《たかよし》が県令に就任、一九年（一八八六）には初代静岡県知事となった。郡や町村レベルでも住民に士族が多い地域では旧幕臣が行政の長に就く例がまま見られた。二二年（一八八九）に静岡市が誕生した際、初代の市長になったのは、やはり旧幕臣星野鉄太郎だった。

静岡県の吏員が旧幕臣・静岡藩士の出身者によって占められる傾向は明治中期まで続いた。その後士族の比重は減っていくことになるが、草創期の静岡県の行政は静岡藩の存在を前提に成り立っていたのである。

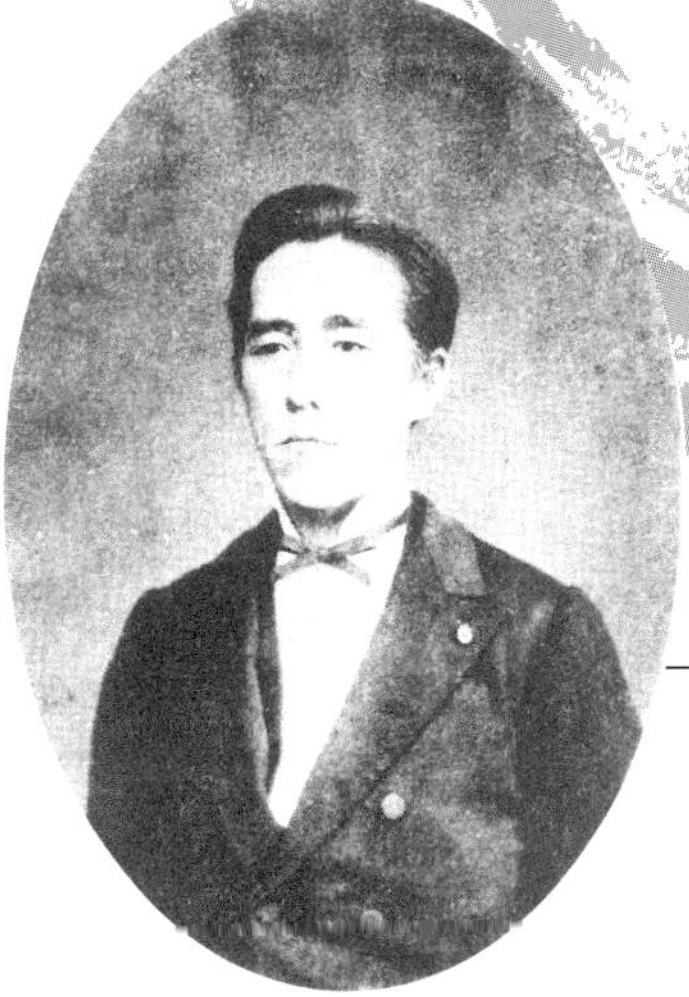

関口隆吉 静岡県立中央図書館所蔵

静岡藩では公用人・開墾方頭取並などをつとめた。山口県令や元老院議官を経て、静岡県令・県知事に就任。

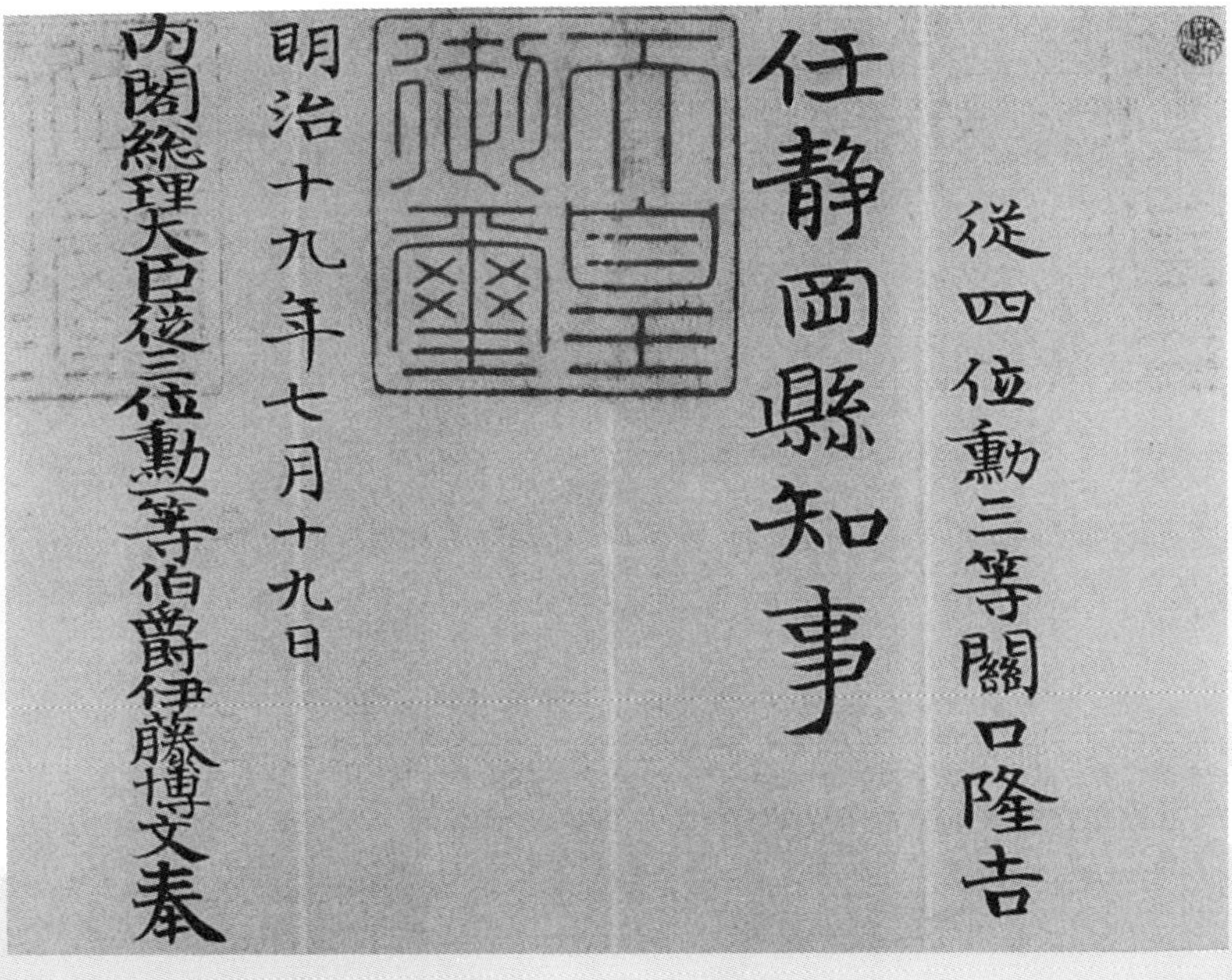

従四位勲三等關口隆吉
任静岡縣知事
天皇御璽
明治十九年七月十九日
内閣總理大臣従三位勲一等伯爵伊藤博文奉

関口隆吉の静岡県知事辞令 静岡県立中央図書館所蔵

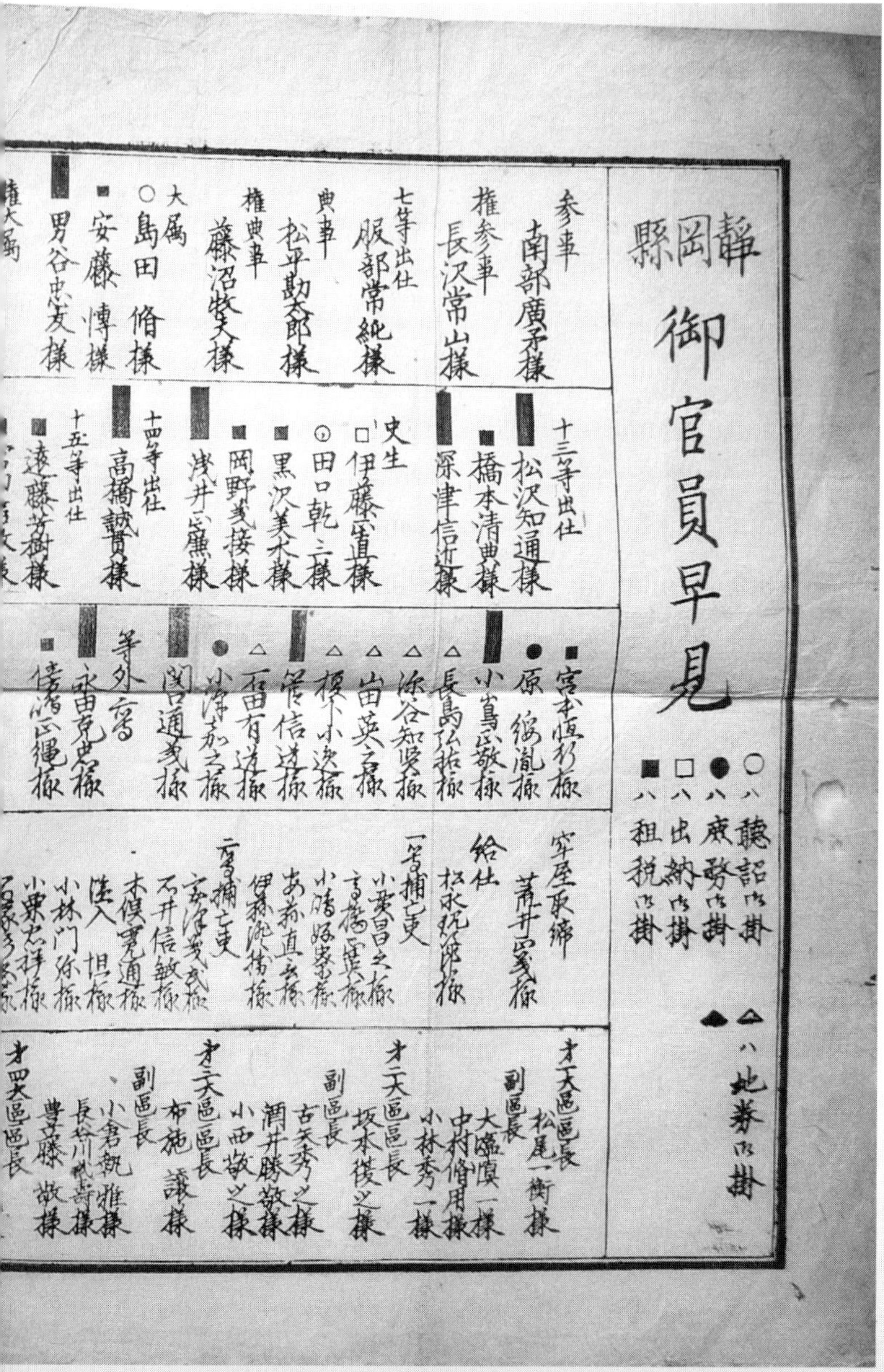

頭に県の官吏は旧静岡藩士が多くを占めていた。

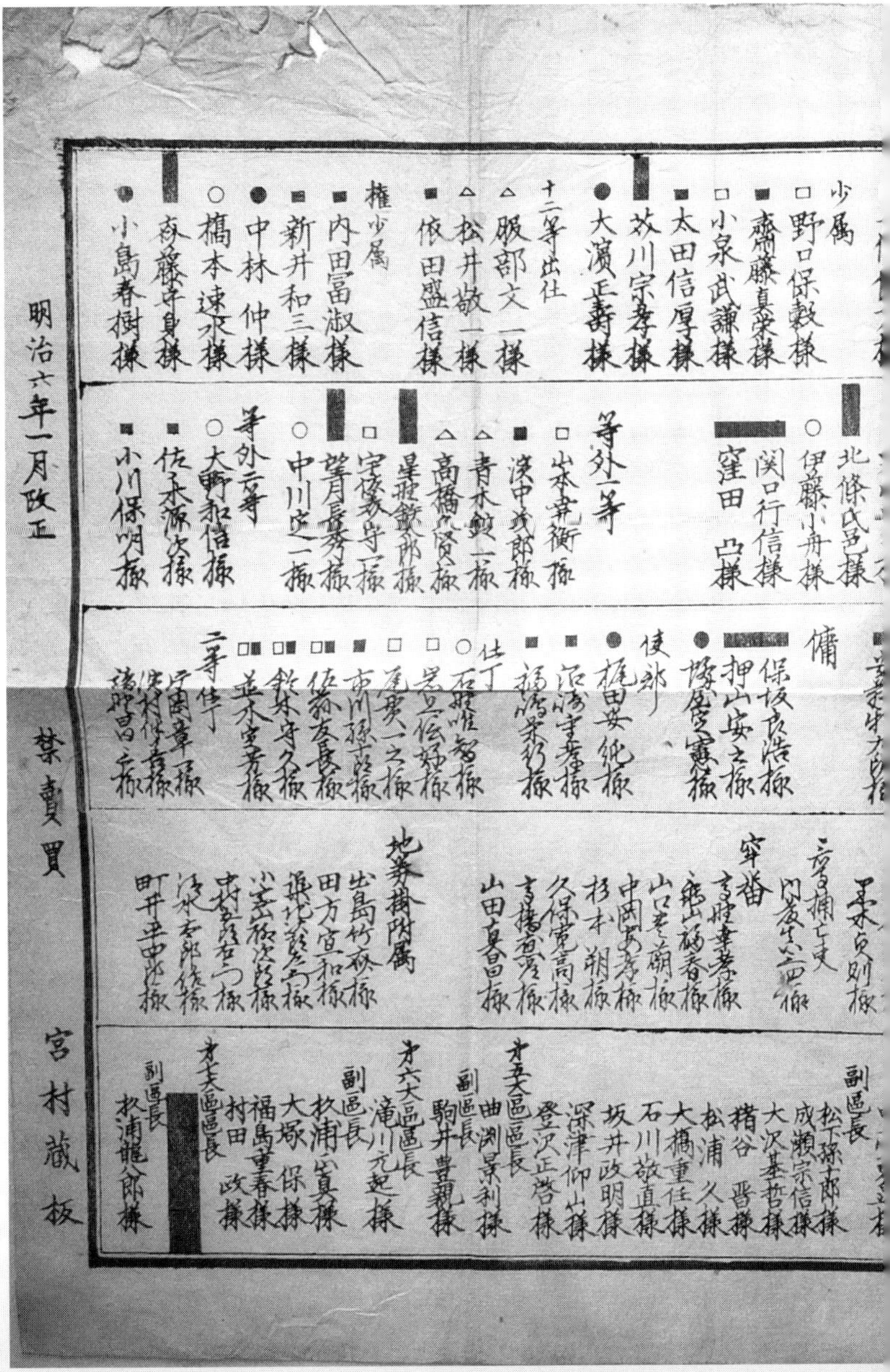

静岡県御官員早見

沼津市明治史料館所蔵

明治 6 年（1873）正月。トップである南部広矛は福井藩の出身だが、服部常純を筆

相原安次郎

『岳陽名士伝』所載

静岡藩権少参事・郡政掛などを経て、静岡県警部長に就いた。

梅沢敏

『静岡県安倍郡誌』所載

戊辰戦争では奥羽で新政府軍に抗戦した前歴を持つ。県吏として学務課長・庶務課長・安倍郡長などを歴任した。

星野鉄太郎

『日本赤十字社静岡支部彰功帖』所載

静岡学問所教授世話心得をつとめ、後に静岡市長となった。

蜂屋定憲

『岳陽名士伝』所載

静岡藩時代には静岡学問所で教鞭をとり、静岡県学務課長や静岡県参事官をつとめた。

■明治20年（1887）静岡県職員に占める旧幕臣　太字が静岡県士族（≒旧幕臣）

知　事	**関口隆吉**
書記官	村田豊（第一部長）　伊志田友方（第二部長）
警部長	**相原安次郎**
警　察	【警部】**板垣昌徳**（警察本部保安課長・警務課長）　松山縮住（江尻警察署長）　**田名瀬勝則**（見付警察署長）　井上善一（掛川警察署長）　井上貞亮（気賀警察署長）　**袖山正志**（静岡警察署長）　加藤秀寿　立花精一郎（下田警察署長）　渥味正人（浜松警察署長）　岡信則（相良警察署長）　**新井和之**　鞍智鼎之　瀧沢弘（沼津警察署長）　野口謹三（三島警察署長）　佐々木太郎（森町警察署長）　下村信夫（藤枝警察署長）　伊東庫太郎　佐々木武次郎（吉原警察署長）【警部補】小松原正信　**江坂鉄八郎**（熱海分署長）　**村瀬規矩郎**　**小山有悦**　**鈴木高規**（横須賀分署長）　**鈴木徳太郎**　篠崎荘之烝（清水分署長）　横井石松（稲取分署長）　河野光三郎　久留宗熊　窪田謙（島田分署長）　田口国太郎　**三浦繁三郎**　横井貫一　三宅徳義　**小栗成美**　木本栄五郎　永原虎雄（金谷分署長）　**田中太郎**（大宮分署長）　西村有庸（笠井分署長）　佐藤長三　**多賀高吉**（大仁分署長）　浜田恒三郎　**荻原友徳**　**大岡直時**　佐藤吾之助　**逸見義定**　**保木公美**　**浜村三乎**　小倉笑一（松崎分署長）　松浦定（袋井分署長）　小貫万寿　林七郎　藤江堪蔵　奥田春吉　田島光春（二俣分署長）　鈴木信真（御殿場分署長）　菊地安通　岡崎昌光　松岡古武　稲見明精　【傭】高久進三　石川孝義　小林竹次郎　安井精一郎　小野直義　**梶川憲徳**　**三上謹平**　三上鉄太郎　**山路弥吉**　**服部長賢**　**黒沢利作**　**安井政職**　藤本孝作　近藤知義　池元竺伝　中村豊三郎　川澄良雄　**山本豊久**　鈴木泰幸　山田作蔵　田中東四郎　佐藤直次郎　**中川虎蔵**　金子義児　久永重遠　青木政雄　**手島好道**　小林正吉　高橋富次郎　木内文哉　**戸田吉次郎**
監　獄	川村矯一郎（副典獄・監獄課長）　**蘆屋澄勝**　**望月長秀**　川上道存　小池直次郎　**鍋田弥祥**　**坂部高重**　**松村琢**　**熊沢清秀**　**高岡義雄**　加藤勇太郎　**朝倉陽**　**大河原正心**　**矢部岩二郎**　**長瀬兼厚**　**椎名雄**　**古川廉次郎**　**松田長克**　伊藤錬馬　【傭】**篠原正徳**　**星野安孝**　**香川忠京**　**海野幸敏**　大津勝敬　佐々木直太郎　【非職】**土屋氏貴**　**内田富淑**　**喜多川正直**　**入戸野門親**　酒井甚四郎　**石井信敏**
収税長	杉山叙
賦税課	【収税属】都留田守（賦税課長・検税課長）　吉尾尚義　池田義路　間誠　麻生忠造　**飯島仰二**　**縁川正矩**　**田沢雄太郎**　角尾好義　江熊長臣　**小島直**　伊藤仙三　**峰尾定市**
検税課	【収税属】下島雪彦（兼賦税課）　平野源太　吉田善道　菱田綱次郎　中島剛造　**木村重正**　組田紀野雄　加茂東作　佐野虎助　**畠山重尾**　城範次郎　**菅田勝重**　和田秀実　河野寛示　豊田一郎　**大久保忠固**　**中村貞利**　御幡武　高山令蔵　**中沢孝経**　**毛受照成**　中村唯三　瀧川良平　**中山周助**　**阿部忠是**　竹内静枝　谷口令治　堀内三太郎　**高須憲隆**　**飯田勝敝**　高山友貞　河野自直　**蘆屋銕太郎**　石井虎次郎　斎藤金次郎　**水崎好照**　**中井儀則**　**丸山友善**　市山好忠　島田恒太郎　友成倬　**大森汎次**　**石川政勝**　**高山新太郎**　**山本幸吉郎**　柴崎平十郎　佐藤釟助　荻島大作　箕浦與子吉　遠藤喜作　粟屋登　早川鉄平　**串田誼為**　村松卓爾　宮川太二郎　**小長井徳**（兼賦税課、以下同様）　**酒依甲子太郎**　**和田慥吉**　分部文五郎　浅井忠久　田代三郎　**川村懐之**　**安西唯三郎**
徴税費課	【収税属】**関通義**（徴税費課長・徴収課長）　**太田資行**（文書主務）　**鈴木勇**　**田中陽一**　**須田盛泰**
徴収課	【収税属】**柴田弘**　楢岡光馨　**大平熙孝**　**宮本政太郎**
収税傭	高田八郎　**八木保**　**小山鉦吉**　**秋山錦一郎**　吉田仁太郎　中村栄吉　**小栗豊次郎**　**佐野包義**　鈴木熊太郎　楠豊橘　青木洗之允　新井鉡太郎
学務課	**蜂屋定憲**（課長）　佐藤保佑　綾部関　**深谷立太郎**　**神沼美照**　**福島忠一**　西丸義治　**三木道遠**　谷藤美三郎
会計課	**小泉武謙**（課長）　手塚竹次郎　久野為人　**三島政明**　**鈴木長**　**鍋田弥祥**（兼書記）　**山本堯衡**　**安藤新九郎**　**松井義路**　**水野守成**　**神谷栄太郎**　川瀬利貞　**福知泉太郎**　矢部富哉　**松平康**　**味知弘道**　**大熊福顕**　**松井保古**　**高木是邦**　**菅谷鎗三郎**　**本間高澄**　**野中忠矩**　**佐橋太郎**　**杉浦鉦太郎**　長谷川詮太郎　**三入充実**
庶務課	岡田直臣（課長）　**針谷昌言**　大井重古　**真野嶽次郎**（兼鉄道掛）　**境野尚義**　**樋口政成**（兼農商課）　**山崎長久**　**宇津野正武**　小川実　土屋真吾　本多丹弥　**山田鋼太郎**　**前田鎌三郎**　**野村庸祇**　**兼子恒光**　**岩下輝三郎**
文書課	**小林治**（課長・官房書記）　清遠秀逸（兼官房書記）　**田中董丘**（兼官房書記）　浜村豊太郎（兼官房書記）　瀧田耕造（兼官房書記）　**内藤敬典**（兼官房書記）　**中山忠士**　塩田安貞（兼官房書記）　**曲淵宏**　**伊佐栄次**　**田辺亮**　福原伊八郎　**安田秀成**　**池谷重造**　**中根正隆**　藤津六三郎　川辺富造　**天野政治**　**林次郎**　**鈴木幸雄**　**浅井銓太郎**　鈴木寅吉　**森谷正好**　**内藤道太郎**　**飯島鎌三郎**　**諏訪頼功**　石川源太郎
兵事課	三角風三（課長）　**小沢嘉之**　**山中広善**　十河浩輔　桑野真澄　**桜井信冽**　熊谷進　**木村三行**　**品川権作**　**小泉猛英**
鉄道掛	河村八郎次（掛長）　前田清太郎　堅田義之　**田中稔**（兼土木課）
土木課	千頭正澄（課長）　**榛沢昆正**　**市岡正義**　下阪正雄　栩木要一郎（兼鉄道掛）　**小林菊三郎**　**岡田勉治**　**山本仙太郎**　**上田敏郎**（技術官、以下同様）　**山本正至**　秋鹿邦三郎　原沢富之助　大迫隆美　稲生利信　**山田義英**　**鈴木一也**　**奥山義篤**　伊藤干城　**松田政尊**　大貫徳蔵　鳥貝好猶（兼鉄道掛）　小林徳太郎
議事課	**河目俊宗**（課長）　**辻芳太郎**　**朝比奈良忠**　**山本和宗**　鍋島直身　**浅井正廉**　**小笠原正中**　**土山寧**　**清水静**　大島丑松　**小栗正光**
衛生課	猪原徳太郎（課長）　**松本才三**　壮合風子　**馬場市松**　**前田信利**　**中根鎮**　**天野久忠**　土屋泰三郎　羽生元二
農商課	広瀬衛一郎（課長）　益田郁太郎（兼鉄道掛）　**松田為徳**　星田茂幹（兼鉄道掛）　**加藤則有**　**吉田清慎**　陣野信三　**土屋奠**　**南條武逸**　鈴木弥十（技術官傭）　藤田穧　落合久保　益田忠蔵　山本角太郎　**今井伊代三郎**
測候所	**関川美建**（浜松・傭）　**金田綾三郎**（沼津・傭）　大木大（浜松）　三宅長平（沼津）

『静岡県静岡県裁判所職員録』（1887年5月発行、静岡大務新聞社）より作成。郡役所・戸長役場の吏員、学校教員は除いた。

士族授産と殖産興業

移住した旧幕臣たちが食うため、生きるために始めた経済活動は廃藩後も続いた。官吏や軍人、教員などに転身しなかった、あるいはできなかった者にとって、それは当然だった。同様の事情は全国で発生していたことであり、藩という後ろ楯を失った彼らを支援するため、国や県が士族授産を政策として推し進めることになった。士族たちの不平を取り除くと同時に、諸外国に伍していくための産業育成策でもあった。

牧之原に入植した士族たちの取り組みは、藩がなくなった後も長く続き、茶産地としての静岡県がその地位を確立していくのと歩みを同じくし、現在目にすることができる広大な茶畑へ到達する。駿東郡下では江原素六らによって西洋式の牧畜や製茶輸出会社の設立などが行われた。遠州の井伊谷《いいのや》では江原素六の従弟で浜松二等勤番組だった小野鼎《かなえ》（東一郎、一八四四〜一九〇四）によって、馬耕・鶏卵人工孵《ふ》化《か》・紙漉《す》き用簀《す》の研究や、開墾・養蚕などが推進された。

士族たちは金禄公債を資本に銀行も設立した。明治一二年（一八七九）、沼津周辺の士族たちが出資して創設されたのが沼津第五十四国立銀行である。一方、銀行家として成功した個人もいる。小林年保（長次郎、一八四八〜九五）は、静岡藩時代には公用方下役などをつとめたが、廃藩後、官吏生活を経て、一〇年（一八七七）浜松に第二十八国立銀行を設立し取締役に就任、一二年には静岡第三十五国立銀行頭取、一六年（一八八三）には静岡銀行頭取となっている。

旧幕臣たちの経済活動は決して成功したものばかりではなかったが、その後に花開くこととなった産業の基礎づくりをなしたことは間違いない。

江原牧場跡碑 沼津市岡宮

平成2年（1990）建立。愛鷹山腹にある、江原素六が設けた牛の牧場跡地である。

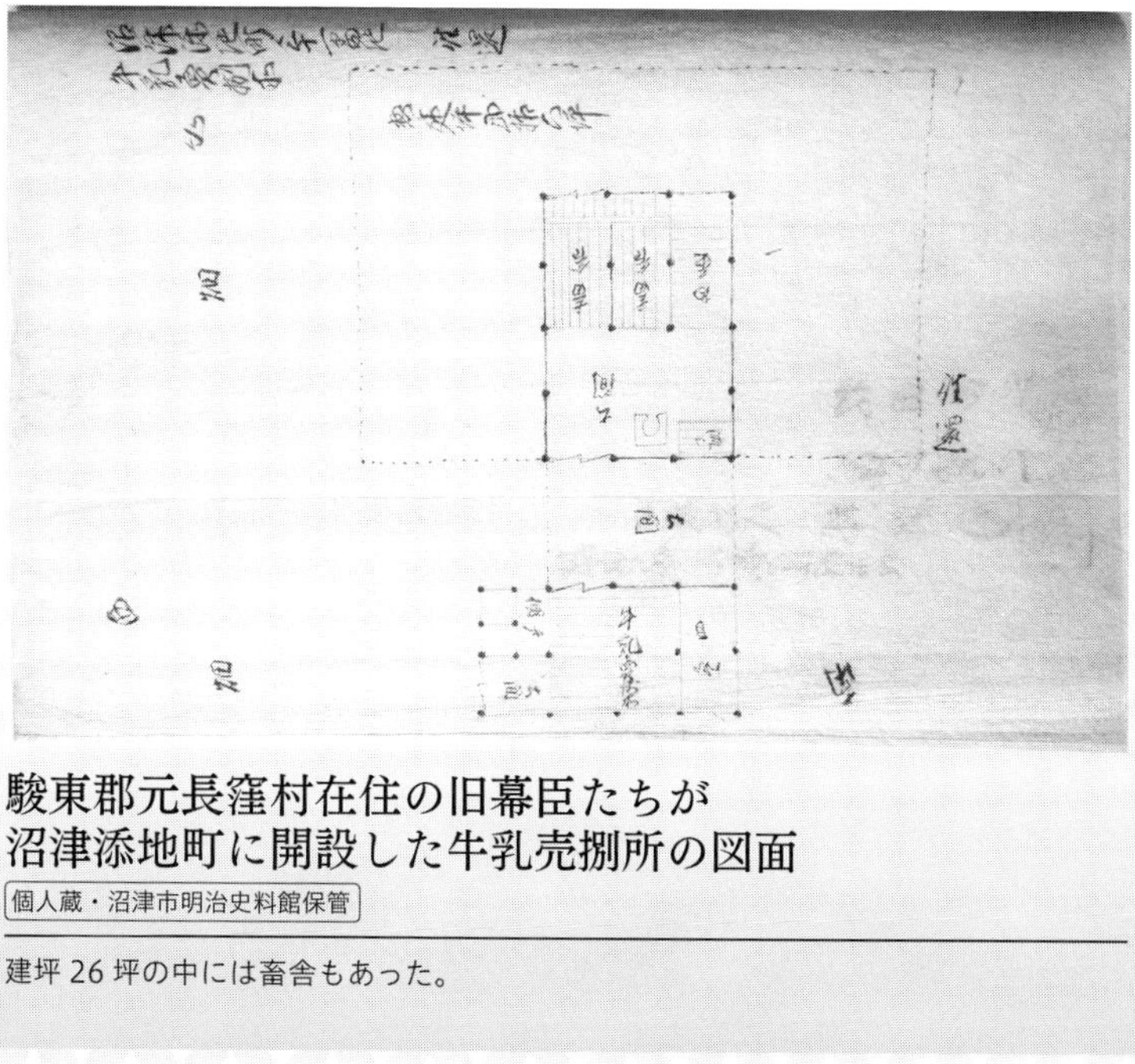

駿東郡元長窪村在住の旧幕臣たちが沼津添地町に開設した牛乳売捌所の図面

個人蔵・沼津市明治史料館保管

建坪26坪の中には畜舎もあった。

三椏《みつまた》楮《こうぞ》苗圃跡碑

沼津市西熊堂

昭和62年（1987）建立。沼津移住士族たちが紙の原料である三椏や楮を栽培した愛鷹山腹の場所。

牧之原開墾紀功之碑

島田市船木

昭和40年（1965）建立。明治11年（1878）中條景昭・大草高重らの牧之原開拓の功労に対し天皇から下賜金を下されたことを勝海舟が讃えた文章が刻まれている。

借用金證書

一金参百円之

前書之金額保証人立會正ニ借用申處確實也利息之儀ハ年壱割五分之割合ヲ以テ未六月二十日限リ元利共無相違返濟可仕候萬一返期ニ至リ相滞リ候ハヽ保証人ニ於テ急度引請辨償仕其銀行ヘ對シ毫末モ御損耗相掛ケ申間敷候為後日保証人連署借用證書如件

明治十五年五月五日

借主 大野寛一

保証人 大野寛明

第五拾四國立銀行 御中

第五十四国立銀行あて借用金証書

個人蔵・沼津市明治史料館保管

借主は沼津在住の旧幕臣。

小林年保

『明治肖像録』所載

静岡の銀行業界で指導的地位に立った。

文明開化と新教育

静岡藩の成立、すなわち旧幕臣たちの流入が、駿河・遠江の地に江戸の先進文化をもたらしたことは、静岡学問所や沼津兵学校の教育史上の意義に典型的に表されている。江戸の文化とは、横浜などから流入した西洋文明をも含んだものだった。両校や藩内各所の藩立小学校で教え学んだ者たちが、廃藩後も静岡県（浜松県・足柄県も含む）において初等・中等教育の担い手となったことは地域に残した最大の遺産といえる。中村正直《まさなお》訳の『西国立志編』など、全国に影響を及ぼした出版物も静岡で生み出された。

衣食住といった生活に身近な場面でも静岡藩・旧幕臣の存在は文明開化のさきがけをなし、有形無形の変化をこの地にもたらしたといえる。

明治四年（一八七一）時点での沼津の町のようすは、浜松に移住した旧幕臣岡本昆石《こんせき》によって以下のように観察された。「此沼津駅は町数二十五ケ町で浜松と同じなれども商家の見世つき、婦女の風俗、髪の形、言語の訛《なまり》等浜松に比べると幾分か東都に似寄つてゐるやうに思へた（中略）市中の銭湯は男女混入であるが二階の繁昌賑《にぎ》はひ盛んなることは東都にも劣らない、劇場の定小屋も二ケ所あり寄席《よせ》も亦二三ケ所にあつて孰《いず》れも随分繁昌であると云ふ、浅間の社地には揚弓《ようきゅう》場などもある、此外牛肉店、西洋小間物店、藩士の散髪《さんぱつ》頭、帽子をかぶる者、靴をはいてゐる者、是等は当時遠州浜松にては見ることも無かつたものである」。静岡藩時代の開化の進捗状況の一端が垣間見られるほか、同じ藩内であっても、東京に近い沼津と遠い浜松との間で違いが見られ、牛肉店・西洋小間物店があること、散髪・帽子・靴といったファッションなどから、沼津がやや東京風だったことがわかる。開化の流れは廃藩後も続き、点から線、面へと拡大していった。

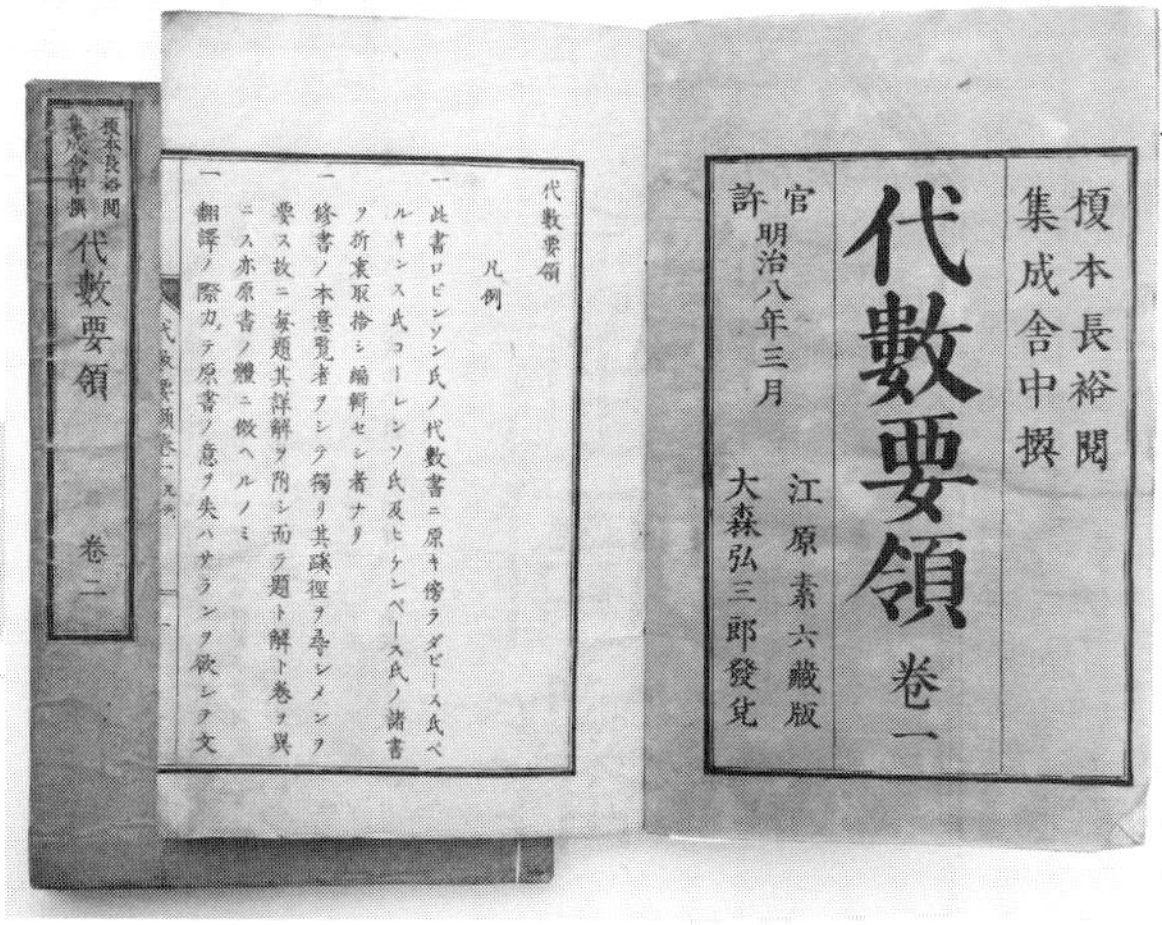
榎本長裕閲
集成舎中撰
代數要領
巻二

代數要領
凡例
一 此書ロビンソン氏ノ代數書ニ原キ傍ラダビース氏ベルキンス氏コーレンソン氏及ヒケンペース氏ノ諸書ヲ折衷取捨シ編輯セシ者ナリ
一 修書ノ本意覧者ヲシテ獨リ其蹊徑ヲ尋ネシメンヲ要ス故ニ毎題其詳解ヲ附シ而テ題ト解ト巻ヲ異ニス亦原書ノ體ニ倣ヘルノミ
一 翻譯ノ際力メテ原書ノ意ヲ失ハサランヲ欲シテ文

榎本長裕閲
集成舎中撰
代數要領
巻一
官許 明治八年三月
江原素六蔵版
大森弘三郎發兌

『代数要領』巻一・二

個人蔵

明治8年（1875）から翌年にかけて静岡の書肆擁万堂（しょしようまんどう）・大森弘三郎から出版された。編者は沼津兵学校附属小学校の後身である公立小学集成舎で、沼津兵学校の元教授ですでに上京していた榎本長裕が校閲を担当した。蔵版は同校の管理者であった江原素六となっている。数学教育に定評のあった沼津兵学校時代の優れた遺産が、このような形で廃藩後にも残されたといえる。

小學校教員免許状
修身 教育
國語 算術
地理 歴史
習字 體操
静岡縣士族
幸田政方
文久元年十一月生
右ハ前記ノ科目ニ就キ検定シ静岡縣
管内ニ於テ尋常小學校本科正教員
タルコトヲ免許ス
明治廿八年八月廿六日
静岡縣知事従四位勲四等小松原英太郎
第四百参拾七號

幸田《こうだ》政方《まさゆき》の小学校教員免許状

沼津市明治史料館所蔵

明治28年（1895）。幸田は静岡学問所や沼津兵学校附属小学校で学んだ旧幕臣。

官許 明治庚午初冬新刻 中村正直譯

SELF-HELP.

By Samuel Smiles.

Translated by M. Nakamura.

英國斯邁爾斯《スマイルス》著

西國立志編

原名自助論

一千八百六十七年倫敦出版

駿河國静岡藩 木平謙一郎藏版

中村正直訳『西国立志編』

沼津市明治史料館所蔵

欧米のさまざまな成功談を収録したもので、明治の青少年に勇気を与えた。

中村正直顕彰碑

伊東市宇佐美

昭和46年（1971）建立。川端康成の書で、『西国立志編』の一節、「天は自ら助くる者を助く」と刻まれている。中村の父は宇佐美村の農民から、江戸に出て御家人になった人だった。

■明治20年（1887）静岡尋常師範学校・静岡尋常中学校の教職員

静岡尋常師範学校	校　長	**蜂屋定憲**
	教　諭	草野正行　城谷謙（兼幹事・附属小学校主幹）　佐野喜代吉 **名和謙次**
	助教諭	菅沼岩蔵　藤川春龍　**鵜殿長道**　夏目秋蔵（兼中学校教諭・舎監） **吉原呼我**（兼舎監）　**新庄直義**　原田砂平　**加藤信一郎**（兼書記） 川路新吉郎（兼中学校教諭）　重野健造（兼幹事）
	訓　導	安間源次郎
	書　記	**木原碌**
	舎　監	**村越蠖堂**
	傭	栗原諭
	教員助手	**川口猶太郎**（歩兵一等軍曹）　**井出ヤチ**
静岡尋常中学校	校　長	杉原正市
	一等教諭	潮田辰一（兼幹事）　**平田義烈**　**黒川正**　**木村牧**　**山口覚** **芹沢潜**　**浦野鋭翁**　**末吉英吉**　河村忠平　**岡田正** 平井雋（分教場詰）　**塩崎成績**
	助教諭	**鈴木正錬**　**市川鏺一郎**
	三等助教諭	**吉田重裕**
	教諭試補	**平賀敏**（分教場詰）　**望月宗一**　松山若冲（兼舎監） 外山義文　須藤清造（分教場詰）　**駒井晴喜**（分教場詰） **渥美桂次郎**（分教場詰）
	動物植物 生理学科教授	高橋福次郎（分教場詰）
	書　記	鈴木佳音太郎（兼教員助手・歩兵二等軍曹）　**長谷川忠恕** **森田亀次郎**（分教場詰）　**土屋文蔵**（兼教員助手・分教場詰） 杉浦芳三郎
	御雇外国人	カッシデー

太字は静岡県士族（≒旧幕臣）

『静岡県静岡裁判所職員録』（1887年発行、静岡大務新聞社）より作成

静岡バンド

静岡学問所のお雇いアメリカ人教師クラークは、英語や化学を教えたのみならず、キリスト教の信仰をもたらした。クラークの赴任は廃藩直後であったが、教師・生徒のうち少なからぬ数の元静岡藩士たちが彼に感化された。クラークが静岡を去った後は、学問所の後身賤機舎《しずはたしゃ》の教師に雇われたカナダ人宣教師マクドナルドによる布教が開始され、クラークの時から信仰に触れていた旧幕臣生徒たちが明治七年（一八七四）に初めて洗礼を受けるに至った。

マクドナルドはカナダ・メソジスト教会に属しており、静岡教会は東京・甲府の教会とともに同派の日本における拠点を形成した。そこに結集した旧幕臣たちの一団は「静岡バンド」と呼ばれる。沼津に赴任した同派の宣教師ミーチャムによって信仰に導かれた江原素六ら、同じく東京のカクランから受洗した中村正直らについても広い意味での静岡バンドに含めることができる。

静岡移住旧幕臣からはカナダ・メソジスト教会以外のプロテスタント各派に属することになったクリスチャンも出た。横浜の宣教師バラから受洗し、「横浜バンド」というグループに入った杉山孫六・竹尾忠男、南美以教会（アメリカ南メソジスト教会）に属した坂湛《さかたとう》、留学先のアメリカで入信し牧師となった大儀見元一郎・田村初太郎・木村熊二らである。

一方、カトリックでは明治八年（一八七五）、静岡県内で初めて受洗した駿東郡松長村（沼津市）在住の鈴木孫四郎、ロシア正教では一〇年（一八七七）に東京で入信した白井音次郎らが、旧幕臣ひいては静岡県民一般の信仰の先駆者となった。松長村では、布教にあたった鈴木龍六《たつろく》・経勲《つねのり》兄弟（孫四郎の息子）らとキリシタン禁制意識が抜け切らない県庁・住民との間で摩擦が引き起こされた。

カナダ・メソジスト教会年会会員 『江原素六先生伝』所載

明治 27 年（1894)、静岡教会にて撮影。静岡移住旧幕臣の信徒は、前列右端山路愛山、右から 3 人目江原素六、4 人目山中笑、中列左から 3 人目原野彦太郎、4 人目太田虎吉、7 人目村松一、後列左から 4 人目結城無二三、右から 4 人目土屋彦六。

自由民権運動

明治一二年（一八七九）、静岡県内で最初に結成された演説結社が参同社である。啓蒙活動をメインにしており、決して反政府的な運動を展開したわけではないので、社員の顔ぶれを見ると官民の有志が総参加した感があるが、その中からは多くの旧幕臣を拾い出すことができる。たとえば池田忠一・磯部物《ぶつ》外《がい》・梅沢敏《さとし》・江原素六・島田豊・辻芳太郎・永峯弥吉・蜂屋定憲・林惟純・布施譲・前《まえ》田《だ》五門《ごもん》・山本正至らである。

　その後、自由民権思想の普及と運動の進展、急進化により、政府との対決色が鮮明になっていく。静岡在住の旧幕臣の中には、薩長の藩閥政府への反発もあり、民権運動に積極的に参加する者も見られた。激化事件としての静岡事件（一八八六年）に関与し、逮捕された湊《みなと》省《しょう》太《た》郎《ろう》・山岡（鈴木）音高《おとたか》・清水綱義《つなよし》らはその代表格である。

　しかし、圧倒的多数の旧幕臣は、過激な実力行使にはしるのではなく、合法的な運動を進めたといえる。田中勤番組之頭並《かしらなみ》だった前田五門は静岡県改進党幹事をつとめ、国会開設請願運動に奔走した。榛原郡の農村で生活していた今井信郎は、三養社という演説結社を結成、その社長に就任したほか、村民たちに国会開設請願書への捺印を求め、静岡で発行された民権派の新聞『東海暁鐘《ぎょうしょう》新報』を支援した。金谷で小学校教師となっていた静岡学問所の元教授山菅恒は勧誘社という演説結社の社長になっている。江原素六は沼津で結成された演説結社観光社に参加し、自由党の板垣退助が同地で演説会を開いた際には歓迎の辞を述べた。今井や江原らは地域の豪農商と一体となって民権運動を推進したといえる。民権派としての行動を基礎に、やがて江原は第一回衆議院議員選挙に当選、代議士に押し上げられる。

鈴木貫之 『岳陽名士伝』所載

浜松移住の旧幕臣で、同地で結成された遠陽自由党に参加した。

大橋兼久 個人蔵

彰義隊で戦った前歴を持つ旧幕臣で、沼津で代言人を開業、岳南自由党に所属した。

山岡音高 『自由党史』下巻所載

浜松勤番組世話役頭取をつとめた元旗本山岡景連の子。中江兆民に師事、自由党に入党し民権論を鼓吹した。静岡事件により入獄。

広瀬重雄 『自由党史』下巻所載

田中に移住した元旗本薮勝（新太郎）の弟。『函右日報』の記者として民権運動を推進。静岡事件によって逮捕、投獄された。

明治国家との距離感

勤王と佐幕は対立概念ではなかったし、維新の政争に敗れた徳川家といえども皇室を尊ぶ姿勢に薩長との違いはなかった。華族筆頭の地位を与えられた徳川家達は、戊辰時の慶喜が受けた汚名を返上すべく、一貫して天皇の忠実な臣下であり続けたといえる。旧幕臣たちも同様であり、官僚・軍人など政府の一員となり、明治国家の発展を支えた。侍従として明治天皇の側近くに仕えた山岡鉄舟のような人物すらいる。自由民権運動に参加し藩閥政府と鋭く対立した者も、皇室への態度に大差はなかった。

しかし、以下のエピソードからは、薩長政府や天皇家との一体感の有無や距離のとり方といった点で、旧幕臣たちの複雑な心中が垣間見える。明治三二年（一八九九）一月、勝海舟が死んだ際、かつての門人杉亨二はその功労を称え、衆議院から弔辞を贈ってほしいと、田口卯吉を通じて代議士島田三郎に打診した。田口は沼津兵学校時代の恩師である中根淑《きよし》にそのことを相談したが、中根は維新当時の勝は徳川家を第一に行動したのであり、杉の希望を「俗論」であると指摘し、あまり感心しないと答えた。田口も「無理に尊王なといふ名目を附けて弔すといふことならハ大反対なり」と自身の考えを述べた（中根淑「明治己亥日録」）。これは、中根や田口が、勝の事蹟を「尊王論」に収斂させようという考え方に対し大きな違和感を抱いていたことを示す。

もちろん先述の静岡バンドのようなクリスチャンの場合、国家神道や皇室に対する態度はより一層微妙なものとなる。明治三五年（一九〇二）六月、静岡市で開催された講演会における江原素六の、教育勅語も時代によって変更がありうるとの発言をめぐって引き起こされた舌禍事件もそのような点が顕在化したものだった。

山岡鉄舟
沼津市明治史料館所蔵

演壇に立つ島田三郎
『青年之友』第1巻第2号所載

島田三郎は、沼津兵学校資業生出身の政治家・ジャーナリストで、自由民権期から大正デモクラシー期まで常に在野の立場で進歩的な主張を貫いた。

中根淑 『歌謡字数考』所載

陸軍出仕中に著した『兵要日本地理小誌』では、戊辰戦争時の旧幕府方を「東軍」と記すことにこだわり、長州藩出身の上司が「賊軍」と改めさせようとしたのを拒否した。

田口卯吉 『鼎軒田口卯吉全集』第一巻所載

その著『日本開化小史』は文明史観にもとづく代表作とされ、時代の発展・進歩を法則的に理解し叙述した。尊王の度合いや為政者の道徳性などによって歴史を評価することを排した。

江原素六　国立歴史民俗博物館所蔵

絵葉書に印刷されたもの。幕府陸軍士官から沼津兵学校の設立者となり、後年は政治家・教育者・キリスト者として活躍した。

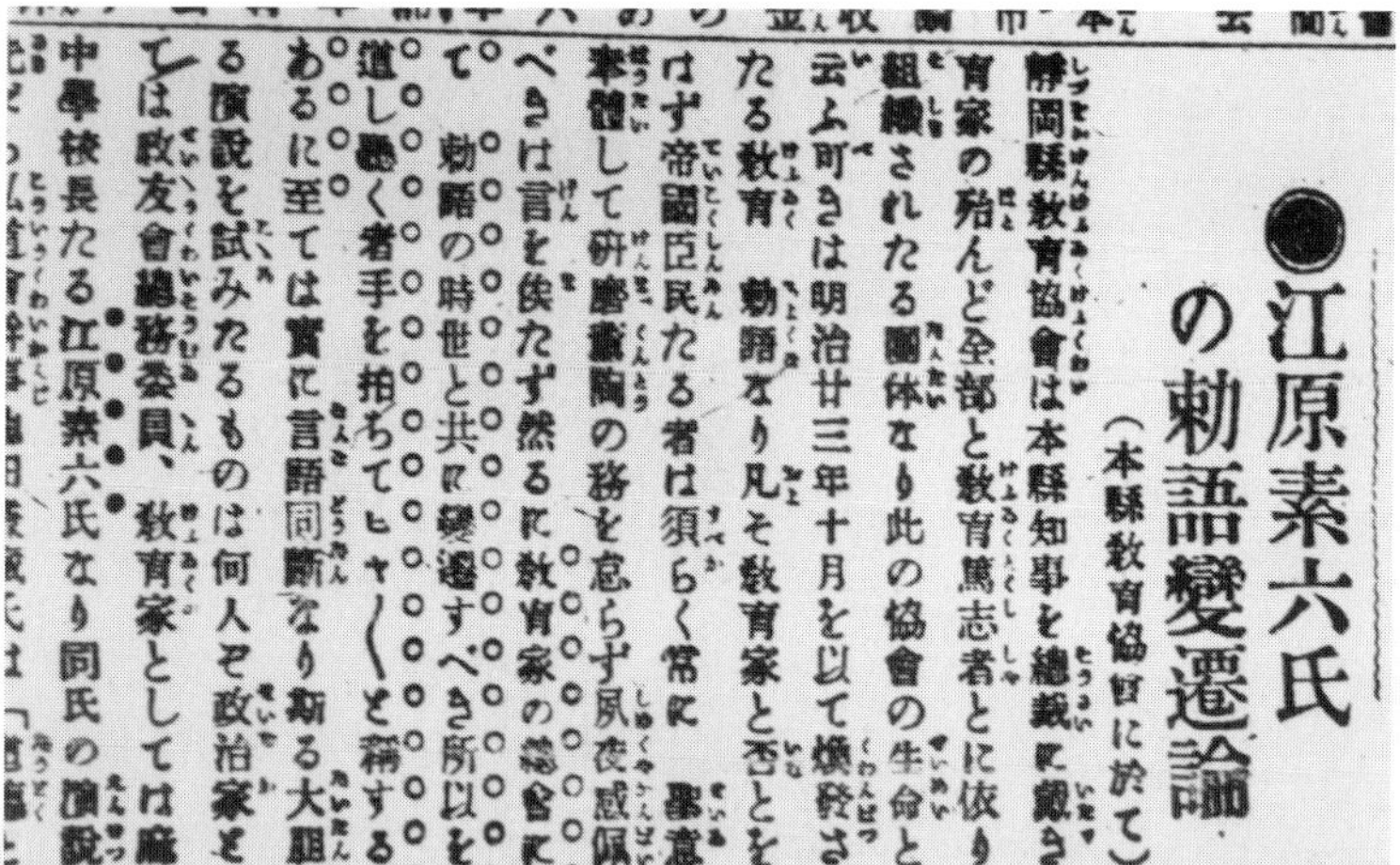

●江原素六氏の勅語變遷論
（本縣教育協會に於て）

静岡縣教育協會は本縣知事を總裁《そうさい》に戴き教育家の殆んど全部と教育篤志者とに依りて組織されたる團体《だんたい》なり此の協會の生命《せいめい》とも云ふ可きは明治廿三年十月を以て煥發《くわんぱつ》されたる教育勅語なり凡《およ》そ教育家と否《いな》とを問はず帝國臣民《ていこくしんみん》たる者は須《すべか》らく常に聖意《せいゐ》を奉體《ほうたい》して研磨《けんま》薫陶《くんたう》の務を怠らず夙夜感佩《しゆくやかんぱい》すべきは言《げん》を俟たず然るに教育家の總會に於て勅語の時世と共に變遷すべき所以を唱道し聽く者手を拍ちてヒヤ〳〵と稱する者あるに至ては實に言語同斷《どうだん》なり斯る大膽《だいたん》なる演説を試みたるものは何人ぞ政治家《せいぢか》としては政友會總務委員、教育家としては麻布中學校長たる江原素六氏なり同氏の演説に

江原素六の教育勅語変更発言事件を報じる新聞
『静岡民友新聞』明治35年6月5日

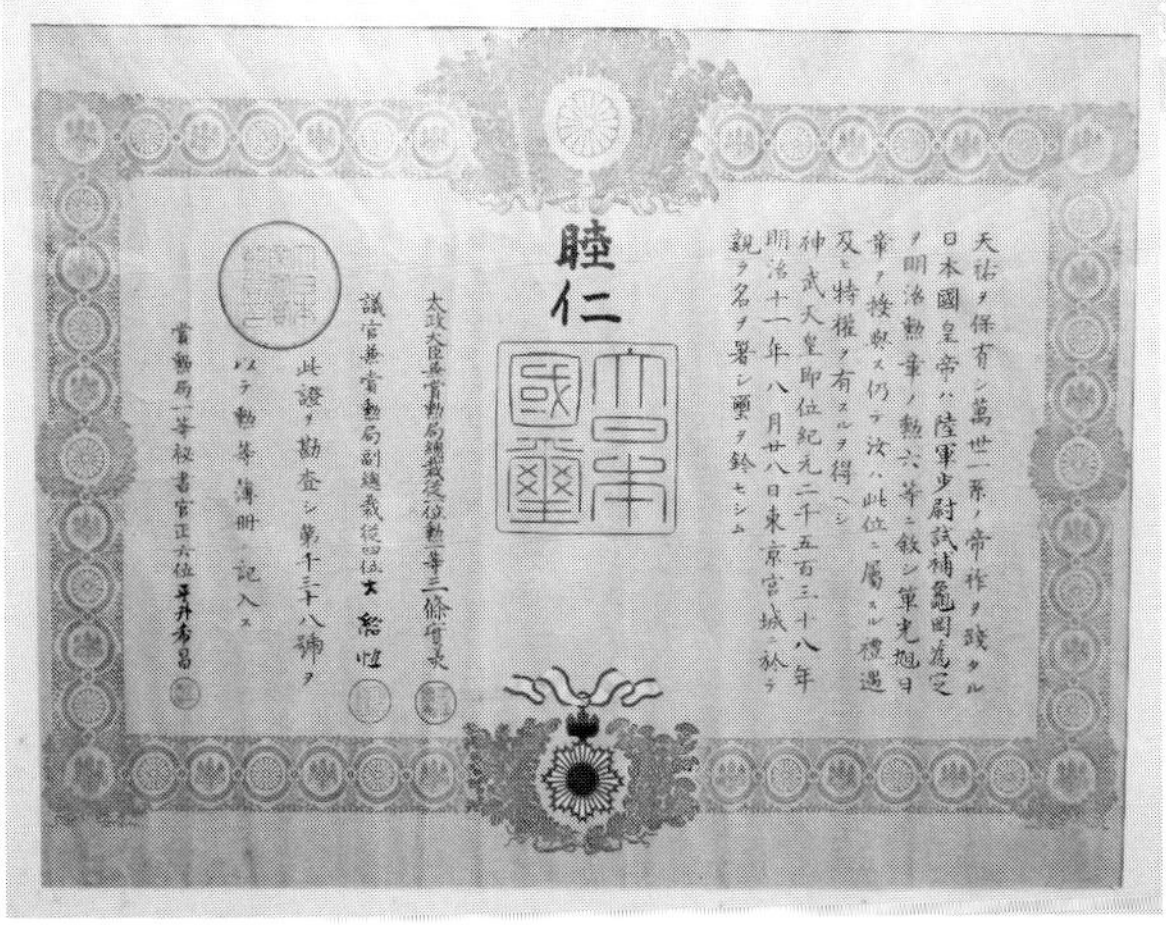

天佑ヲ保有シ萬世一系ノ帝祚ヲ践ミタル
日本國皇帝ハ陸軍少尉試補龜岡爲定
ヲ明治勲章ノ勲六等ニ叙シ單光旭日
章ヲ授與ス仍テ汝ハ此位ニ屬スル禮遇
及ヒ特權ヲ有スルヲ得ヘシ
神武天皇即位紀元二千五百三十八年
明治十一年八月廿八日東京宮城ニ於テ
親ラ名ヲ署シ璽ヲ鈐セシム

睦仁

太政大臣兼賞勲局總裁従一位勲一等三條實美
議官兼賞勲局副總裁従四位大給恒
此證ヲ勘査シ第千三十八號ヲ
以テ勲等簿冊ニ記入ス
賞勲局一等校書官正六位平井希昌

勲六等単光旭日章の勲記 個人蔵

明治 11 年（1878）に陸軍少尉試補亀岡為定が授与された際のもの。亀岡は沼津兵学校資業生だった旧幕臣で、後に陸軍工兵大尉。

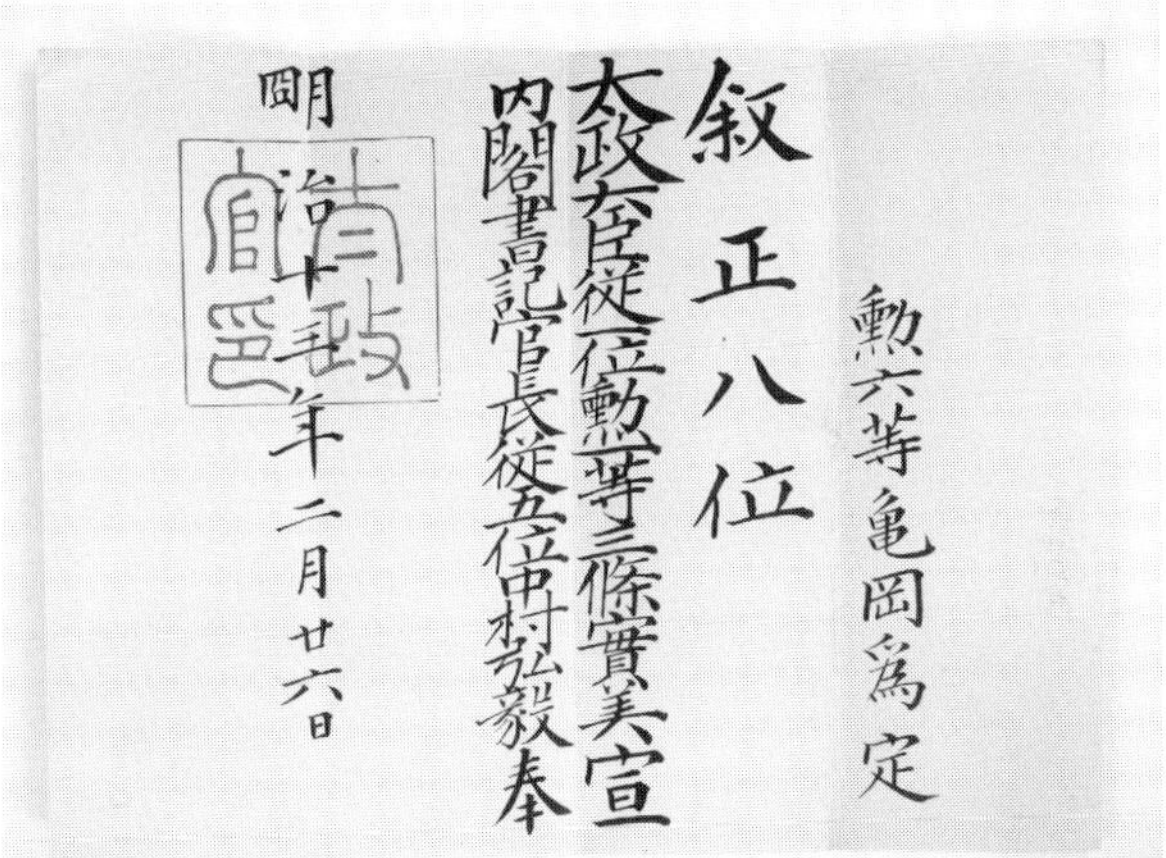

勲六等亀岡爲定
叙正八位
太政大臣従一位勲一等三條實美宣
内閣書記官長従五位中村弘毅奉
明治十三年二月廿六日

正八位の位記 個人蔵

明治 13 年（1880）に亀岡為定が授与されたもの。軍人や官僚となった者は、明治国家への貢献度にもとづき叙位叙勲という形で、天皇を頂点とした序列の中に位置づけられた。旧幕臣にとって、旗本・御家人の別や家格・禄高による身分差など、将軍を頂点とした旧幕時代の序列は、はるか遠い過去のものとなっていった。

徳川家と静岡県の絆

旧藩主徳川家達は、廃藩後は東京で生活していた。イギリスへの留学も果たし、公爵の地位にふさわしい教養も身に付け、立派な青年華族となっていた。その家達は明治二一年（一八八八）一〇月、一七年ぶりに静岡県を訪問した。この時、現金五〇〇〇円と田地《でんち》四八町余（地価約一二〇〇円）が、旧藩士族子弟の教育のためとして寄付された。県では「静岡県士族子弟学資配当処分規定」（二七年四月一日施行）を制定し、地区毎に配分した金額を郡長・市長に管理させることにした。各郡市では士族の中から三名から七名の取扱惣代を公選し、元資・利子の保管・運用について協議させた。取扱惣代の中からは互選で各郡市一名ずつの委員を決め、全県下で計一四名の委員が選出された。一四の郡市とは、賀茂・那賀郡、君沢・田方郡、駿東郡、富士郡、庵原郡、有渡・安倍郡、志太・益津郡、榛原郡、佐野《さや》・城東郡、周智郡、豊田・山名・磐田郡、長上・敷知《ふち》・浜名郡、引佐・麁玉《あらたま》郡、静岡市である。静岡藩領ではなかった伊豆の四郡（君沢・田方・賀茂・那賀）も含まれ、静岡県民は等しくその恩恵を受けた。

大正四年（一九一五）は東照宮四百年にあたり、久能山東照宮でも記念の祭典が開かれ、徳川一門が参列したほか、静岡市や静岡県内でも関連のイベントが開かれた。同一四年（一九二五）四月に開館した静岡県立葵文庫は、徳川家の記念事業として渋沢栄一らの寄付を得て建設された県立図書館だった。維新時に運ばれた幕府旧蔵書が同館に収められた。

昭和五年（一九三〇）五月から六月にかけ、昭和天皇が静岡県に行幸した。徳川家達は静岡駅のホームで天皇一行を出迎え、静岡御用邸での御陪食《ごばいしょく》では話し相手となった。昭和戦前期まで、徳川家と静岡県は切っても切れない関係を続けていた。

徳川家達肖像画 個人蔵

絵葉書に印刷されたもの。子ども時代に静岡藩主をつとめ、成人後は明治・大正・昭和の長きにわたり貴族院議長の任にあった。

沼津を訪問した徳川家達 沼津市明治史料館所蔵

大正 12 年（1923）、沼津の城岡神社にて。中央女性は徳川繁子（家達娘）、右へ徳川家達、井口省吾（陸軍大将）、平山成信ら。

静岡育英会

静岡県民や旧幕臣の子弟に対する徳川家の貢献には、先述の学資金寄付以外にもあった。静岡育英会という育英・奨学団体である。明治一八年（一八八五）一一月に創設され、旧幕臣と静岡県民の子弟に対し上級学校進学のため奨学金を支給した。二三年（一八九〇）時点で会員数は五一三名、うち東京在住が三〇〇名、静岡在住が六〇名だった。昭和三八年（一九六三）に解散するまで、歴代の会長は、赤松則良・榎本武揚・平山成信・岡田良平・一木《いっき》喜徳郎《きとくろう》らがつとめている。また同会は育英黌《こう》という私立学校の経営も行った。

徳川家が静岡育英会に直接関与するようになったのは、大正六年（一九一七）の規則改正後で、会長の上に新たに総裁が置かれ、公爵徳川家達が推戴されたのである。同じ時、奨学金貸与の対象者が旧幕臣の子弟のみならず静岡県民一般や旧幕府に縁故ある者の子弟にまで拡大され、学資補助の対象となる学校の範囲も大幅に広げられた。大正九年（一九二〇）一〇月、静岡育英会によって東京千駄ヶ谷の徳川家達邸内に明徳寮という名の寄宿舎が開設され、東京で学ぶ静岡県出身学生の便宜がはかられた。

幕府時代には鉄砲方の配下で三〇俵二人扶持を給された寺島正利は、維新後沼津在の上香貫村に移住、廃藩後には小学校教員になった。明治六年（一八七三）に生まれた正利の息子貞太郎は沼津中学校や伊豆学校で学んだ後上京、二五年（一八九二）海軍機関学校に入学することができた。職業軍人として輝かしい未来が待っていたはずの貞太郎であるが、日露戦争の旅順港閉塞作戦に参加し戦死、海軍機関少監に昇進した。こうして軍神となった貞太郎であるが、東京で苦学した時代には、静岡育英会の甲種生徒に採用され、月額六円の学資を支給された人だった。

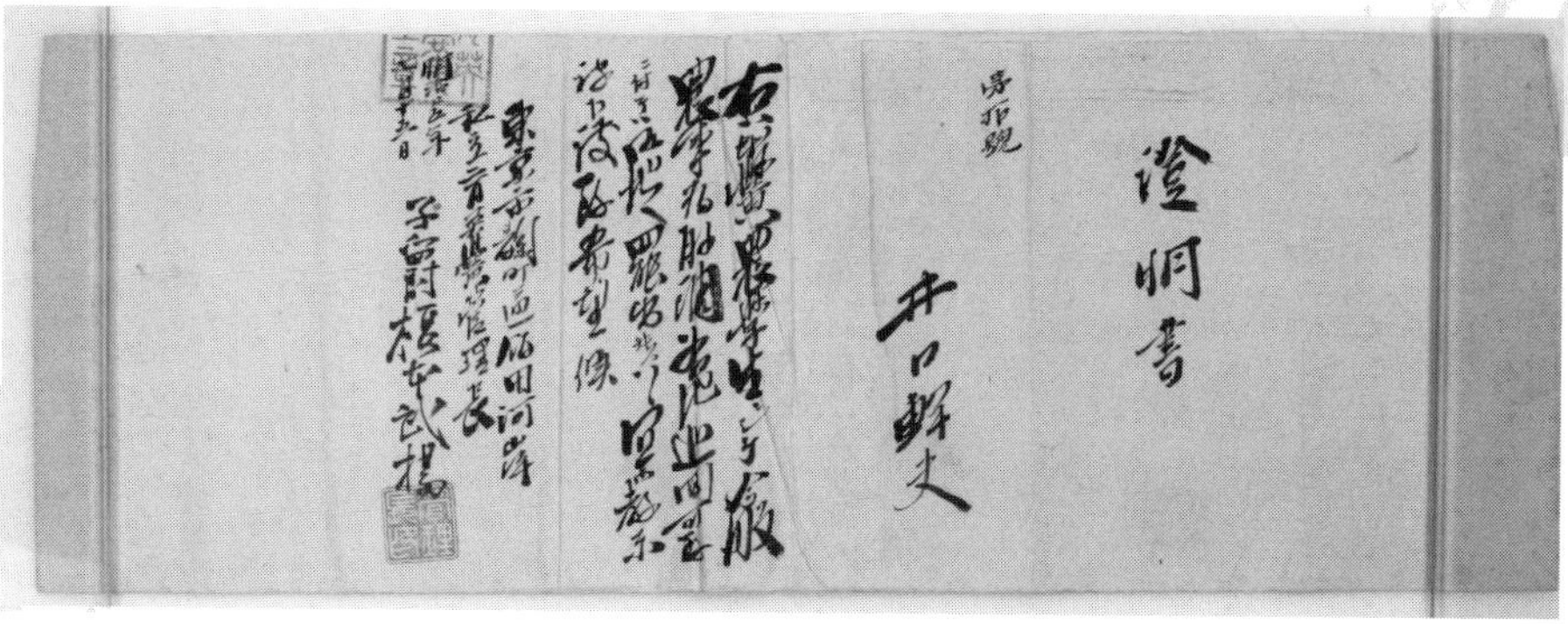

育英黌農学生の地方農事巡回調査依頼 個人蔵

明治 25 年（1892）私立育英黌管理長子爵榎本武揚の名で出された学生の身分を証明する依頼状。この前年に創設された育英黌は、後に静岡育英会の手を離れ独立し、東京農学校（現東京農業大学）となる。

■明治 18 年（1885）静岡育英会の設立発起人と最初の役員たち

会　長	赤松則良
副会長	大築尚志
議　員	田辺太一　沢太郎左衛門　荒井郁之助　乙骨太郎乙　黒田久孝　外山正一 長田銈太郎　中村正直　杉亨二　永峯弥吉　中根淑　矢吹秀一　阿部潜 杉田玄端　江原素六　永峰秀樹　小菅智淵　福田重固
幹　事	平山成信　中川将行　荒川重平　真野肇　川北朝隣
発起人	磯部物外　富田冬三　長田清蔵　岡田善長　小花万治　岡敬孝　川村正平 河野栄次郎　竹村謹吾　谷信久　永井岩之丞　郡司成忠　山本淑儀 間宮信行　小林一知　権田正三郎　天野貞省　笹間洗耳　桜井貞 三好晋六郎　神保長致　本山漸　関廸教　鈴木利亨

『静岡大務新聞』明治 18 年 5 月 10 日・7 月 18 日より作成。
役員のうち中村正直・杉田玄端・川北朝隣以外は発起人でもある。

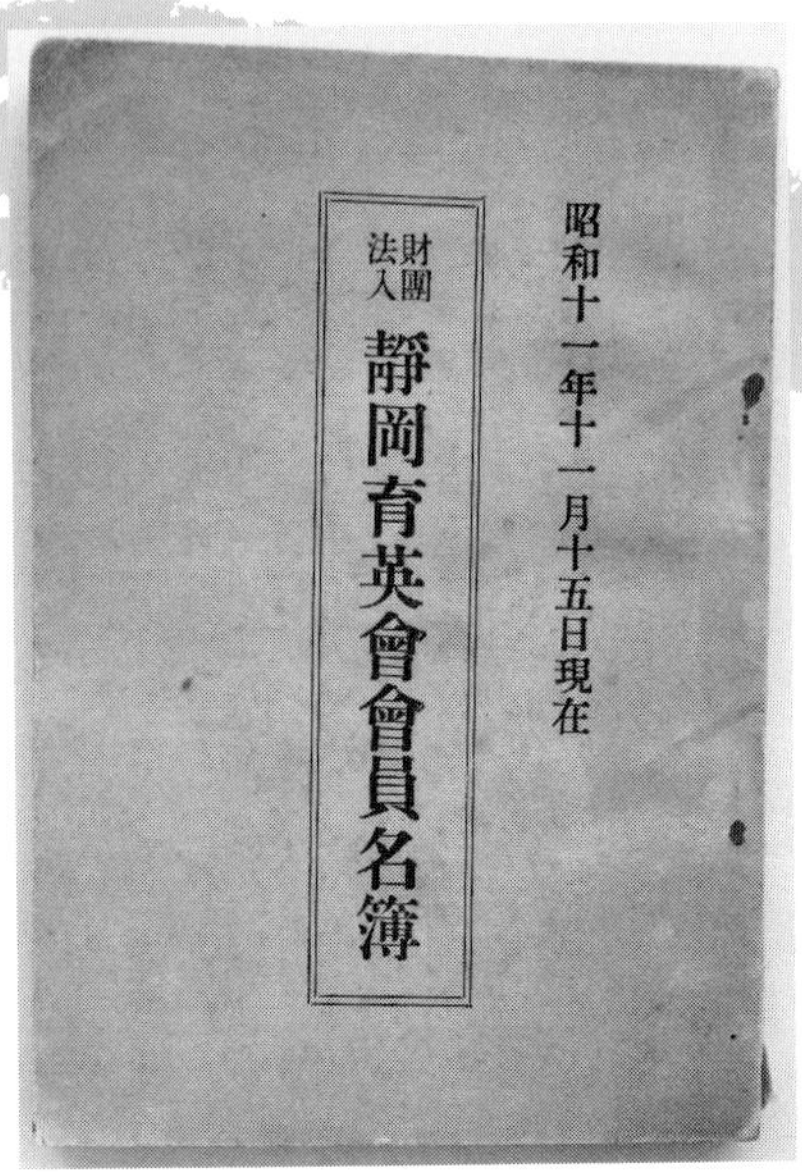

『財団法人静岡育英会会員名簿』

個人蔵

昭和 11 年（1936）11 月時点のもの。総裁徳川家達以下、役員・会員の住所・氏名が並ぶ。

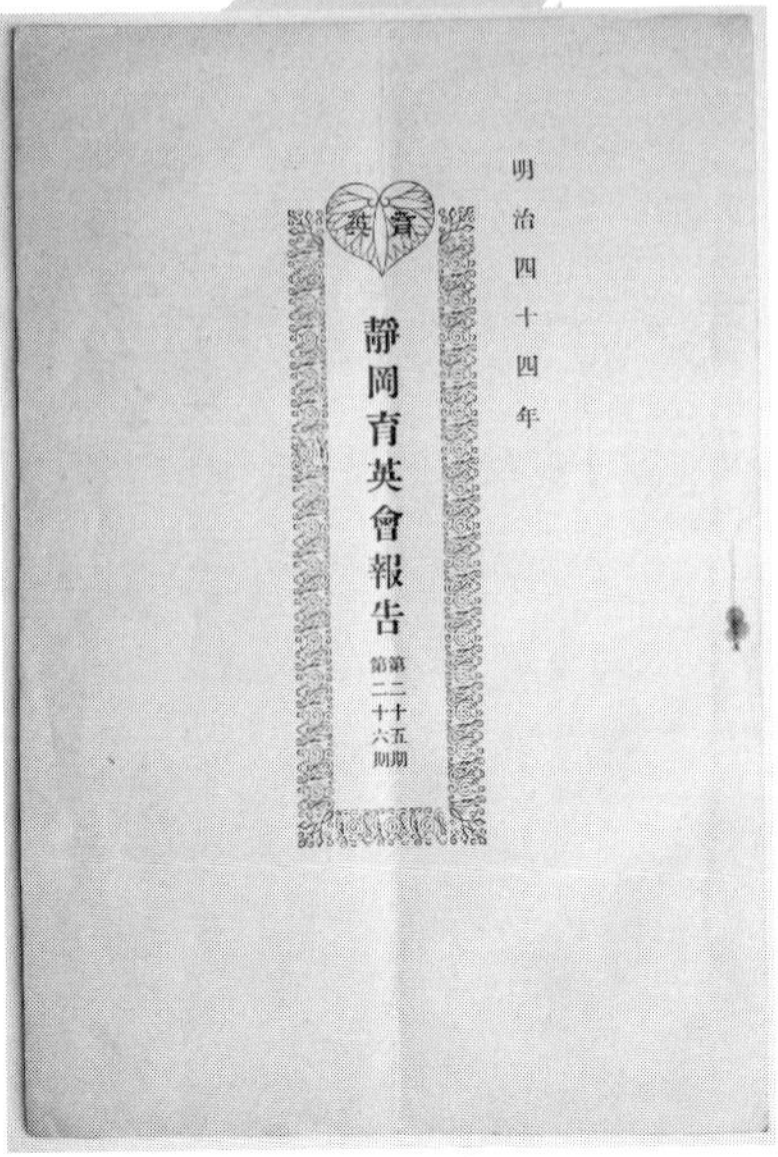

『静岡育英会報告　第二十五期・第二十六期』

沼津市明治史料館所蔵

明治 44 年（1911）発行。会員に会の活動を報告するための印刷物。

■静岡育英会の役員　大正 7 年（1918）12 月時点

総　裁	徳川家達（公爵）
顧　問	岡田良平　渋沢栄一（男爵）
会　長	平山成信
評議員	井出謙治　石川道正（※理事）　細谷安太郎　豊島直通 大森鐘一（男爵）　河井弥八（※理事）　川島忠之助　笠島新太郎 吉田増次郎　辰沢延次郎　土屋保（※理事長）　成田勝郎 中嶋与曽八　永峰秀樹　植村澄三郎（※監事）　久保春海（※理事） 山田英之助　山内長人（男爵）　山口勝　山崎覚次郎 榎本武憲（子爵）　赤松範一（男爵、※監事）　荒川重平 沢鑑之丞　阪田貞一　佐々倉永三郎　佐野善作　桜井鐵太郎 三田佶　木村浩吉　菊地駒次　湯河元臣　三輪修三（※理事） 宮田太郎　塩谷温（※理事）　平塚保
名誉会員	徳川慶久（公爵）　徳川達孝（伯爵）　徳川達道（伯爵） 徳川厚（男爵）

※は兼任

わが町ゆかりの旧幕臣

ここでは、静岡県内の各市町から一名ずつ、
代表的かつ有名な旧幕臣というよりも、
あまり知られていない人物を優先して紹介したい。
ただし、他にふさわしい人物が見当たらず、
知名度が高い人物をピックアップせざるをえなかった場合もある。

熱海市

千種顕信

千種顕信（房五郎、一八四一〜一九〇六）は、幕末には一橋徳川家の家臣から幕府の撒兵《さっぺい》差図役《さしずやく》頭取《とうどり》改役《あらためやく》となり、維新後は沼津兵学校第三期資業生となった。明治三年（一八七〇）弘前藩への御貸人となり、フランス語を教えた。東京で私塾を開いた後、伊豆の網代村（熱海市）の小学校臼月舎に赴任、一五年（一八八二）から舎長をつとめた。二〇年（一八八七）には尋常小学池新田学校長に転任したが、その後伊豆に戻り、熱海尋常小学校長・熱海町立伊豆山尋常小学校長などをつとめ、三〇年（一八九七）には熱海町学務委員に就任した。

伊東市

太田能知

太田能知（一八四七〜一九〇六）は江戸本所生まれの幕臣で、維新後は駿河国駿東郡西椎路村（沼津市）に移住、沼津兵学校に学んだ。廃藩後は小学校訓導として伊豆の宇佐美村（伊東市）に招聘され、三〇年以上にわたって同地での教育に従事した。伊東市宇佐美・朝善寺には太田先生報恩会が建立した墓碑が立つ。

東伊豆町

向井秋村

向井秋村（正義・金三郎・左門）は、伊豆国賀茂郡片瀬村（東伊豆町）をはじめ、現伊東市・下田市・南伊豆町などに所領を有した旗本。同家は二四〇〇石を食《は》み、代々、幕府の御船手頭《おふなてがしら》をつとめた。秋村は幕末には将監・伊豆守・豊前守を称し、小《こ》十人頭格《じゅうにんがしらかく》御軍艦《おぐんかん》操練所頭取、御使番、歩兵頭、製鉄奉行並、歩兵奉行並、歩兵奉行を歴任した。幕府瓦解後に隠居、家督を継いだ息子の伊織（正養）は、徳川家の臣列を離れ新政府所属の朝臣となり、下大夫《げたいふ》の地位を与えられた。秋村は明治五年（一八七二）、工部省十一等出仕になり、一〇年（一八七七）には下田に移住して裁判所に勤務したほか、代書人をつとめた。向井秋村は静岡藩士になった旧幕臣ではないが、東伊豆町にはほかに適当な人物が見当たらなかったため、例外として紹介した。

河津町

石橋俊勝

石橋俊勝（八郎、一八三七〜一九〇五）は、静岡藩の沼津病院製煉方をつとめた人物。幕府時代には竹原平次郎と名乗り、開成所化学教授出役だった。慶応二年（一八六六）、江戸の反射炉用耐火レンガの原料となる白土を調達するため、伊豆国賀茂郡梨本村（河津町）に出張し、天城山中の字荻野入で採取・調査を実施した。明治政府に出仕した後は、開拓使に勤務した。弟の吉沢勇四郎は旧幕府陸軍の工兵頭並として箱館戦争で戦死、もう一人の弟石橋好一は英学者として沼津兵学校二等教授をつとめた。住んだわけでも勤務地があったわけでもなく、関わりとしては薄いが、ほかに河津町ゆかりの人物が見当たらなかったため、例外的に紹介した。

石橋俊勝　個人蔵・沼津市明治史料館保管

下田市　田那村謙吉

田那村謙吉（謙輔・槐所）は、静岡藩時代には浜松小学校で漢学担当の教授をつとめていた。本来、佐倉藩士の子で、砲術に長じ韮山代官手代から幕臣になった田那村淳（松郎・吉廸）の養子になった人である。

廃藩後は浜松県で巡回訓導をつとめ、下田の小学校訓導に赴任したのは明治七年（一八七四）のことだった。小学校を退職した後も下田に住み、私塾を開いた。明治二一年（一八八八）に四六歳で没した。下田市の海善寺には履歴を彫った「田那村先生墓」が建てられている。

田那村謙吉の墓　下田市・海善寺

南伊豆町　筧正文

筧止文は、賀茂郡須崎村（南伊豆町）の小学校須崎学校で明治一五年（一八八二）から教師をつとめた人物。慶応二年（一八六六）、幕府の海軍奉行並支配の時、海軍所に入り洋算を学び、維新後、静岡藩では横須賀小学校や浜松小学校で数学を教えた。四年（一八七一）には上京して攻玉社に入学し、数学・測量の研鑽を重ねた。六年（一八七三）、二七歳の時、東京で育養社という私塾を開き、やはり数学を専門とした。その後伊豆にやって来た理由はわからない。

西伊豆町　関近義

関近義《ちかのり》（勘五郎、一八四五～九〇）は沼津兵学校第四期資業生であり、廃藩後、足柄県那賀郡浜村（西伊豆町）に明治六年（一八七三）開校した小学校明倫館の教師となった。その後上京、東京女子師範学校や茨城県第二中学校などで教鞭をとった。二〇年（一八八七）には東京下谷に育英学校という私学を開き、数学・簿記を教えた。沼津兵学校時代の同窓愛知信元が編纂した

『簿記教授本』（一八八一年刊）の校訂を担当している。浜村で生まれた息子の関一《はじめ》は、大正・昭和初期の大阪市長として足跡を残した。

松崎町
生島閑

生島閑《いくしましずか》（一八五四〜一九二三）は幕末には福地桜痴に師事し、維新後、静岡学問所でフランス語を教えた旧幕臣。明治五年（一八七二）から七年まで存続した足柄県那賀郡江奈村（松崎町）の謹申学舎の教師をつとめた。江奈村での同僚には元会津藩家老の西郷頼母《たのも》がいた。上京後にキリスト教に入信、津田仙らとともに耕牧学舎（現在の青山学院のルーツのひとつ）という私立学校を設立した。大蔵省の官僚でありつつ、商議員として初期の青山学院の経営に参画した。

三島市
小宮山昌寿

小宮山昌寿（金蔵、一八四二〜九五）は、開成所で洋算を学び、幕府陸軍の砲兵差図役並に任じられ、榎本武揚軍に参加し工兵隊頭取として箱館五稜郭で戦った人。降伏・謹慎後、静岡藩への帰参を経て明治政府に出仕、大学少助教、陸軍兵学寮・陸軍教導団の教官などを歴任、陸軍工兵少佐・工兵会議議員となった。日清戦争では第三師団に所属し第一軍兵站部司令官をつとめたが、出征中に平壌で病没した。予備役編入後、三島町に隠棲していたため、同地に葬られ、現在、三島市栄町の共同墓地には、漢学者岡千仞《せんじん》撰文による履歴を刻んだ墓石が立つ。

伊豆市
田辺直

田辺直は昌平黌に学んだ旗本で、維新後駿河に移住した。明治六年（一八七三）時点で沼津城下に居住した旧幕臣四四二名の氏名を書き込んだ「沼津城内原図」や「日枝神社氏子帳」（明治九年）にその名が記されている。七年（一八七四）田方郡本立野《ほんたちの》村（伊豆市）に開校した小学校本立学舎の教員をつとめた。同校での教え子には、後にロシア正教徒となり、ロシアのペテルブルグ神学大学に留学、『露西亜文法』を編纂した神学者・語学者岩沢丙吉がいる。岩沢は田辺のもとで漢籍も学んだという。その後、富士郡大宮町（富士宮市）に移り教員を続けた。大正デモクラシーの思潮に影響を与えた明治から昭和にかけてのジャーナリスト茅原華山《かやはらかざん》は、田辺の孫（娘の子）である。華山によれば、田辺は「国士」といった風がある保守的な国家主義者だったが、自身の「不羈放逸な熱情」はこの祖父から受け継いだものだったという。

伊豆の国市

八田公道

八田公道《はったきんみち》（篤蔵、？～一八九五）は、江川坦庵の下で韮山代官手代をつとめ反射炉築造に貢献した八田公経（運平・兵助）の子。高島流砲術を学び、江川氏配下の鉄砲方附手代をつとめた。文久三年（一八六三）には富士見御宝蔵番格《ごほうぞうばんかく》歩兵差図役頭取勤方として直参に取り立てられ、やがて歩兵頭にまで昇進した。維新後は静岡藩士として沼津勤番組十五番頬《がわ》頭取をつとめた。廃藩後は足柄県に官吏として奉職している。

函南町

石井至凝

石井至凝《みつなり》（新八、一八四三～一九一四）は、御書物奉行石井至穀を祖父に持つ幕臣で、幕末には歩兵や撒兵の士官をつとめた。江原素六とは松代藩士蟻川直方の蘭学塾でともに学んだ仲だった。沼津兵学校第二期資業生となり、廃校後は陸軍教導団生徒に編入されたが、退団し茨城県や外務省に奉職した。明治一三年（一八八〇）、田方郡仁田村（函南町）の小学校函南学校の校長に就任、一八年（一八八五）まで勤務した。その間、同地で結成された演説結社北豆社（涵養社）の中心メンバーとなり、民権思想を喚起した。後年は山梨県や大蔵省に勤務した。

石井至凝 沼津市明治史料館所蔵

沼津市

鈴木敬治

鈴木敬治（桂之丞・桂、一八四八～一九一九）は幕臣鈴木清七の子で、昌平黌に学び、騎兵組御雇《おやとい》となり、維新後は陸軍局所属の馬乗雇として沼津に移住し、沼津勤番組三番頬世話役介をつとめた。廃藩後は海軍省を経て正院政表課や内閣統計局に勤務、杉亨二とともに甲斐国人別調べを担当するなど、政府の統計調査に長く携わったほか、東京統計協会の機関誌『統計集誌』に頻繁に投稿し、統計学の普及に貢献した。明治三三年（一九〇〇）退官後は住友に入社、別子鉱業所に勤務し統計作成にあたった。

鈴木敬治 個人蔵

清水町　有坂銓吉

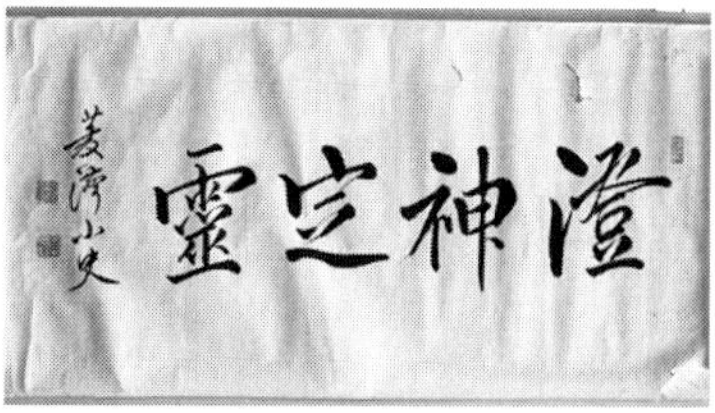

菱湾有坂銓吉の書　個人蔵

有坂銓吉（号菱湾・名敬遠・字儒卿、?〜一八八一）は、沼津郡政役所の郡方をつとめた静岡藩士で、駿東郡八幡《やわた》村（清水町）にあった元旗本陣屋に勤務した。旧幕時代には父理十郎と同様、普請役をつとめ治水工事などを担当した。幕末の文人名鑑『安政文雅人名録』にも掲載された書家でもあった。廃藩後、上京し宮内省四等属などをつとめた。

銓吉の息子鉊蔵は海軍造兵中将・工学博士であるとともに、八幡村ですごした少年時代から考古学に関心を抱き、人類学会に参加したほか、弥生式土器の発見者になったことで知られるユニークな学者・軍人。銓吉の上司だった静岡藩権少参事・郡政掛石川周二（潮叟）の息子石川千代松は、東京大学で動物学を専攻、師のモースを通じて進化論を日本に紹介したことで有名な理学博士である。移住先で子ども時代に触れた自然や古跡への関心が後年まで続く趣味の世界へと有坂鉊蔵を導いたという事実は、やはり駿河の地で植物・昆虫採集を行っていたという石川千代松にも共通することだった。千代松は八幡村時代には銓吉に書道を習ったという。

長泉町　佐久間信久

徳川家の駿河移封に際し、沼津を中心とした駿東郡と隣の富士郡は、陸軍局の移住先に指定されたため、当初、陸軍所属者以外からなる勤番組は置かれなかった。とはいえ、移住者たちは多くが自助努力で住まいを確保しなければならなかったため、陸軍局に属さない者も沼津近隣に居を定める場合があった。藩が藩士たちを地理上でひとまとめにし、組織的に管理することは不可能であり、混乱をきわめたのである。

駿東郡竹原村（長泉町）の百姓惣右衛門方に仮寓した佐久間信久（市之丞、弘化三年生まれ）は、二五〇俵取の元旗本で、維新前は講武所詰や遊撃隊御雇をつとめ、幕府瓦解後は御用人支配となっていた。つまり陸軍局には属さなかったにもかかわらず、

佐久間信久　個人蔵

ガラス板写真であり、桐箱の墨書によれば、慶応２年(1866) ３月13日、21歳の時、「大坂心斎橋半丁南　御写真師重喜」によって撮影されたものであることがわかる。

沼津近くに移住した例である。佐久間の名は、『駿藩各所分配姓名録』の上では相良勤番組の一人として掲載されている。相良への割付はくじ引きで決まったはずであるが、実際に同地には行くことすらなかったと思われる。その後、土地を求め、廃藩後も竹原村に住み続け、長泉村の助役などをつとめた。ちなみに信久の義兄（妻の兄）は沼津兵学校の生徒になった伊熊醇一、従弟は兵学校附属小学校の生徒になった佐久間敏治である。信久の子三千枝は静岡師範学校を卒業し、御殿場・沼津・長泉などの小学校長を長くつとめた。

裾野市

稲葉主水

三〇〇〇石取の旗本で、天和三年（一六八三）から駿河国駿東郡深良《ふから》村・久根《くね》村（裾野市）の領主だった旗本稲葉家の、幕末維新期の当主である稲葉主水《もんど》（正厚・隼人・金之丞・紀伊守）は、中奥小姓・講武所剣術世話心得出役・寄合肝煎《きもいり》などをつとめ、幕府瓦解後、慶応四年（一八六八）三月に目付に就任した。同年九月、いったん駿府の藩庁に届け出た後、一〇月から旧領深良村に逗留し、名主・知行取締役だった豪農松井家の世話になった。移住者の割付名簿『駿藩各所分配姓名録』の田中の部に記載されている「稲葉主水」が彼のことであろう。ただし、その後実際に田中に移住したのか否かはわからない。

御殿場市

尾江川知三

尾江川知三（清、?～一九〇一）は、沼津兵学校附属小学校手跡教授方をつとめた旧幕臣。廃藩後は沼津の小学校集成舎変則科で習字を教えたほか、第十四番中学区学区取締・沼津中学校幹事などを歴任した。明治一七年（一八八四）には御殿場村外十一ヶ村、翌年からは中山村外八ケ村という現御殿場市域の戸長をつとめているが、地域とのしがらみがない士族として選ばれた官選戸長だったらしい。二〇年（一八八七）時点で駿東郡二子村（御殿場市）在住だった。

小山町

木村蒙

木村蒙（幸三・緑村、一八四一～九一）は、静岡学問所四等教授をつとめた漢学者で、明治八年（一八七五）駿東郡用沢《ようざわ》村（小山町）の精義舎訓導に赴任して以来、同地で長く教鞭をとり、北郷《きたごう》小学校長をつとめた。没後、教え子たちによって遺稿集『魯斎小稿』が編まれたほか、顕彰碑が建立され、現在も小山町立北郷小学校に立つ。

富士市

石川成克

石川成克（栄吉、?～一九〇五）は、御先手頭などをつとめた五〇〇石取の旗本石川真清（左内・成章）の子であり、維新時には父ら家族七人で駿河国富士郡松岡村（富士市）に移住、百姓弥兵衛方に仮寓した。所属は小島勤番組之頭支配二等勤番組だった。文久元年（一八六一）に結婚した成克の妻卓子《たかこ》は、韮山代官江川坦庵の三女だった。そのため、石川家は松岡村から韮山の江川家（卓子の弟英武）のもとに身を寄せたが、やがて上京し商売を手掛けたという。しかし東京での事業は成功せず、悲観的になった卓子は愚痴をこぼしつつ、夫に先立ち明治二五年（一八九二）に死去した。

富士宮市

大田黒重五郎

大田黒重五郎（一八六六～一九四四）は富士郡大宮町（富士宮市）の万野原に移住した旧幕臣・沼津勤番組五番頬世話役介小牧辰蔵の子。移住時にはまだ幼かったが、明治七年（一八七四）に沼津に転居するまでの暮らしぶりについて回想録に書き残した。沼津中学校で学んだ後、一四年（一八八一）に上京、沼津兵学校出身の陸軍軍人加藤泰久宅に身を寄せ勉学を続け、東京外国語学校や東京高等商業学校に進学した。三井物産・三井鉱山などを経て、芝浦製作所（後の東芝）に奉職、大正期まで長く重役としてその経営にあたった。

大田黒重五郎
沼津市明治史料館所蔵

静岡市（小島）

当麻常八

当麻常八（良興）は慶応二年（一八六六）時点では一橋慶喜の家臣として御鉄砲組出役をつとめており、慶喜の将軍就任とともに幕臣になったと思われる。彰義隊に加わり、記録所組頭や隊外組頭をつとめたが、その際に着用した陣笠・陣羽織・紺糸威《おどし》具足と袖印・大隊小旗は明治一三年（一八八〇）に東京・深川不動堂に奉納され、現在は千葉県成田市・新勝寺の成田山霊光館に現存する。移住先の静岡藩では小島勤番組に属したらしく、廃藩後に作成された「家禄証受取帳」（東京都江戸東京博物館所蔵）には第三大区（庵原郡）の部に記載がある。

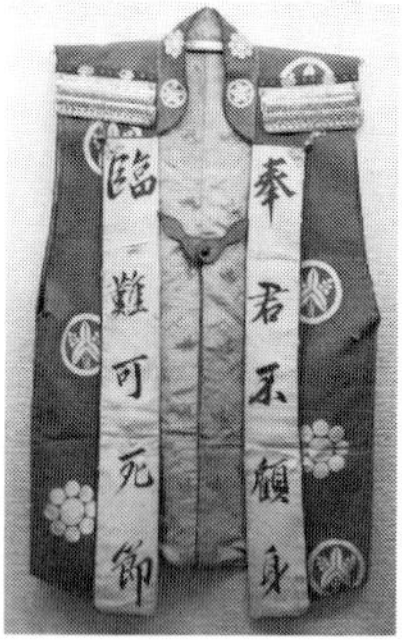

当麻常八が着用した陣羽織
成田山霊光館所蔵

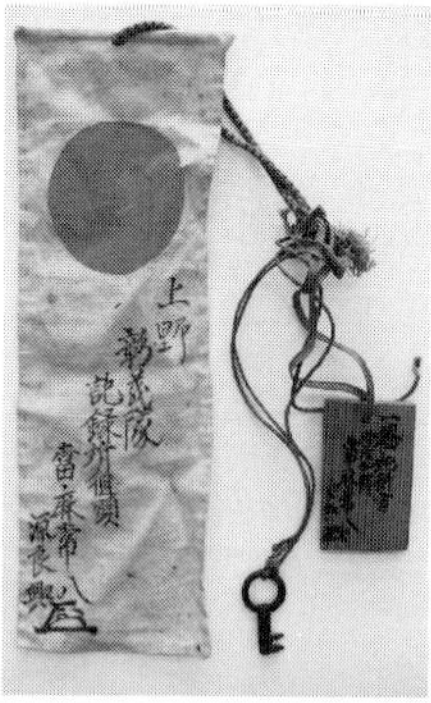

当麻常八の袖印
成田山霊光館所蔵

静岡市（清水）

谷信鋭

谷信鋭《のぶとし》（喜八郎、一八一五〜九一）は、壬生《みぶ》藩士の子に生まれ、天保一二年（一八四一）御徒士《おかち》に取り立てられ幕臣になった人。講武所の水泳教授を経て、慶応三年（一八六七）軍艦組となる。惣領の信久（友次郎、後年は海軍大佐）も幕府海軍に奉職し、榎本武揚の脱走艦隊に加わった。信鋭は駿河府中藩が所有する行速丸の乗組員として駿河に移住し、小島の割付となったほか、清水海軍学校の三等学校役に就任した。しかし、明治二年（一八六九）正月、海軍学校の廃止にともない運送方三等となり、さらに一二月には航運方三等と改称された。三年六月には政府に献納されることになった行速丸を航運方トップの桜井貞らとともに品川沖まで運び、同時に新政府に出仕し海軍二等士官に任じられた。四年（一八七一）には海軍兵学寮の事務掛、五年には兵学権中属で書籍・水泳の担当になっている。一〇年（一八七七）に退官。清水港に寄港した咸臨丸が新政府軍に拿捕され、乗組員が殺害された事件の際、谷が乗った行速丸も同港に停泊し咸臨丸の武器を預かっていたところ、新政府軍から探索を受けたものの、谷が上手く隠し通したという逸話もある。後年、興津清見寺に咸臨丸殉難記念碑が建立された際、谷も寄付金を出している。

静岡市

飯田星泉

飯田星泉（庄蔵、一八一七〜八三）は、旧幕時代には書院番をつとめた旗本で、講武所砲術教授方出役・講武所頭取・歩兵頭並・陸軍所修行人教授役頭取などを歴任した。勝海舟と親しく、安政期には長崎海軍伝習で出張中の勝塾の留守を預かるとともに、海舟のパトロンだった伊勢国の豪商竹川竹斎から練兵術などを教えられている。実弟日根野藤之助も講武所砲術教授方出役や歩兵差図役頭取をつとめた。維新後、静岡に移住、一等勤番組になった。砲術に長じていただけでなく、精神修養の道を究めた人でもあり、天保一一年（一八四〇）、幕府御家人で淘宮術《とうきゅうじゅつ》の祖である横山丸三《まるみつ》に入門、後に皆伝を許され不労庵勝美と名乗り、四高弟の一人とされた。養子の飯田勝貞は静岡学問所世話心得をつとめた。静岡市・蓮永寺には、静岡学問所教授の漢学者芹沢潜《せん》の撰文による碑文を彫った墓が立つ。

焼津市

益頭尚志

維新後に焼津に移住したとか、廃藩後に足跡を残したというのではなく、焼津から出た家に生まれたという旧幕臣が益頭《ましず》尚志（鉒太郎・峻南、一八五一〜一九一六）である。幕末に横浜語学所でフランス語を学び、維新後は静岡学問所世話心得をつとめた。廃藩後は陸軍兵学寮通訳官・陸軍幼年学校教官などを歴任した。尚志の父は、万延元年（一八六〇）の遣米使節や文久の遣欧使節団に加わった普請役益頭駿次郎（尚俊）である。そして駿次郎の父が、駿河国益津郡大村新田（焼津市）の出身で、江戸に出て盲人としての最高位に昇った益頭検《けん》校《ぎょう》だった。検校の財力によって駿次郎は御家人株を買い、幕臣の身分を手に入れたのだった。

益頭尚志 『現代人物史』所載

藤枝市　加藤正直

藤枝市出身の加藤まさをは、大正時代に大人気となった少女向けの抒情画や童謡「月の沙漠」でよく知られる画家であるが、その祖父は維新時に移住した旧幕臣だった。それが加藤正直（一八四七～?）である。

彼は、慶応元年（一八六五）六月、京都見廻組御雇に任じられ、同三年九月には京都に置かれた文武所剣術世話心得となった。同月、若年寄永井尚志《なおむね》の守衛をつとめ、一一月に若年寄格戸田大和守附、一二月に二条城警衛を命じられた。翌年正月、大目付滝川具挙《ともたか》に付き添い上洛の途次、鳥羽・伏見の開戦となり、淀・八幡・山崎などでの戦闘に参加した後に江戸へ戻った。三月に狙撃隊伍長に任じられ、六月には御広間組となり、九月、駿河国田中に移住した。一〇月に生育方頭取支配となり、養父光平から家督相続、明治二年九月、勤番組世話役介に就任した。廃藩後は七年（一八七四）四月に相良石油会社の社員となったほか、田中村村会議員・西益津村村会議員・同村助役などを歴任し、地域の名士となった。

島田市　今井信郎

今井信郎 個人蔵

今井信郎《のぶお》（一八四一～一九一八）は坂本龍馬の暗殺者として有名である。直心影《じきしんかげ》流《りゅう》の剣術に長じ、京都見廻組に入る。戊辰戦争では衝鋒隊を率い各地を転戦、最後は箱館五稜郭で降伏した。龍馬殺害の嫌疑で取り調べを受け、明治三年（一八七〇）九月、判決が下り静岡藩へ引き渡され、禁固となった。留守家族は開墾方中條景昭にお預けとなった。五年（一八七二）赦免され、一一年（一八七八）榛原郡初倉村（島田市）に土着、以後、初倉村会議員・初倉村長をつとめるなど、地域の中で生きた。

川根本町

浜野政和

浜野政和は、明治七年（一八七四）、三一歳の時、志太郡下泉村（川根本町）に設立された小学校入徳舎の読書・筆学教師になった人。開学時の書類に静岡県貫属士族とあるので旧幕臣・静岡藩士であることは間違いないだろう。嘉永四年（一八五一）から文久三年（一八六三）まで福山藩士小島成斎（五一）に「支那学」「筆学」を学んだ。小島は、市河米庵《べいあん》・狩谷棭斎《かりやえきさい》・松崎慊堂《こうどう》らの教えを受けた書家として知られる。なお、浜野とともに入徳舎の数学教師に招聘された筧昌法も旧幕臣と思われ、最上流の和算を幕末に学んだ人だった。

菊川市

小田信樹

小田信樹（又蔵、一八四四〜一九一〇）は蕃書調所組頭・勘定吟味役などをつとめ

小田信樹頌徳碑

菊川市立横地小学校

小田信樹

『菊川町50周年記念誌みのり』所載

た小田彰信（又蔵）の子で、戊辰時には精鋭隊取締だった。静岡藩では公用人や大《だい》属《さかん》をつとめ、牧之原に入植した。城東郡横地村（菊川市）で小学校長をつとめたほか、梨園義塾という私塾を開いた。ちなみに、遠州横須賀に移住した旧幕臣の子で、後に北海道炭鉱鉄道・札幌麦酒会社などの重役をつとめる経営者として成功した植村澄三郎（経団連会長植村甲午郎の父）は小田の塾で漢学を学んでいる。『静岡新報』昭和六年一一月一四日号には、渋沢栄一が明治六・七年頃に横地村の小田家に寄寓し塾で学んだとの記事があるが、植村が渋沢とはごく近い実業家だったことからする、二人を混同したまったくの誤伝であろう。信樹はその後上京し、内務省官吏になった。帰郷後は横地村に住み、郡会議員をつとめたほか、三一年（一八九八）に掛川に開院した東海訓盲院の初代校長となっている。菊川市・常泉寺に葬られた。

掛川市

井浦倦翁

井浦倦翁《けんおう》（慎左衛門、一八一八〜九一）は昌平黌に学び、西丸御広敷伊賀者、和宮様附兼天璋院様御用、学問所教授方手伝出

倦翁井浦先生碑銘

静岡市清水区・妙生寺

役などをつとめた。維新後は中泉に移住し、掛川小学校一等教授となり漢学を教えた。中泉勤番組が途中廃止され同地移住士族は掛川勤番組に合併されたといういきさつがあることから、井浦の実際の勤務地は中泉だったらしい。明治六年（一八七三）に庵原郡嶺村（静岡市清水区）に転居、同村周辺の第三私学校・焉知塾・日知館といった学校でも教鞭をとり続けた。三〇年（一八九七）には清水本町・妙生寺に「倦翁井浦先生碑銘」が建てられた。

掛川市（横須賀）　菅沼達吉

遠江国横須賀（掛川市）に割付となった旧幕臣に菅沼達吉（一八六一～一九一五）がいた。彼の実父は森泰次郎（次郎四郎・経徳、?～一八九八）といい、普請役として下田でハリスとの外交交渉の場に立ち会った経験もあり、後に神奈川奉行支配調役などに昇進したものの、慶応三年（一八六七）四月、横浜での絹糸貿易において不正があったとして「御切米御扶持召放《めしはなち》」の処分を受けた幕臣だった。森の実弟には成島柳北《りゅうほく》がいた。達吉の養父菅沼初之助は幕府の遊撃隊に属した旗本だったが、維新後は帰農したため、明治三年（一八七〇）に養子達吉が幼くして家督を継いだ。達吉は、四年以降は東京で叔父成島柳北や箕作《みつくり》秋坪《しゅうへい》らに漢学・英学を学び、やがて東京大学に入学、卒業後は第二高等中学校教授を経て日本銀行に勤務、明治後期には大阪市助役や大阪電燈株式会社常務取締役をつとめた。達吉は俳優森繁久彌《もりしげひさや》の父である。森繁の自伝には森泰次郎が大目付だったとしているが、幕府瓦解後に目付として復権しているのは事実だが、大目付ではなかった。また、幕府の処罰を受けた一件には言及がない。横須賀割付士族の戸籍では、達吉の生年は安政三年（一八五六）と記されているが、五歳のサバを読んだのかもしれない。

吉田町　新楽金橋

新楽金橋《にいらきんきつ》（一八六〇～一九三六）は、西丸御徒をつとめた新楽金十郎の孫、海軍附調役並をつとめた新楽儀之助の子。儀之助は維新後、一時帰農し、明治三年（一八七〇）一二月に帰藩を願い出たが病死した。父の跡を継いだ一二歳の金橋は、四年四月、静岡藩に帰参し相良勤番組三等勤番組となり、遠江国榛原郡下吉田村（吉田町）の呑海寺に仮寓した。その後、榛原郡の川崎学校、浜松中学校、慶応義塾などで学び、静岡県敷知郡の公立八幡小学校長、賀茂郡の豆陽学校長、東京の私立海城中学校教務主

新楽金橋

『明治聖代教育家銘鑑』第一編所載

任、山形県の庄内中学校教諭、山口県師範学校教諭、宮城県の苅田中学校校長・白石中学校長、長野県の上田蚕糸専門学校教授、日本大学講師などを歴任した。著作に、『英文和訳五百題』、『英文学余師』、『英語冠詞用法』、『実用日本文典』、『中学漢文典』、『孝経読本』、『点註左伝抄』、『先秦時代文法研究』などがある。

御前崎市

室賀竹堂

室賀竹堂（正容、？〜一八八六）は、遠江国佐野・城東・山名郡で四八〇〇石余を領した旗本で、御小姓番頭・大目付などを歴任、伊予守の受領名を名乗った。維新後は静岡に移住、宮ケ崎・紺屋町の家達・慶喜両住居の家令をつとめ、明治五年（一八七二）九月に免職となるまで勤務した。その後、旧采地である城東郡門屋《かどや》村（御前崎市）に転居した。明治七年（一八七四）、イギリス人トーマス・ハーディングを雇い、見付（磐田市）に明治学校という英語を教える私立学校を開校したが、数年にして閉校した。御前崎市門屋の長永寺には略歴を彫った墓石が残る。

牧之原市

喰代豹蔵

喰代《ほおじろ》豹蔵（慎斎、一八四二〜一九〇七）は婿養子として幕臣喰代家を継いだ。養祖父弥五右衛門は御先手同心、養父与三郎保之（号は石雄、一八〇三〜七六）は御広敷添番御雇だった。尾張藩の鷲津毅堂や讃岐の小橋橘陰らに儒学を学び、明治三年（一八七〇）から静岡藩の相良小学校教授方・相良勤番組之頭支配世話役頭取過人の任に就いた。東京では錦華学校の訓導・校長をつとめたほか、東京府師範学校・群馬県立中学校・群馬県師範学校などで教諭や校長を歴任した。錦華学校は夏目漱石が学んだ小学校である。西村茂樹が結成した道徳普及を目的とした団体日本講道会や、岩倉具視らの発起により結成された儒学信奉者の団体斯文《しぶん》学会の会員だった。著書に『開化小学用文』、『初学作文指掌』、『往復自在帝国開花用文』、『名家日用文範』、『唐宋八大家文講義』などがある。豹蔵が墓誌を撰した「喰代氏先祖累代之墓」は東京都台東区・谷中霊園に残る。

喰代豹蔵講述『唐宋八大家文講義』

沼津市明治史料館所蔵　明治26年（1893）刊。

袋井市

鈴木利亨

静岡藩宿駅掛の袋井宿詰をつとめた鈴木利亨《としゆき》（利一郎、一八四五～一九一四）は、後に官僚・実業家として成功した人物である。静岡藩士としての割付地は田中だった。明治四年（一八七一）以降、大蔵省・内務省・農商務省に奉職、地租改正事業や殖産政策に尽した。大蔵省監査局長を経て、退官後は帝国商業銀行の重役に就任した。静岡育英会設立発起人や日本美術協会幹事もつとめた。建築家になった静岡生まれの息子禎次は、夏目漱石夫人の妹の夫にあたる。

鈴木利亨
宮内庁三の丸尚蔵館所蔵

磐田市

近藤熊太郎

近藤熊太郎（敬明、?～一八七三）は中泉教授所（小学校）の教授方頭取並をつとめた静岡藩士。学問所下番近藤熊蔵の子。嘉永四年（一八五一）二月、昌平黌の二階通稽古を願い出る。安政六年（一八五九）、三浦一郎（後の静岡学問所教授）・神保長致（後の沼津兵学校教授）らとともに昌平黌学問吟味乙科に及第した。戊辰の際には旧幕脱走軍の草風隊に加わり戦った。彼が草風隊の隊長だったとする文献もあるが、隊長をつとめたのは撒兵頭だった天野可春（花陰・加賀守）であり、会津で降伏後、静岡藩に引き取られ田中城で謹慎した隊員名簿中には近藤姓はあるものの、熊太郎の名はない。赦免後、明治三年（一八七〇）に中泉の学校に着任した。漢学が専門だったが、四年九月まで近藤に師事した小林良武の履歴書によれば、筆学を学んだというので、書も指導したことがわかる。三八歳で没。中泉の善導寺に墓石が建てられたが、寺の移転のためか現存しないようである。

森町

田島訥

田島訥（一八四四～九五）は森町に三餘塾という私塾を開いた人物。父は田島藤十郎、母は安積艮斎《あさかごんさい》の娘。幼くして安積の薫陶を受け、昌平黌学問吟味の丙科に及第した。明治二年（一八六九）駿河に移住、四年には学校世話心得、五年には寄宿所取締に任じられたというので、静岡学問所に奉職したらしい。群馬県・静岡県で官吏・教師をつとめた後、森町に寄寓した。実弟の針谷昌言（一八四八～八九）は県庁の官吏となり、学務課などに勤務したほか、周智郡役所の書記をつとめた。二三年（一八九〇）には森町助役に推戴された。

浜松市　高力直堂

高力《こうりき》直堂（?～一八八七）は、下総国で三〇〇〇石を領した旗本で、通称を直三郎と言い、旧幕時代には主計頭《かずえのかみ》、維新後は晴江と名乗った。目付・御持小筒組之頭並・京都町奉行・陸軍奉行並などを歴任し、静岡藩では田中添奉行を経て、権少参事・郡政掛に就き、浜松最寄の民政を担当した。その後、明治四年（一八七一）二月、沼津勤番組之頭に転じ、廃藩後は静岡県第十四区戸長に就任した。やがて旧領があった千葉県海上《うなかみ》郡仁玉《にったま》村（旭市）に移り住み、私塾を営み、同地で没した。現存する墓石の台石には門人と思われる村民の名が彫られている。

高力直堂墓　千葉県旭市仁玉・不動院

湖西市　鈴木圓

鈴木圓（録之丞・録三郎・政辰）は新居勤番組の三等勤番組となった旧幕臣であり、高久守静（鎌次郎）に師事した関流の和算家だった。新居修業所の算術教授をつとめた。静岡藩時代の明治三年（一八七〇）四月、同じ三等勤番組の竹田清次郎信成に字を書いてもらい、新居宿・諏訪神社に算額を奉納している。その後上京、一〇年（一八七七）に結成された日本初の数学の学会である東京数学会社に加盟した。著書に『容術新題』（一八七八年刊）がある。同書の序文は神田孝平《かんだたかひら》、跋文は師の高久守静が書いている。その跋文によれば、鈴木は高久の前に「馬場氏之門」で学んだというので、日光奉行支配組頭をつとめた幕臣・和算家馬場正督の門人だったと思われる。

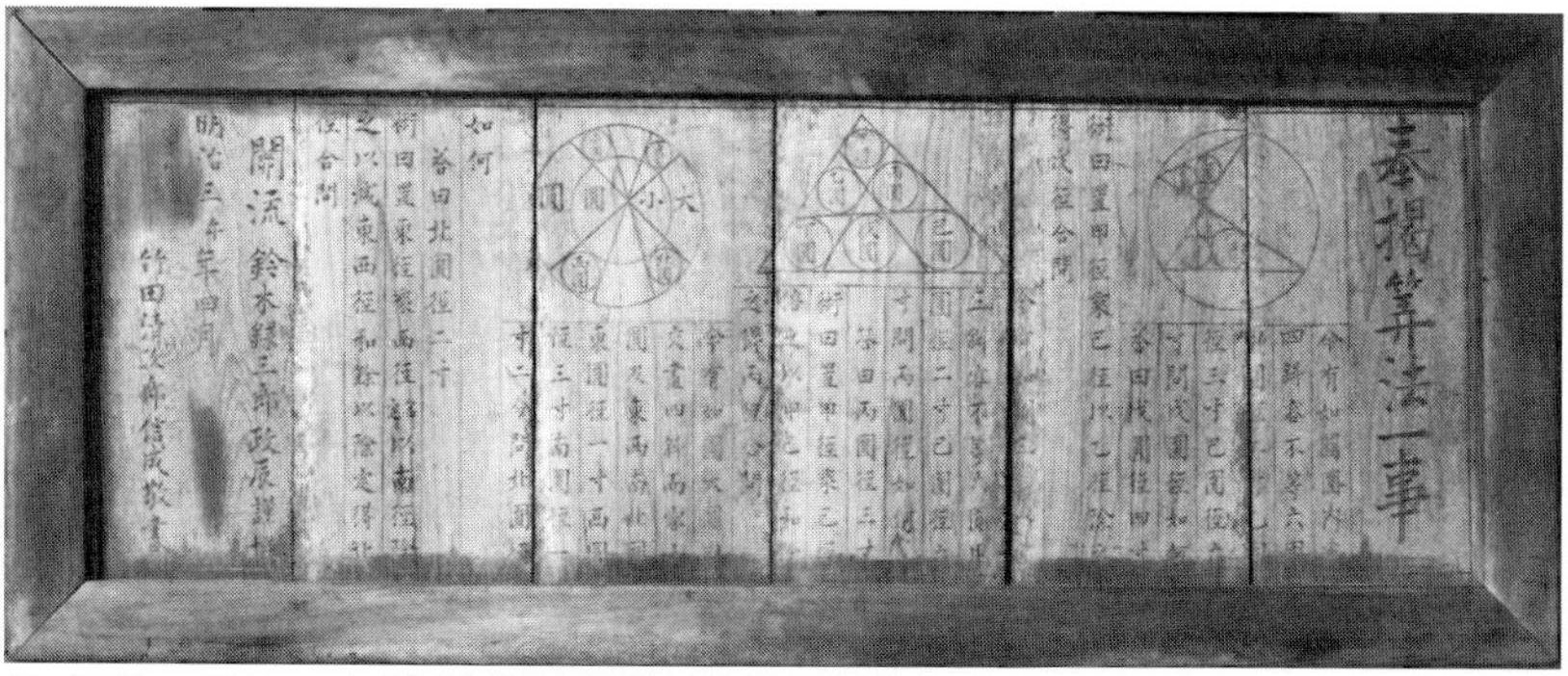

鈴木圓が奉納した算額　湖西市新居町・諏訪神社所蔵

明治3年（1870）4月奉納。湖西市指定文化財。

静岡藩関係略年表

年号	西暦	月日	事項
慶応四年	一八六八	4月11日	江戸城無血開城。
		閏4月29日	田安亀之助(徳川家達)、慶喜の跡を継ぎ徳川宗家を相続。
		5月15日	上野戦争で彰義隊壊滅。
		5月24日	徳川家達、新政府より駿河府中七〇万石を下賜される。
		5月	勝海舟・山岡鉄舟・織田信重・岩田緑堂、幹事役に任命される。
		5月	平岡道弘、家老に任命される。
		6月2日	阿部潜が陸軍頭、井上八郎が陸軍頭並に任命される。
		6月23日	中村正直・外山正一・林紀ら、イギリス・オランダ留学から帰国。
		7月2日	駿府城、新政府から徳川家に引き渡される。
		7月17日	新政府、江戸を東京と改称。
		7月23日	徳川慶喜、駿府の宝台院に入る。
		7月	移住予定者名簿「駿河表召連候家来姓名」が作成される。
		7月	駿河府中藩、赤坂の紀州藩邸を借り受け、東京藩邸とする。
		8月15日	徳川家達、駿府に到着。
		8月19日	榎本武揚率いる旧幕府艦隊、品川沖を脱走。
		8月20日	田中城、本多家から徳川家に引き渡される。
		8月晦日	沼津城、水野家から徳川家に引き渡される。
		8月	旧幕府陸軍の解体・土着を定めた「陸軍解兵御仕方書」が発布される。
		9月4日	新政府より徳川家に対し、陸奥国に代え三河国に領地を与えるとの布達。

明治元年	一八六八	9月7日	駿河移住につき船賃・荷物等の定めを布達。
		9月8日	駿府四ツ足門内御定番屋敷に学問所を開くとの布告。
		9月18日	咸臨丸が清水港で新政府軍によって拿捕され、乗組員は殺害される。
		9月29日	慶喜護衛のための精鋭隊、新番組と改称。
		10月5日	明治天皇、東幸の途次、駿府を通過。
		10月12日	学問所を駿府城横内門内の元勤番組頭屋敷に移転し、一五日より漢学を開講するとの布告。
		10月15日	陸軍頭が廃止され、陸軍御用重立取扱と改称。
		10月18日	一等教授中村正直以下一二名が学問所教授に任命される。
		10月22日	西周が陸軍学校（沼津兵学校）頭取に任命される。
		10月晦日	向山黄村・津田真道が学問所頭に任命される。
		11月5日	府中学問所、一五日より英仏蘭独の洋学開講につき布告。
		11月6日	新政府から徳川家達に対し、箱館の榎本武揚軍の討伐が命じられる。
		11月14日	陸軍局の藩士を動員し、愛鷹牧で捕馬を実施（二〇日まで）。
		11月18日	徳川家達、中将・従三位に叙せられる。駿州赤心隊・御穂神社神官太田健太郎、暗殺される。
		11月24日	慶喜に代わり水戸藩主徳川昭武に箱館出兵が命じられ、駿河府中藩からの出兵は取り止めとなる。
		11月	関口隆吉ら公議人、前島密ら公用人に任命される。
		11月	福地源一郎訳『外国事務』、駿藩森川氏蔵梓として刊行。
		12月12日	明治天皇、京都への還幸の途次、駿府に駐泊。
		12月21日	久能山東照宮の別当寺徳音院が廃止される。
		12月25日	勤番組が設置。旧禄に応じ五人扶持から一人半扶持が藩士に給される。
		12月	「徳川家兵学校掟書」が出される。
明治二年	一八六九	1月8日	沼津兵学校・同附属小学校が開校し、祝いの赤飯が出される。

年号	西暦	月日	事項
明治二年	一八六九	1月13日	領内を一一か所に分割し、それぞれに奉行を置く。
		1月16日	紺屋町元代官屋敷に商法会所が開設される。
		1月22日	東京から京都に転居する途次の静寛院宮、駿府の本陣に宿泊。
		1月23日	清水港への海軍学校開設を断念し、海軍局の廃止が布達される。
		1月晦日	領内一一か所への藩士の割付について、くじ引きで決定する。
		1月	駿河府中藩の役人名簿「御役名鑑」を駿府江川町本屋市蔵が発行。
		2月5日	川上服次郎・佐々倉桐太郎・福岡久ら、水利路程掛に任命される。
		2月	駿府病院、開業。
		3月17日	沼津の陸軍医局、開業。
		3月	山岡鉄舟、駿河府中藩の藩政補翼に任命される。
		4月6日	清水湊に静岡商法会所の出張所を設置。
		4月	西周、「徳川家沼津学校追加掟書」を起草する。
		5月14日	駿府病院の寄宿舎が竣工。
		5月16日	杉亨二、六月一日まで沼津で日本初の近代的人別調査を実施（「沼津政表」）。
		5月18日	箱館五稜郭の榎本武揚軍、新政府に降伏。
		5月21日	駿河府中藩、駿州赤心隊・遠州報国隊の隊員の迫害をしないよう通達。
		5月	中泉奉行前島密、窮院・廃院の開設につき管内寺院に告諭を発す。
		6月8日	駿河府中を静・静城・静岡のどれかに改称したい旨を政府に伺い出る。
		6月17日	版籍奉還により徳川家達は静岡藩知事に任命される。
		6月23日	中泉奉行前島密、中泉西願寺に仮学校を開き、自らも英漢数を教える。
		7月13日	勝安房が安芳、戸川平右衛門が平太と改名したことなどが布達される。
		7月17日	杉亨二らが清水最寄での人別調査を実施する旨、布達。

7月18日	勝海舟、外務大丞に任命されるが、翌月辞退・免職。
7月25日	新番組、開墾方に編成され牧之原での開拓に従事することになる。
8月16日	藩士の禄制を改正し、支給する扶持を増加する。
8月23日	向山黄村・河田熙、少参事・学校掛に任命される。
8月28日	静岡藩、新政府より北海道十勝国四郡の支配を命じられる。三州横須賀勤番組を赤坂勤番組に、中泉勤番組を浜松・掛川・遠州横須賀勤番組に合併する。
8月	沼津の陸軍医局、沼津病院と改称される。
8月	各所奉行、廃止される。
8月	生育方が廃止され、沼津にも勤番組が置かれる。
8月	静岡藩の役人名簿「静岡藩官職吏員改正概略」が発行される。
9月10日	静岡商法会所を廃止し、代わりに常平倉を設置。
9月13日	静岡病院附の久能御薬園、廃止される。
9月19日	堀鼎・平岡凞が清水家家名相続につき担当者たること、静岡藩から政府へ上申。
9月20日	山岡鉄舟、権大参事に任命される。
9月28日	徳川慶喜、謹慎を免除される。
9月	静岡城以外の領内の城、門扉・鯱など取り外すべしとの指令。
9月	塚本明毅編『筆算訓蒙』、沼津兵学校から刊行される。
9月	静岡藩の役人名簿「静岡藩御役人附」上中下が発行される。
10月5日	徳川慶喜、宝台院から紺屋町の元代官屋敷に転居。
10月22日	政府より静岡藩に対し三〇〇〇人の兵員を整えるべしとの命令を受け、来春、沼津兵学校で修行兵を採用するため吟味を行うべき旨が通達される。
10月23日	久能山御取締とその配下は家令の管轄下とされる。
10月26日	渋沢栄一、静岡を去る（翌月政府に出仕し租税正を拝命）。
11月4日	田中の大手先元馳走部屋に静岡病院の出張種痘所が開設される。

年号	西暦	月日	事項
		11月6日	遠江国長上郡笠井村で打ちこわしが発生、以後、遠州各地に百姓一揆が拡大。
		11月7日	勤番組之頭・同並は軍事掛・権大参事の支配たるべき旨通達。
		11月23日	勝海舟、兵部大丞に任命されるが、翌年六月辞退・免職。
		11月	石井謙次郎、朝比奈山の開墾を藩に願い出る。
		11月	深津保太郎、静岡藩からの留学生としてアメリカへ渡航。
		12月4日	掛川郡政役所、来る八日より勤番組調所にて文学教授所開設につき布達。
		12月23日	運送方を製塩方と改称。
		12月28日	前島密、民部省九等出仕を拝命。
明治三年	一八七〇	1月	「静岡藩小学校掟書」が木版で発行される。
		2月	静岡学問所校内に寄宿所が建設され、生徒五〇名を置く。
		2月	政事庁掛を藩庁掛と改称する。
		2月	徳川慶喜、一堂と号す。
		3月	斎藤金平、静岡藩からの留学生としてアメリカへ渡航。
		3月	勝海舟、安倍郡門屋村（静岡市）に住宅を建てる。
		4月2日	知藩事徳川家達、領内西部の巡見のため静岡を出発。
		4月17日	駿東郡元長窪村に移住した旧幕臣、東照宮を勧請。
		4月19日	沼津兵学校附属小学校、片端町に新築落成。
		4月20日	家達、領内東部の巡見のため静岡を出発。
		4月	沼津・本光寺に戊辰戦死者供養のため愍忠碑が建立される。
		4月	静岡藩、輸送船行速丸の献納を政府に願い出る（六月品川に廻航）。
		5月3日	函館で謹慎していた箱館戦争降伏人のうち一七〇名、赦免され静岡に到着。

5月26日	静岡・沼津他各所へ小学校設置につき、勤番組之頭へ布告。
6月	小島勤番組、貧院を設置し、藩士の内職指導を行う。
7月3日	江戸城紅葉山にあった東照宮神像、久能山東照宮に移される。
7月8日	江連堯則、静岡小学校頭取に任命される。
7月	静岡・沼津・田中・小島・掛川・浜松・新居・横須賀・相良・中泉に小学校を設置し、学校掛向山黄村・河田熙・西周が統括する旨が布告される。
7〜9月	「静岡藩小学校掟書」改訂版が木版で発行される。
8月14日	掛川郡政役所、九月一日から掛川郭内で小学校の稽古開始につき布達。
8月	掛川小病院、開業。
9月8日	東京・横浜等での修業・指南者を静岡において業前吟味する旨布告。
9月27日	田村初太郎ら、静岡藩の留学生としてアメリカへ渡航。
9月	静岡藩、政府に沼津兵学校教授・生徒の献納を請願する。
9月	有渡郡用宗村に製塩所設置につき勤番組から有志を募集。
10月	静岡藩、七月の暴風雨による四大河川の堤防被害につき、政府に七万両の拝借を願い出る。
10月	島田郡政役所、丸尾文六らに川越人足の牧之原開墾世話役への就任を要請。
閏10月25日	中村正直、「自助論」の翻訳を終える。久能山内の四つの寺院、神仏分離により廃止される。
閏10月	藩庁掛を庶務掛、郡政掛を郡方掛、市政掛を町方掛と改称。
11月8日	静岡小学校、新築落成し学問所構内から移転、開校。
12月3日	外山正一・木村熊二・大儀見元一郎ら、渡米のため横浜を出航。
12月22日	静岡学問所教授宮崎立元・島田豊、御貸人として招聘された弘前藩に到着。
12月23日	静岡学問所から『四書白文』五冊が刊行され、政府大史局に上納。
12月24日	沼津兵学校資業生ら、教授の政府出仕に抗議するため生徒集会を開く。
12月	清水湊に督業所が開設される。
12月	中村正直訳『西国立志編』が刊行開始、本屋市蔵・須原屋善蔵から発売される。

年号	西暦	月日	事項
明治四年	一八七一	1月10日	沼津兵学校からの御貸人蓮池新十郎の指導により、鹿児島藩、本学校―小学校・郷校の制度を制定する。
		1月	沼津兵学校資業生五名、貢進生として大阪兵学寮幼年学舎に入学。
		3月3日	名倉納・川村清雄ら、静岡藩・徳川家の留学生としてアメリカへ渡航。
		3月	平岡凞、清水篤守のアメリカ留学に随行することになる。
		3月	藩士人見寧ら、静岡在大谷村の大正寺に集学所を開設する。
		4月8日	江原素六・相原安次郎・長田銈太郎ら、十三大藩視察団に加わり欧米へ向け横浜を出帆。
		4月28日	幕府から派遣されフランス留学中の栗本貞次郎、明治政府の留学生として認可。
		5月7日	弘前藩士藤田潜、静岡学問所で学ぶため静岡到着。
		5月25日	勝海舟、福井藩士を通じグリフィスにアメリカ人教師招聘を依頼。
		5月晦日	静岡藩、浜松の堀留運河開削につき政府に伺書を提出。
		5月	沼津勤番組、中原勧業所規則を制定。
		5月	沼津勤番組十八番頬、藩に対し富士郡吉原宿周辺での長屋建築を願う。
		7月9日	イギリス海軍士官ら、沼津兵学校・沼津病院に立ち寄る。
		7月13日	イギリス海軍士官ホース、サンドウィスら三名、静岡学問所を訪問。
		7月14日	廃藩置県。
		8月23日	矢田堀鴻・中村正直・人見寧、アメリカ人教師雇入御用を命じられる。
		8月28日	徳川家達、静岡を発ち東京へ移住する。
		9月30日	沼津兵学校、兵部省に移管される。
		9月	沼津浅間町に士族内職製品の売買のため産業所会所が設置される。
		10月24日	静岡学問所のお雇い教師E・W・クラーク、静岡に到着。
		11月15日	静岡県、静岡県（駿河国）と浜松県（遠江国）に分離。大久保一翁、静岡県参事に就任。

年号	西暦	月日	事項
		12月9日	浅野氏祐、大久保の後任として静岡県参事に就任。
		12月16日	沼津兵学校、沼津出張兵学寮と改称され陸軍兵学寮の分校となる。
		12月	クラーク、伝習所を設置。
明治五年	一八七二	1月6日	徳川慶喜、従四位に叙せられる。
		2月	各所の勤番組が廃止される。
		3月	中村正直訳『自由之理』が出版される。
		5月11日	沼津出張兵学寮資業生六三名、東京本校に合併のため沼津を去り上京する。
		6月	中村正直、静岡を去り上京。
		7月	クラークの住宅、駿府城内に完成。
		8月25日	学制頒布にともない静岡学問所と各所の藩立小学校、廃止。
		8月	静岡病院、廃止。
		8月	沼津病院の経営、徳川家から頭取杉田玄端に委託される。
		9月19日	知藩事の住まいだった宮ケ崎御住居、集学所の校舎に転用される。
明治六年	一八七三	1月	江原素六、沼津以下の旧藩小学校を含む駿東・富士郡下の七校について、学制にもとづき存続させる方針を伺い出る。
		2月	集学所から『画図普仏戦争日誌』が刊行される。
		2月	沼津兵学校附属小学校の後身、公立小学集成舎が定則を公布。
		2月	田中小学校の後身として、藤枝に公立小学養成舎が発足。
		7月3日	伝習所が廃止される。
		8月9日	静岡小学校の後身として、静岡に公立小学教勧舎が発足。
		12月23日	クラーク、上京し東京開成学校教師に就任。

参考文献

■松島吉平編『引佐麁玉有功者列伝』 一八八八年 静山堂

■山田万作『岳陽名士伝』 一八九一年 一九八五年復刻 長倉書店

■谷信次『谷文庫叢書 谷信鋭』 一八九三年 谷文庫

■高室梅雪『静岡県現住者人物一覧』 一八九六年

■かぶら「鈴木重嶺翁小伝」『旧幕府』第二巻第三号 一八九八年 一九七一年復刻・合本三 原書房

■茅原華山『半生の懺悔』 一九一六年 実業之日本社

■周智郡教育会編『静岡県周智郡誌』 一九一七年 一九七二年復刻 名著出版

■伊丹鉄弥「亀之助殿お立」『日本及日本人 臨時増刊 明治大正半百年記念号』 一九一七年 政教社

■渋沢栄一『徳川慶喜公伝』第四巻 一九一八年 冨山房

■石橋絢彦「沼津兵学校沿革(八)」『同方会誌』四八 一九一八年 一九七八年復刻・合本第八巻 立体社

■雲松閑人「故鈴木敬治君略伝」『統計学雑誌』第四〇七号 一九二〇年 統計学社

■熊田宗次郎『寺島貞太郎君』 一九二六年 私家版

■鈴木要吾『蘭学全盛時代と蘭疇の生涯』 一九三三年 東京医事新誌局 一九九四年復刻 大空社

■高橋義雄『平岡吟舟翁と東明曲』 一九三四年 秋豊園

■大田黒重五郎『思出を語る』 大田黒重五郎翁逸話刊行会 一九三六年

■『石川千代松全集4 老科学者の手記』 一九三六年 興文社

■小山枯柴『維新前後の静岡』 一九四一年 一九七五年復刻 安川書店

■『静岡県徳行録』 一九四一年 静岡県

■山崎有信編『幕末秘録』 一九四三年 大道書房

■磐田市誌編纂執筆委員会編『磐田市誌』下巻 一九五六年 静岡県磐田市

■浜松市役所編『浜松市史 資料編五』 一九六二年 同市役所

■静岡県史料刊行会編『明治初期静岡県史料』第四巻 一九七〇年 静岡県立中央図書館

■浜岡町史編纂委員会編『浜岡町史』 一九七五年 浜岡町

■音羽町誌編纂委員会編『音羽町誌』 一九七五年 音羽町役場

■日本経済新聞社編『私の履歴書 経済人10』 一九八〇年 同社

■池田俊次『大池事件と松岡霊社』 一九八〇年 遠州文化センター

■北海道大学編『北大百年史 札幌農学校史料(一)』 一九八一年 ぎょうせい

■久能山東照宮社務所編『久能山叢書』第五編 一九八一年 同所

■『新修平田篤胤全集 別巻』 一九八一年 名著出版

■群馬県教育センター編『群馬県教育史 別巻 人物編』 一九八一年 群馬県教育委員会

■静岡市役所編『静岡市史・総目次 年表 索引』 一九八二年 同市役所

■辻達也編『新稿一橋徳川家記』 一九八三年 株式会社群書類従完成会

■湖西市史編さん委員会編『湖西市史 資料編四』 一九八三年 湖西市

■白野仁『白野夏雲』 一九八四年 北海道出版企画センター

■日本経済新聞社編『私の履歴書 文化人14』 一九八四年 同社

■吉田常吉校訂・山本政恒『幕末下級武士の記録』 一九八五年 時事通信社

■愛媛県史編さん委員会編『愛媛県史 近世 下』 一九八七年 愛媛県

■愛媛県史編さん委員会編『愛媛県史 資料編 幕末維新』 一九八七年 愛媛県

■紺野哲也・渡辺道子「明治二庚午年『箱館降伏人取締役所日誌』」『地域史研究はこだて』第七号 一九八八年 函館市

■静岡県編『静岡県史 資料編16 近現代一』 一九八九年 静岡県

■成田山霊光館編『成田山ゆかりの人々 V』 一九九三年 同館

■『淘道』 一九九三年 日本淘道会

■磐田市史編さん委員会編『磐田市史 通史編下巻 近現代』 一九九四年 磐田市

■松浦元治「元幕臣の士魂から師魂へ」『清見潟』第四号 一九九四年 清水郷土史研究会

■『竹斎日記稿 Ⅶ』 一九九五年 松阪大学地域社会研究所

■『近世庶民生活史料藤岡屋日記』第十五巻 一九九五年 三一書房

■静岡県編『静岡県史 通史5 近現代一』 一九九六年 静岡県

■樋口雄彦「沼津掃苔録」『沼津市博物館紀要』21 一九九七年 沼津市歴史民俗資料館・沼津市明治史料館

■本川根町史編さん委員会編『本川根町史 資料編4 近現代一』

一九九八年　本川根町
■裾野市史編さん専門委員会編『裾野市史　第八巻　通史編Ⅰ』　二〇〇〇年　裾野市
■町泉寿郎他「岡田昌春文書の研究－岡田家歴代の伝記と貴重資料解題－」『日本東洋医学雑誌』第五二巻第二号　二〇〇一年
■「北部茶産地の礎造りに貢献した茶業功労者石井謙次郎の足跡を訪ねて」『茶道楽』第一五号　二〇〇一年　静岡県茶文化振興協会
■内藤鳴雪『鳴雪自叙伝』　二〇〇二年　岩波書店
■樋口雄彦「旧幕臣洋学系知識人の茶園開拓－赤松則良・林洞海文書から－」『国立歴史民俗博物館研究報告』　第一〇八集　二〇〇三年　国立歴史民俗博物館
■樋口雄彦「幻の静岡藩海軍学校」『季刊静岡の文化』第七四号　二〇〇三年　静岡県文化財団
■相川司「元・新撰組『沼津グループ』の実像」『別冊歴史読本65　新選組大全史　新選組クロニクル〈通史篇〉』　二〇〇三年　新人物往来社
■中川根町史編さん委員会編『中川根町史　近現代資料編　上巻』　二〇〇四年　静岡県榛原郡中川根町
■神奈川県立金沢文庫編『最後の神奈川奉行依田伊勢守盛克』　二〇〇五年　同館
■大庭晃「旧幕臣坂上鉄太郎『日記』」『沼津市博物館紀要』30　二〇〇六年　沼津市歴史民俗資料館・沼津市明治史料館
■NHK「プロモーション編『天璋院篤姫』　二〇〇八年　NHK・NHKプロモーション
■新日本古典文学大系明治編5　『海外見聞集』　二〇〇九年　岩波書店
■藤田英昭「清水徳川家の行く末」『企画展　徳川御三卿』　二〇一〇年　財団法人徳川記念財団
■藤枝古文書会・古文書を学ぶ会編『志太地域の近世文書②　久兵衛市右衛門請新田の近世文書』　二〇一〇年　同会
■樋口雄彦「旧幕臣・静岡藩士掃苔録」『沼津市博物館紀要』34　二〇一〇年　沼津市歴史民俗資料館・沼津市明治史料館
■樋口雄彦編『海軍諜報員になった旧幕臣－海軍少将安原金次自伝－』　二〇一一年　芙蓉書房出版
■樋口雄彦「神谷景昌「如夢草稿」の翻刻と紹介」『沼津市博物館紀要』35　二〇一一年　沼津市歴史民俗資料館・沼津市明治史料館
■樋口雄彦「弘前藩士が記録した静岡学問所の教育」『静岡県近代史研究』第三七号　二〇一二年　静岡県近代史研究会
■高木敬雄「資料紹介　明治学校開校願及び規則書、雇用定約書」『静岡県近代史研究』第三八号　二〇一三年　静岡県近代史研究会
■牧野和夫「林若樹日記・大正三年(上)」『実践女子大学文学部紀要』第五五集　二〇一三年
■岩下哲典他「幕末三舟の一人、高橋泥舟研究覚書(3)」『Journal of Hospitality and Tourism』第九号　二〇一三年　明海大学ホスピタリティー・ツーリズム学部
■樋口雄彦「幕臣博物学者鶴田清次とその資料」『国立歴史民俗博物館研究報告』第一八三集　二〇一四年　国立歴史民俗博物館
■樋口雄彦「沼津兵学校の思想的前提－公議・建白・勧業－」『沼津市博物館紀要』39　二〇一五年　沼津市歴史民俗資料館・沼津市明治史料館
■樋口雄彦「佐倉藩出身の漢学者田那村謙輔とその一族」『佐倉市史研究』第二八号　二〇一五年　佐倉市
■岩下哲典・高橋泥舟史料研究会編『高橋泥舟関係史料集』第一～二輯　二〇一五年　編者
■福田町史編さん委員会編『福田町史　通史編』　二〇一六年　磐田市
■静岡市編『久能山誌』　二〇一六年　同市
■樋口雄彦「近世・近代移行期の治水行政と土木官僚－静岡藩水利路程掛とその周辺－」『国立歴史民俗博物館研究報告』第二〇三集　二〇一六年　国立歴史民俗博物館

あとがき

和田天華著『阪本龍馬』（一九一二年、東亜堂書房）という本の口絵に、「遠州初倉村今井信郎」が著者の和田にあてた龍馬暗殺に関する手紙の写真が掲載されている。龍馬暗殺事件はさておき、私にとってはその手紙の文面に「同七年平山陳平編輯静岡藩史ニ記載有之」とあるのが大いに気になった。龍馬暗殺の嫌疑を受けた今井が明治四年（一八七一）刑部省から取り調べを受けたことについて、「静岡藩史」に記載があるというのであるが、注目されるのは明治七年（一八七四）に「静岡藩史」という著作が編纂されたという点である。それが真実であれば是非とも見てみたいが、残念ながら「静岡藩史」が現存するのかどうかはわからないままである。平山陳平は甲府勤番の子に生まれ、幕臣・静岡藩士平山省斎の養子になった人なので静岡藩の歴史を綴ったとしても不思議はないのであるが。

最近、『シリーズ藩物語　沼津藩』（現代書館発行）という、沼津藩の歴史を一冊にまとめた書籍を刊行する機会を与えられた。このシリーズでは、すでに相良藩が刊行済で、今後、浜松藩・掛川藩・田中藩といった具合に刊行が続くものと思われる。しかし、同シリーズは江戸時代に存在した全国の藩について、網羅的に刊行するというのが趣旨であり、明治維新後に成立した静岡藩については対象外とされていた。そのことについて著者は少し残念に思っていたが、今回、本書を刊行できたことで、静岡藩についてはこれでよかったのではないかと自負している。

静岡県は広い。東の端で生まれ育った著者にとって、中部や西部についてはいまだに不案内である。そのため説明が足りない部分も少なくないだろう。その点に関してはご容赦いただければ幸いである。

左記の皆様からは資料の提供や写真掲載の許可をいただいた。記して感謝申し上げる次第である（敬称略）。

足立誠一　井口亘生　石橋明久　瓜生節子　大野寛良　奥村直　折井昭思郎　小林一之　坂上正樹　佐久間さと　新見正裕　勝呂六実　鈴木敏　鈴木敏弘　鈴木伸彦　立田稔　奈佐忠彦　函館悦子　人見寧則　平野綏　伏見政士　本田清夫　村垣哲男　若林一夫　磐田市歴史文書館　神奈川県立金沢文庫　宮内庁三の丸尚蔵館　公益財団法人江川文庫　国立歴史民俗博物館　湖西市教育委員会　静岡県立中央図書館　島田市立金谷小学校　市立函館博物館　洞雲寺　東京都江戸東京博物館　徳川記念財団　成田山霊光館　沼津市明治史料館　梅蔭寺　浜松市立中央図書館　広島県立文書館　富士市立博物館　松戸市戸定歴史館　横浜開港資料館

樋口　雄彦（ひぐち　たけひこ）

1961年、静岡県熱海市生まれ。国立歴史民俗博物館・総合研究大学院大学教授。博士（文学、大阪大学）。著書に、『旧幕臣の明治維新　沼津兵学校とその群像』、『沼津兵学校の研究』、『敗者の日本史 17　箱館戦争と榎本武揚』、『人をあるく　勝海舟と江戸東京』（いずれも吉川弘文館）、『幕臣たちは明治維新をどう生きたのか』（洋泉社）、『シリーズ藩物語　沼津藩』（現代書館）、『静岡学問所』（静岡新聞社）、『第十六代徳川家達―その後の徳川家と近代日本』（祥伝社）など。

見る 読む　静岡藩ヒストリー

2017年4月13日　初版発行

著　者　　　　樋口　雄彦
発行者　　　　大石　剛
発行所　　　　静岡新聞社
〒422-8033　静岡県静岡市駿河区登呂3-3-1
TEL 054-284-1666

ブックデザイン　石川智美（アドクック）
印刷・製本　　三松堂株式会社

ISBN978-4-7838-1086-5 C0021